フェンスの北側　アリゾナ州ノガレス（アメリカ合衆国）
Jim West/imagebroker.net/Photolibrary

フェンスの南側　ソノラ州ノガレス（メキシコ）
Jim West/age fotostock/Photolibrary

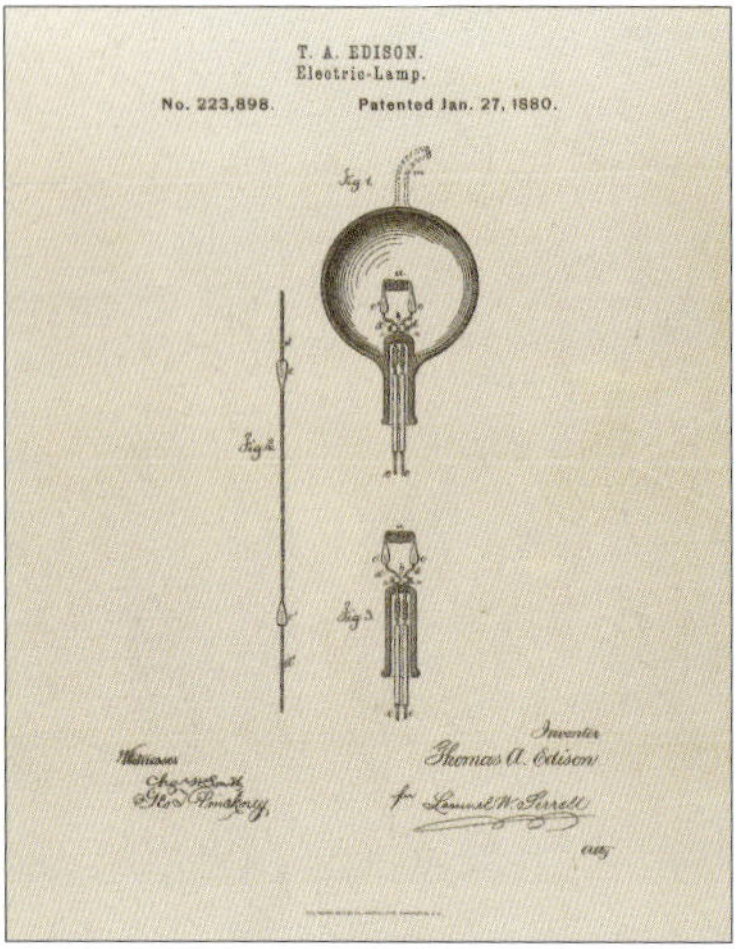

公平な競争環境の帰結　トマス・エディソンが1880年に取得した電球の特許証

Records of the Patent and Trademark Office; Record Group 241; National Archives

創造的破壊による経済的敗者　19世紀初めのイギリスで機械を破壊するラッダイト

Mary Evans Picture Library/Tom Morgan

政治の中央集権化の完全な欠如の帰結（ソマリア）

REUTERS/Mohamed Guled/Landov

収奪的制度の継承者
（コンゴ）

コンゴ王
©CORBIS

レオポルド２世
The Granger Collection, NY

ジョゼフ・デジレ・モブツ

ローラン・カビラ

名誉革命　議会によるイングランド王への戴冠に先立ち、権利章典を読み聞かされるオレンジ公ウィリアム

After Edgar Melville Ward/The Bridgeman Art Library/Getty Images

14世紀の腺ペストによって決定的な岐路が生じた（黒死病を描いた『死の勝利』。ピーテル・ブリューゲル作）

The Granger Collection, NY

制度的イノヴェーションの受益者　クバ王
Eliot Elisofon/Time & Life Pictures/Getty

農耕以前における階層制と不平等の出現　ナトゥフ人エリートの副葬品
http://en.wikipedia.org/wiki/File:Natufian-Burial-ElWad.jpg

収奪的成長　ソ連の強制労働収容所の労働者が白海運河を建設している
SOVFOTO

ハヤカワ文庫NF

〈NF464〉

国家はなぜ衰退するのか

〔上〕

権力・繁栄・貧困の起源

ダロン・アセモグル&ジェイムズ・A・ロビンソン

鬼澤 忍訳

早川書房

7785

WHY NATIONS FAIL

The Origins of Power, Prosperity, and Poverty

by

Daron Acemoglu and James A. Robinson

Translated by
Shinobu Onizawa
Published 2016 in Japan by
HAYAKAWA PUBLISHING, INC.
This book is published in Japan by
direct arrangement with
BROCKMAN, INC.

本書への賛辞

「アセモグルとロビンソンは、ある問題をめぐる議論に重要な貢献をなした。一見似たような国家が、経済や政治の発展においてまったく異なっているのはなぜかという問題である。幅広い歴史的事例を通じて二人が明らかにするのは、制度の発展によって、ときにはきわめて偶発的な事情に基づき、重大な帰結がいかにしてもたらされてきたかということだ。社会の開放性、創造的破壊を受け入れる意思、法の支配といったものが、経済的発展にとって決定的な意味を持つように思える」

――ケネス・J・アロー　一九七二年度ノーベル経済学賞受賞者

「二人の著者は説得力をもって次のことを明らかにしている。国家が貧困を免れるのは、適切な経済制度、特に私有財産と競争が保証されている場合にかぎられるのである。二人はさらに独創的な主張をしている。国家が正しい制度を発展させる可能性が高まるのは、開かれた多元的な政治体制が存在するときであり、そうした制度に必要なのは、公職につくための競争、幅広い有権者、新たな政治指導者が生まれやすい環境だというのだ。政治制度と経済制度のこうした密接な関連は、二人の大きな貢献の核心であり、経済学と政治経済学における重要問題の一つに関する研究を大いに活気づけることになった」

——ゲイリー・S・ベッカー　一九九二年度ノーベル経済学賞受賞者

「歴史的事例を満載した、重要かつ洞察に満ちた本書の主張は、包括的な経済制度に支えられた包括的な政治制度は持続的な繁栄の鍵であるというものだ。本書では、良き政治体制が発足し、好循環のスパイラルに入るケースがある一方で、悪しき政治体制が悪循環のスパイラルのなかで持続するメカニズムが概説されている。これは見逃してはならない重要な分析である」

——ピーター・ダイアモンド　二〇一〇年度ノーベル経済学賞受賞者

「ダロン・アセモグルとジム・ロビンソンは、国家の経済的運命を決めるのは地理や文化だと考える人たちに悪いニュースを届ける。国の貧富を決めるのは、地勢や先祖の信仰ではなく人為的制度なのだ。アダム・スミスからダグラス・ノースに至る理論家の業績を、経済史学者による最近の実証研究とともに見事にまとめあげ、アセモグルとロビンソンは説得力のあるきわめて読みやすい本を書き上げたのだ」

――ニーアル・ファーガソン　『マネーの進化史』の著者

「アセモグルとロビンソン――開発に関する二人の世界的権威――が明らかにするのは、豊かな国もあれば貧しい国もある理由は、地理でも、病気でも、文化でもなく、むしろ制度や政治の問題だということだ。このきわめて読みやすい本は、専門家にも一般読者にも同じく歓迎すべき知見を提供してくれる」

――フランシス・フクヤマ　『歴史の終わり』『政治的秩序の起源』の著者

「希望を与えるすばらしい本――だが一方で、ひどく心をかき乱す警鐘でもある。アセモグルとロビンソンは、経済発展にかかわるほとんどあらゆる問題について、説得力ある理論を展開している。国家が興隆するのは、成長を促す適切な政治制度を導入するときであり、国家が――しばしば劇的に――崩壊するのは、政治制度が硬直したり環境に順応できなかったりするときだ。権力を握っている人々は、時代と地域を問わず、政府を完全に支配しようとし、みずからの強欲のために社会の幅広い進歩を妨げる。有効な民主主義によってそうした人々を抑え込もう。さもなくば、自国が崩壊するのを眺めることになる」

――サイモン・ジョンソン　『国家対巨大銀行』の共著者　MITスローン校教授

「世界最高にして最も学識ある経済学者のうちの二人が、これ以上ない難問に取り組んでいる。裕福な国もあれば貧しい国もあるのはなぜか、という問題だ。経済学と政治史に関する深い知識をもとに書かれた本書はおそらく、『制度が重要』という、これまでになされた最も強力な声明である。刺激的で、教育的で、それでいてとことん夢中にさせられる本だ」

――ジョエル・モキール　ノースウェスタン大学

ロバート・H・ストロッツ学芸教授・経済学・歴史学教授

「四〇〇〇年におよぶ歴史を描く、このうきうきするほど読みやすく面白い物語において、現代の社会科学の巨人である二人は、元気の出る重要なメッセージを送っている。世界を豊かにするのは自由なのだ、と。あらゆる場所にのさばる暴君を震え上がらせよう！」

――イアン・モリス　スタンフォード大学歴史学教授

『なぜ西洋が世界を支配するのか――ただし、いまのところ』の著者

「一つのテーブルを囲み、ジャレド・ダイアモンド、ヨーゼフ・シュンペーター、ジェイムズ・マディソンが、二〇〇〇年を超える政治経済の歴史を検討しているのに耳を傾けていると想像してみよう。彼らは自分の考えを、一貫した理論的枠組みに組み込むものと想像してみよう。その枠組みの土台となるのは、収奪の制限、創造的破壊の促進、権力を分かち合う強力な政治制度の創設だ。こうしてあなたは、魅力的に書かれたこのすばらしい本の貢献を理解しはじめるのである」

――スコット・E・ペイジ　ミシガン大学教授およびサンタフェ研究所

「驚くほど幅広い話題を扱う本書において、アセモグルとロビンソンは単純ながらきわめて重要な問いを発している。裕福になる国もあれば貧しいままの国もあるのはなぜだろうか、と。彼らの答えもまた単純だ――一部の国はより包括的な政治制度を発展させるからだというのだ。本書の注目すべき点は、明快な記述、的確な議論、きわめて詳細な歴史的事例である。西洋世界の政府が並外れた規模の債務危機に対処する政治的意思を示さねばならない現在、本書は必読の書である」

――スティーヴン・ピンカス　イェール大学
ブラッドフォード・ダーフィー歴史・国際地域学教授

「問題は政治なのだ、愚か者め！　これが、アセモグルとロビンソンの述べる、多くの国が発展できない理由をめぐる単純ながら説得力ある説明だ。ステュアート朝による絶対王政から南北戦争以前の南部まで、シエラレオネからコロンビアまでを題材に、この重々しい著作が明らかにするのは、強力なエリート層が、多くの人々を犠牲にして自分たちの利益を確保するため、いかにしてルールを操作するかということだ。二人の著者は、悲観主義にも楽観主義にも傾くことなく、歴史や地理が必ずしも避けられない運命ではないことを論証する。だが、その一方で、合理的な経済的アイデアや政策も、政治が根本的に変化しなければ、往々にしてほとんど何も実現できないことを立証してもいる」

――ダニー・ロドリック　ハーバード大学ケネディ行政大学院教授

「これは魅力的で興味深いだけではなく、本当に重要な本だ。アセモグルとロビンソンの両教授が行なってきた、また現在も継続しているきわめて独創的な研究、すなわち、経済力、政治、政策選択はいかにしてともに発展し、相互に制約するか、こうした発展に対する制度の影響はいかなるものかをめぐる研究は、社会や国家の成功や失敗を理解する鍵である。本書ではこの点に関し、それらの洞察がきわめて近づきやすい、それどころか胸を躍らせる形で述べられている。本書を手に取って読みはじめたら、途中でやめるのは難しいだろう」

――マイケル・スペンス　二〇〇一年度ノーベル経済学賞受賞者

『マルチスピード化する世界の中で』の著者

「この魅力的で読みやすい本が焦点を当てるのは、政治制度と経済制度の複雑にからみあった、善悪両方向への発展である。こうした発展の土台となるのは、政治的・経済的行動の論理と、『決定的な岐路』における大小の偶発的な歴史的事件によって方向づけられる変化との微妙なバランスだ。アセモグルとロビンソンは歴史上の膨大な事例を提示することによって、そうした変化がいかにして、好ましい制度、革新的なイノヴェーション、経済的な成功へ向かうのか、あるいは、抑圧的な制度や最終的な衰退・停滞へ向かうのかを明らかにする。

ともかく、二人は興奮と思索をともに生み出せるのだ」

――ロバート・ソロー　一九八七年度ノーベル経済学賞受賞者

アルダとアスへ――ダロン・アセモグル

私の人生にして魂であるマリア・アンジェリカへ――ジェイムズ・ロビンソン

目次

序文 29
エジプト人がホスニ・ムバラクを打倒すべくタハリール広場を埋め尽くしたのはなぜか、またそれは、繁栄と貧困の原因をめぐるわれわれの理解にとって何を意味するのか。

第一章 こんなに近いのに、こんなに違う 39
アリゾナ州ノガレスとソノラ州ノガレスは、人も、文化も、地勢も同じだ。それなのに、一方が裕福でもう一方が貧しいのはなぜだろうか。

第二章 役に立たない理論 97
貧しい国々が貧しいのは、地理や文化のためではないし、国民を豊かにする政策を指導者が知らないためでもない。

第三章 繁栄と貧困の形成過程 133
いかにして、制度から生じるインセンティヴによって繁栄と貧困が決まるのか。また、いかにして、国家がどんな制度を持つかが政治を通じて決まるのか。

第四章　小さな相違と決定的な岐路──歴史の重み　171
政治的対立を通じて制度はいかに変化するか、過去はいかにして現在を形成するか。

第五章　「私は未来を見た。うまくいっている未来を」
──収奪的制度のもとでの成長　211
スターリン、シャーム王、新石器革命、マヤ族の都市国家のすべてに共通するものは何か。そしてそれは、中国の目下の経済成長が長続きしない理由をどう説明するか。

第六章　乖　離　253
制度は時とともにいかに発展し、往々にしてゆっくりと乖離していくのか。

第七章　転換点　299
一六八八年の政治革命はイングランドの政治制度をいかに変え、産業革命に結びついたのか。

第八章　縄張りを守れ──発展の障壁　343
多くの国で政治力を持つ人々が産業革命に反対したのはなぜか。

下巻目次

第九章　後退する発展
ヨーロッパの植民地主義は、いかにして世界の多くの地域を貧困に陥れたか。

第一〇章　繁栄の広がり
世界の一部の地域は、いかにしてイギリスとは異なる道筋で繁栄に至ったのか。

第一一章　好循環
繁栄を促す制度は、いかにしてエリート層の妨害を避ける正のフィードバック・ループを生み出すのか。

第一二章　悪循環
貧困を生む制度は、いかにして負のフィードバック・ループをつくって持続するのか。

第一三章　こんにち国家はなぜ衰退するのか
制度、制度、制度。

第一四章　旧弊を打破する
いくつかの国家は、いかにして制度を変えることによってみずからの経済的軌道を変

国家はなぜ衰退するのか〔上〕

権力・繁栄・貧困の起源

序　文

本書のテーマは、この世界の裕福な国々（アメリカ合衆国、イギリス、ドイツなど）と貧しい国々（サハラ以南のアフリカ、中央アメリカ、南アジアなどの国々）とを隔てる、収入と生活水準の巨大な格差である。

この序文で述べるように、北アフリカと中東は、いわゆるジャスミン革命に端を発する「アラブの春」によって揺れ動いてきた。この革命に最初に火をつけたのは、二〇一〇年一二月一七日にムハンマド・ブアジジという露天商が払った自己犠牲をめぐる、一般市民の怒りだった。二〇一一年一月一四日、一九八七年以来チュニジアを支配してきたザイン・アル＝アービディーン・ベン・アリー大統領が退陣した。だが、特権的エリートの支配に反対する革命の熱気は衰えるどころかますます高まりつつあったし、すでに中東のほかの国々に広がっていた。二〇一一年二月一一日、ほぼ三〇年にわたってエジプトをしっかりと掌握してきたホスニ・ムバラクが追放された。バーレーン、リビア、シリア、イエメンにおける政権の運命は、この序文を書き終える時点ではわかっていない。

これらの国々における不満の根は、その貧しさにある。平均的なエジプト人の収入レベルは合衆国の平均的市民の一二パーセント程度で、予想される寿命は一〇年短い。人口の約二〇パーセントが極度の貧困にあえいでいる。こうした格差はかなり大きいものの、合衆国と世界の最貧国——たとえば北朝鮮、シエラレオネ、ジンバブエなど——の格差と比べれば、実はきわめて小さい。こうした国々では、人口の優に半分以上が貧困のうちに暮らしているのである。

合衆国と比べ、エジプトがそれほどまでに貧しいのはなぜだろうか。エジプト人がもっと裕福になることを妨げている制約は何だろうか。エジプトの貧困は変えられないのだろうか、それとも撲滅できるのだろうか。これについて考えはじめる自然な方法は、エジプト人が直面している問題について、また彼らがムバラク政権を打倒すべく立ち上がった理由について、エジプト人自身が何と言っているかに耳を傾けてみることだ。カイロの広告代理店で働く二四歳の女性、ノハ・ハメドは、タハリール広場でのデモの際にはっきりと意見を述べた。「私たちは腐敗、抑圧、劣悪な教育に苦しんでいる。変革するしかない腐敗したシステムの真っただ中で生きているのよ」。広場にいた別の一人、二〇歳の薬学生のモサーブ・エル・シャミも同じ意見だった。「僕の願いは、今年の末までに選挙で選ばれた政府を実現することと、一般的自由が認められること、この国に蔓延する腐敗を終わらせることだ」。タハリール広場に集まった抗議者たちは、政府の腐敗、政府が公共サービスを提供できないこと、国内に機会の平等が存在しないことについて、声をそろえて訴えた。彼らはとりわけ、弾圧と政治的権利の欠如をめぐって不満を述べた。国際原子力機関の元事務局長、ムハンマド・エルバラダイは、二〇一一年一月一三日にツイッターでこう書いている。「チュニジア：弾圧＋社会正義の欠如＋平和的変革への道筋の否定＝時限爆弾」。エジプト人とチュニジア人はともに、自国の経済問題は、基本的に政治的権利の欠落によって起こっていると考えていた。抗議者が自分たちの要求をより体系的に述べはじめた際、最初の一二の即時的要求――それを公表したのは、エジプトの抗議運動のリーダーの一人として現れたソフトウェア・エンジニアでブロガーのワエル・ハリルだった――は、すべて政治的変革に焦点を合わせていた。最低賃金の引き上げといった問題は、追って実行されるべき暫定的要求の一つにすぎないようだった。

エジプト人にとって、自分たちを抑圧してきたものの一部は、無能で腐敗した国家であり、自分たちの才能、野心、創意、受けられる教育を活用できない社会である。しかし、彼らはまた、これらの問題の根が政治的なものであることも認識している。エジプト人が直面している経済的障害は、エジプトの政治権力が限られたエリートによって行使され、独占されているという事態から生じているのだ。これこそ最初に変わらねばならないことだというのが、彼らの理解である。

だが、そう信じる点で、タハリール広場の抗議者の意見は、このトピックをめぐる社会通念とは明らかに異なっている。大半の学者や評論家が、エジプトのような国が貧しい理由について論じる際、まったく別の要因を重視するのだ。ある者は、エジプトの貧困を決定づけているのは何よりもその地勢、つまり、その国はほとんどが砂漠で十分な降雨がないし、土壌と気候のせいで生産的な農業が営めないという事実だと強調する。またある者は、そうではなく、経済的発展や繁栄に不利だと思われるエジプト人の文化的特性を指摘する。彼らによれば、エジプト人は他国を繁栄に導いたのと同種の労働倫理や文化特性を欠いており、代わりに、経済的成功とは両立しないイスラム教の信仰を受け入れてきたという。第三の説は、経済学者や政策通のあいだで有力なもので、次のような考え方を土台としている。つまり、エジプトの支配者は自国を繁栄させるために何が必要かを知らないだけであり、これまで間違った政策と戦略に従ってきたというのだ。この考え方によると、こうした支配者が適切なアドバイザーから適切なアドバイスをもらいさえすれば、繁栄が訪れるはずである。これらの学者や政策通にとって、社会を食い物にして私腹を肥やす限られたエリートによってエジプトが支配されてきたという事実は、その国の経済問題を理解することとは無関係らしい。

本書でわれわれは、タハリール広場のエジプト人の考え方のほうが、大半の学者や評論家よりも正しいと論じる。実際、エジプトが貧しいのは、その国が限られたエリートによって支配されてきたからにほかならない。彼らは圧倒的多数の国民を犠牲にして、自己の利益を追求しようと社会を組織してきたのだ。政治権力はごく一部に集中し、それを手にしている人々のために莫大な富を生み出すべく利用されてきた。たとえば、前大統領のムバラクは七〇〇億ドルもの資産を築いたらしい。割を食わされてきたのはエジプト国民である。彼らがわかりすぎるほどわかっているとおりだ。

われわれが示すのは、エジプトの貧困に関するこうした解釈、つまりエジプト国民の解釈は、貧しい国々がなぜ貧しいのかに関する一般的説明を提供するということだ。北朝鮮であれ、シエラレオネであれ、ジンバブエであれ、貧しい国々が貧しい理由は、エジプトが貧しい理由と同じなのだ。イギリスや合衆国のような国々が裕福になったのは、権力を握っていたエリートを国民が打倒し、現在のような社会をつくりあげたからだ。すなわち、政治的権利がはるかに広く分散され、政府が国民に説明責任を負って敏感に反応し、国民の大部分が経済的機会を利用できる社会である。われわれは、こんにちの世界にそうした不均衡があるのはなぜかを理解するには、過去について深く探究し、社会の歴史的発展を研究しなければならないことを示す。エジプトよりもイギリスのほうが裕福なのは、一六八八年にイギリス（正確にはイングランド）が政治、したがって経済を変える革命を起こしたからであることを見る。人々はいっそうの政治的権利を求めて戦い、勝ち取った。そして、その権利を行使して自分たちの経済的機会を拡大した。結果として、根本的に異なる政治的・経済的軌跡が描かれ、それが産業革命で頂点に達したのである。

産業革命とそれが解き放ったテクノロジーがエジプトに広がらなかったのは、その国がオスマン帝国の支配下にあったからだ。オスマン帝国はエジプトを、のちにムバラク一族がしたのと同じように扱った。一七九八年、オスマン帝国のエジプト支配はナポレオン・ボナパルトによって崩壊させられた。だが、エジプトはその後、イギリスの植民地支配を受けることになる。オスマン帝国と同様、イギリスはエジプトの繁栄の後押しにはほとんど興味がなかった。エジプト人はオスマンとイギリスの両帝国を追い払い、一九五二年には君主制を打倒した。ところが、これらの出来事はイングランドにおける一六八八年の出来事とは違い、革命ではなかった。エジプトの政治を根本的に変えることはなく、また別のエリートに権力を渡してしまったのだ。このエリートたちは、オスマン帝国やイギリスと同じく、ふつうのエジプト人のために繁栄を遂げることには無関心だった。結果として、社会の基本構造は変わらず、エジプトは貧しいままだった。

本書でわれわれは、こうしたパターンが時とともにいかに再生産されるのかを、また、時としてそれが――一六八八年のイングランドや一七八九年の革命時のフランスのように――改まるのはなぜかを研究する。これによって、こんにちエジプトの情勢が変化したのかどうかが理解しやすくなるだろう。また、ムバラクを打倒した革命が、ふつうのエジプト人に繁栄をもたらしうる新たな一連の社会制度につながるかどうかも理解しやすくなるはずだ。エジプトは過去にいくどか革命を経験したにもかかわらず、状況は変わらなかった。革命を起こした人々が、みずからが追放した人々から支配権を引き継ぎ、似たような体制を再構築したにすぎなかったからだ。一般市民が真の政治権力を手に入れ、社会のあり方を変えるのはたしかに難しい。だが、それは可能である。われわれは、イングランド、フランス、合衆国で、また日本、ボツワナ、ブラジルで、それがいかにして起こったかを見ることになる。本来、貧しい社会が豊かになるために必要なのは、この種の政治変革である。それがエジプトで起こりつつあるかもしれない証拠がある。タハリール広場のもう一人の抗議者であるレダ・メトワリーはこう主張した。「いまや、イスラム教徒とキリスト教徒が一丸となっているのがわかる。いまや、老いも若きも一丸となっているのがわかる。誰もが同じことを望んでいるのだ」。われわれは、そうした幅広い社会運動が、これらの別物の政治変革における出来事の鍵だったことを見るはずだ。こうした転換がいつ、なぜ起こるのかを理解すれば、その種の運動が従来よくあったように失敗すると予想されるのはどんな時であり、運動が成功して多くの人々の生活が改善されると予想されるのはどんな時なのかを評価するのに、われわれはより有利な立場にいることになる。

第一章

こんなに近いのに、こんなに違う

リオ・グランデの経済学

ノガレスの街はフェンスで半分に分かたれている。その傍らに立って北に目をやると、サンタクルス郡に位置する町、アリゾナ州ノガレスが見える。町の平均的世帯の年収は約三万ドル。ティーンエイジャーのほとんどは学校に通っており、大半の大人は高校を卒業している。合衆国の医療制度がいかに欠陥だらけかについては議論がかまびすしいが、市民は比較的健康で、世界的な基準からしても平均寿命は長い。住民の多くは六五歳を超えており、高齢者向け医療保険《メディケア》を利用している。それは政府が提供する、ほとんどの人が当然と思っている多くのサービスの一つにすぎない。そうしたサービスの例を挙げれば、電気、電話、下水道、公衆衛生、地域のほかの都市や合衆国各地とつながる道路網、そして、最後になったがとくに大切な法と秩序がある。アリゾナ州ノガレスの人々が日々の活動に取りかかる際、命や安全を心配することはないし、窃盗や没収、あるいは職場や家庭で自分たちの投資を危険に陥れかねないその他の事態を絶えず恐れているわけでもない。同じく重要なことだが、アリゾナ州ノガレスの住民は当然のようにこう思っている。効率は悪いし時には汚職が起こるとはいえ、政府は自分たちの代理人である、と。住民は投票によって、市長、下院議員、上院議員の首をすげ替えられる。自分たちの国を率いる人物を決める大統領選挙で投票できる。彼らにとって、民主主義は第二の天性なのだ。

ほんの数メートル離れた、フェンスの南側の生活は少しばかり違っている。ソノラ州ノガレスの住民は、メキシコとしては比較的裕福な地域で暮らしている。平均的世帯の収入はアリゾナ州ノガレスの約三分の一。ソノラ州ノガレスの大人のほとんどは高校を卒業しておらず、多くのティーンエイジャーは学校に通っていない。母親は高い乳児死亡率を心配しなければならない。公衆衛生の劣悪な状況からして、ソノラ州ノガレスの住民が北の隣人ほど長生きしないことに驚きはない。彼らは多くの公共施設を利用することもできない。フェンスの南側では、道路がひどく荒れている。法と秩序は乱れた状態にある。犯罪率は高く、事業を始めるのは危険な行為だ。強盗に遭う危険があるばかりではない。事業を始めるためだけに、あらゆる許可を得たり賄賂を贈ったりするのは、容易なことではないのだ。ソノラ州ノガレスの住民は、政治家の腐敗や愚劣さに耐えているのである。

北の隣人とは対照的に、彼らが民主主義を経験したのはごく最近のことだ。二〇〇〇年の政治改革まで、ソノラ州ノガレスは、メキシコのほかの地域と同じく制度的革命党、すなわちPRIの腐敗した支配の下に置かれていた。

基本的には同じ都市を半分にした二つの町が、これほどまでに違うのはなぜだろうか。地理、気候、流行する病気の種類に違いはない。病原菌は何の制限もなく、合衆国とメキシコのあいだを行き来するからだ。もちろん、健康状態は大きく異なっている。だが、これは疾病環境とは関係ない。国境の南側の人々が劣った衛生状態のなかで暮らし、適切な健康管理を受けていないところに、その理由があるのだ。

だが、もしかしたら住民がかなり違うのかもしれない。アリゾナ州ノガレスの住民がヨーロッパからの移民の孫であるのに対し、南の住民はアステカ族の子孫なのだろうか？ そうではない。国境の両側で暮らす人々の背景はよく似ている。一八二一年にメキシコがスペインから独立したあと、「ロス・ドス・ノガレス」周辺の地域はビエハ・カリフォルニアというメキシコの州の一部だったのであり、一八四六―一八四八年のメキシコ・アメリカ戦争のあともそのままだった。実のところ、合衆国の国境がこの地域にまで広がったのは、一八五三年のガズデン購入後になってようやくのことだった。「ロス・ノガレスという美しい盆地」の存在に気づいたのは、国境を調査したN・ミクラー中尉だった。こうして、国境の両側で二つの町ができたのである。アリゾナ州ノガレスとソノラ州ノガレスの住民は、同じ先祖を持ち、同じ物を食べ、同じ音楽を聴き、あえて言えば、同じ「文化」を持っているのだ。

もちろん、半分になった二つのノガレスの違いについては、非常に単純で明白な説明が存在する。読者もとっくに察しがついていることだろう。そう、二つのノガレスを定義している国境がまさにそれなのだ。アリゾナ州ノガレスは合衆国にある。住民は合衆国の経済制度を利用している。おかげで彼らは、自由に職業を選べるし、学校に通ってスキルを身につけられるし、雇用主に最高のテクノロジーに投資するよう促せる。これらが賃金の上昇につながるのだ。また、彼らが利用している政治制度のおかげで、民主的プロセスに参加し、国会議員を選出し、議員が期待を裏切れば取り替えることができる。その結果、政治家は市民が必要とする基本的サービス（公衆衛生から道路、法と秩序まで）を提供することになる。ソノラ州ノガレスの住民はそれほど幸運ではない。彼らは異なる制度によって形づくられた異なる世界で暮らしている。これらの異なる制度は、二つのノガレスの住民に対して、また、その地域に投資しようとする起業家や企業に対して、まったく別のインセンティヴをもたらす。二つのノガレスの異なる制度によって、またその町が位置する国によって生み出されるこれらのインセンティヴが、国境の両側で経済的繁栄に違いがある主たる理由なのだ。

なぜ、合衆国の制度はメキシコ、さらに言えばその他のラテンアメリカ諸国の制度と比べ、それほどまでに経済に貢献するのだろうか。この問いへの答えは、植民地時代の初期に異なる社会がいかにして形成されたかという点にある。その当時に制度的な分岐が生じ、こんにちまで影響が及んでいるのだ。この分岐について理解するには、北米とラテンアメリカにおいて植民地が建設された時点から話を始めなければならない。

ブエノスアイレスの建設

一五一六年の初め、スペインの探検家であるファン・ディアス・デ・ソリスが、南米東海岸の広い河口に船を乗り入れた。水のなかを歩いて上陸すると、デ・ソリスはその土地はスペインのものだと宣言し、川をリオ・デ・ラ・プラタ、すなわち「銀の川」と名づけた。現地の人々が銀を持っていたからだ。河口の両側の先住民――現在のウルグアイにいたチャルア族、現代のアルゼンチンでパンパスとして知られる平原にいたケランディ族――は、この新参者を敵視した。これらの地元住民は狩猟採集民で、小集団で暮らしており、中央集権的な強い政治権力は存在しなかった。実際、デ・ソリスを撲殺したのは、チャルア族のそうした一団だった。彼がスペインのために占領しようと、新たな地域を探検していたときのことだった。

一五三四年、依然として事態を楽観していたスペイン人は、最初の植民団を本国から送り出した。その指揮を執ったのはペドロ・デ・メンドサだった。同年、彼らは現在のブエノスアイレスの位置に町を建設した。そこは、ヨーロッパ人にとって理想の場所になるはずだった。ブエノスアイレスとは文字どおりには「良い空気」を意味し、気候は快適で温暖だった。ところが、スペイン人のその地における最初の滞在は早々と終わりを迎えた。彼らの狙いは良い空気ではなく、採掘すべき資源と支配すべき労働力だった。だが、チャルア族とケランディ族は従順な人々ではなかった。彼らはスペイン人に食料を提供するのを拒み、捕まると働くのを拒んだ。新参の入植者を弓矢で攻撃した。スペイン人は食料を自給しなければならないとは予想もしていなかったため、しだいに飢えるようになった。ブエノスアイレスは彼らが夢見ていた場所ではなかった。労働力の提供を現地人に強要することはできなかった。

その地域には掘り出すべき銀も金もなかった。デ・ソリスが目にした銀は、実はずっと西のアンデス山脈にあるインカ帝国からはるばる運ばれてきたものだったのだ。

生き残りを図ったスペイン人は、より豊かな富と支配しやすい住民が手に入る新たな場所を見つけようと、遠征隊を派遣しはじめた。一五三七年、こうした遠征隊の一つが、ファン・デ・アヨラスの指揮のもと、インカ帝国へのルートを探してパラナ川をさかのぼっていた。その途中、遠征隊はグアラニー族と出くわした。グアラニー族は、トウモロコシとキャッサバを中心とした農業経済を営む定住民だった。デ・アヨラスは、彼らがチャルア族やケランディ族とはまるで違う相手であることにすぐに気づいた。短い争いのあと、スペイン人はグアラニー族の抵抗をねじ伏せ、ヌエストラ・セニョーラ・デ・サンタ・マリア・デ・ラ・アスンシオンという町を建設した。この町は現在もパラグアイの首都である。コンキスタドール（スペイン人の征服者）はグアラニー族の王女たちと結婚すると、すぐさま新たな貴族階級となった。彼らはみずから実権を握り、強制労働と貢ぎ物に関するグアラニー族の既存のシステムをつくり変えた。これこそ、彼らが築きたかった植民地だった。四年足らずのうちにブエノスアイレスは放棄され、その地に植民したすべてのスペイン人がこの新しい町に移住した。

「南米のパリ」とも言われるブエノスアイレスは、パンパスの莫大な農業資源に支えられた、ヨーロッパ風の広い大通りのある町だ。この地にふたたび入植者がやってきたのは、一五八〇年になってからのことだった。ブエノスアイレスの放棄とグアラニー族の征服から、ヨーロッパ人によるアメリカ大陸の植民地化の論理が明らかになる。初期のスペイン人入植者と、これから見るようにイングランド人入植者は、自分で土地を掘り返すことには興味がなかった。他人にそうさせて、財宝、つまり金や銀を略奪しようとしていたのである。

カハマルカから……

デ・ソリス、デ・メンドサ、デ・アヨラスの遠征は、さらに有名ないくつかの遠征に触発されたものだった。それらの遠征もまた、一四九二年一〇月一二日に、クリストファー・コロンブスがバハマ諸島の一つを目撃したことに端を発していた。スペインの拡張とアメリカ大陸の植民地化の本格的な開始を告げたのは、一五一九年のエルナン・コルテスによるメキシコ侵略、その一五年後のフランシスコ・ピサロによるペルー遠征、さらにその二年後のペドロ・デ・メンドサによるリオ・デ・ラ・プラタ遠征だった。次の一世紀のあいだに、スペインは南米の中央部、西部、南部の大半を征服し、植民地化した。一方、東のブラジルの領有権を主張したのはポルトガルだった。

スペインの植民地化戦略はきわめて有効だった。メキシコでコルテスが最初に完成させたこの戦略は、次のような観察に基づいていた。スペイン人が抵抗を抑え込むための最善の方法は、現地の指導者を捕らえることなのだ。この戦略のおかげで、スペイン人は指導者が蓄えた財産を自分のものにできたし、現地人に貢ぎ物と食料を差し出すよう強制できた。次のステップは、現地社会の新たなエリートとなり、徴税、貢ぎ物、とりわけ強制労働の既存の方法を支配することだった。

一五一九年一一月八日、コルテスと部下の男たちは、テノチティトランというアステカの大きな首都に到着すると、アステカ皇帝モクテスマの歓迎を受けた。モクテスマは助言者からの多くのアドバイスを考慮し、スペイン人を平和的に迎え入れようと決めていたのだ。その後の出来事は、フランシスコ会士のベルナルディーノ・デ・サアグンが、有名な『フィレンツェ絵文書』に一五四五年以降にまとめた報告で詳しく述べられている。

すぐさま、彼ら［スペイン人］はモクテスマをしっかりと取り押さえた……続いて、各人の銃が火を噴いた……恐怖がその場を支配した。みな心臓が口から飛び出しそうだった。暗くなる前だというのに、人々は恐れ、驚き、不安がり、呆然としていた。

夜が明けるとすぐに、［スペイン人の］要求のすべてが発表された。白いトルティーヤ、メスの七面鳥の丸焼き、卵、真水、材木、薪、炭……これを命じたのは実際にはモクテスマだった。

その地に住み着くと、スペイン人はさっそくモクテスマに町のあらゆる財宝についてたずねた……彼らは熱烈に金《きん》を探し求めていた。モクテスマはただちにスペイン人を率いて歩いていった。スペイン人はモクテスマを取り囲んで歩いていった……それぞれがモクテスマを抱えたり、つかんだりしていた。

テオカルコと呼ばれる宝物庫に着くと、彼らはあっというまに光沢のある物を何から何まで持ち出した。ケツァールという鳥の羽根でできた頭飾り、器具、盾、金の円盤……金のスパナ、金の脚帯、金の腕章、金の額帯。

その後たちまち、金が取りはずされた……彼らはすぐさま火を点じ、放った……すべての貴重な物に。すべてが焼けた。スペイン人は金を別々の延べ棒に成形した……スペイン人はあらゆる場所に足を向けた……彼らはすべてを、目に触れていいと思ったすべての物を奪った。

それからすぐに、彼らはモクテスマ自身の宝物庫へ向かった……トトカルコと呼ばれる場所だ……彼らは［モクテスマ］自身の財産を持ち出した……貴重な物をすべて。ペンダントのついたネックレス、ケツァールの羽根飾りのついた腕章、金の腕章、ブレスレット、貝殻のついた金のベルト……支配者の象徴であるトルコ石の王冠。彼らはそのすべてを奪った。

武力によるアステカの征服は一五二一年までに完了した。そこでコルテスは、ヌエバ・エスパーニャという領地の総督として、エンコミエンダという制度を通じ、最も価値ある資源すなわち先住民を分けはじめた。エンコミエンダは、ムーア人から国土の南部を取り戻す再征服《レコンキスタ》運動の一環として、一五世紀のスペインで最初に生まれたものだ。ムーア人とは八世紀以降にスペインに移住したアラブ人である。新世界では、その制度ははるかに悪質な形をとった。エンコメンデロと称されるスペイン人に先住民が与えられたのだ。先住民はエンコメンデロに貢ぎ物と労役を提供しなければならなかった。その代わりに、エンコメンデロは先住民をキリスト教に改宗させる責任を負った。

エンコミエンダの仕組みに関する初期の生々しい報告を現代に伝えてくれるのが、ドミニコ会の聖職者だったバルトロメ・デ・ラス・カサスだ。彼がスペインの植民地制度に対してなした批判は、最も早い時期のものであると同時に、最も痛烈なものの一つである。一五〇二年、デ・ラス・カサスは、新総督のニコラス・デ・オバンド率いる艦隊とともにイスパニョーラ島に到着した。彼が幻滅と困惑を募らせたのは、先住民の虐待と搾取を毎日のように目にしたせいだった。一五一三年、デ・ラス・カサスは、従軍司祭としてスペイン人によるキューバ征服に参加した。彼の職務に対してエンコミエンダが認められていたにもかかわらずだ。ところが、彼は下賜を放棄し、スペインの植民地制度を改革するための長い戦いを始めた。その努力は一五四二年の著書『インディアスの破壊についての簡潔な報告』となって実を結んだ。これは、スペインによる支配の非道さを辛辣《しんらつ》に攻撃する本だ。彼はニカラグアのケースを取り上げ、エンコミエンダについて以下のように述べている。

入植者のそれぞれが、割り当てられた（法律用語で言えば、委託された）町で住宅を手に入れ、住人を自分のために働かせ、もともと不足していた食料を奪い、現地人が所有し、耕し、昔から作物を育ててきた土地を乗っ取った。入植者はすべての現地人を──

使った。
――身分の高い者も、年寄りも、女も、子供も――自分の所帯の一員として扱い、そういう立場の者として、昼夜の別なく、休みもいっさい与えず、自己の利益のためにこき使った。

現在のコロンビアにあたるヌエバ・グラナダの征服について、デ・ラス・カサスはスペインの全戦略が実行される様子を報告している。

手に入る限りの金《きん》をすべて奪うという長期目標を実現するため、スペイン人はいつもの戦略に出た。町とその住人を自分たちのあいだで割り振り(彼らの言い方では、委託し)……それから、例のごとく住人を名もない奴隷として扱ったのだ。遠征隊の総司令官は領土全体の王を自分のために捕らえ、六カ月から七カ月にわたって監禁すると、まったく不法に次から次へと金やエメラルドを要求した。ボゴタというこの王は恐れおののき、自分を苦しめる者どもの魔手から何とかして逃れようと、家を金でいっぱいにして引き渡すという要求を飲んだ。この目的を達するため、王は金を探しに部下を送り出した。彼らは多くの宝石とともに少しずつ金を運んできた。それでも、家はいっぱいにならなかった。スペイン人はついに、約束を破れば王を殺すと宣告した。総司令官は、法の代理人としての自分の前で裁判をすべきだと言い出した。スペイン人がそれに従い、王を正式に起訴すると、総司令官は王が契約を尊重しなければ拷問にかけるという判決を下した。スペイン人は王をつるし刑具で拷問し、燃えさかる獣脂を腹に押しつけ、鉄輪のついた棒に両足を、別の棒に首を固定し、それから二人の男が彼の手をとり、そのまま足の裏を焼いた。ときどき総司令官がやってきてはこう繰り返した。王がもっと金を生み出さなければ、拷問でじわじわと殺してしまうように、と。これがスペイン人のしたことだった。王は結局、彼らに与えられた苦痛のせいで死んだ。

メキシコで完成された征服の戦略と制度は、スペイン帝国のほかの場所でも熱心に取り入れられた。最も効率的に実行されたのは、ピサロによるペルー征服の際だ。デ・ラス・カサスの報告は次のように始まっている。

一五三一年、もう一人の大悪党が、多くの部下を率いてペルーの王国へ旅をした。彼は、新世界のほかの場所に乗り込んだ同類の冒険家たちの戦略と戦術をまねようと決意を固めていた。

ピサロはペルーの町トゥンベスに近い海岸に上陸すると、南へと行進した。一五三二年一一月一五日、カハマルカという山間《やまあい》の町に到着した。そこにはインカ皇帝アタワルパが軍隊とともに野営していた。翌日、亡父ワイナ・カパックの後継争いで兄のワスカルを倒したばかりだったアタワルパは、従者を連れてスペイン人の野営地を訪れた。アタワルパは怒っていた。スペイン人がすでに、太陽神インティの神殿を冒瀆《ぼうとく》するなどの狼藉を働いたことを知らされていたからだ。その後に起こったことはよく知られている。スペイン人はわなを仕掛け、がっちりと閉じたのだ。彼らはアタワルパの護衛と召し使いをことによると二〇〇〇人も殺し、王を捕らえた。アタワルパは自由を得るため、一つの部屋を金で満たし、さらに二つの同じ広さの部屋を銀で満たすと約束せざるをえなかった。彼はそれを実行した。ところがスペイン人は約束を破り、一五三三年七月にアタワルパを絞殺した。同年一一月、スペイン人はインカの首都クスコを占領した。インカの貴族階級はアタワルパと同じ目に遭い、金と銀をそろえるまで監禁された。スペイン人の要求を満たさなければ火あぶりにされた。太陽神殿をはじめ、クスコにあった大量の芸術的財宝は金をはぎ取られ、溶かされて鋳型に注ぎ込まれた。

　この時点で、スペイン人はインカ帝国の住民に照準を合わせた。メキシコの場合と同じように、市民はエンコメンデロに分配された。ピサロに同行してきたコンキスタドールそれぞれに一人ずつだ。エンコミエンダは、植民地時代の初期に労働力の支配と組織のために用いられた主要な制度だったが、まもなく強力な対抗馬に直面した。一五四五年、ディエゴ・グアルパという名の地元民が、現在のボリビアにあたるアンデス山脈の高地で、現地の聖堂を探していた。一陣の突風によって地面へ投げ出されたグアルパの目の前に、銀鉱石の隠し場が現れた。これは巨大な銀山の一部だった。スペイン人はこの銀山をエル・セロ・リコ、すなわち「豊かな丘」と名づけた。銀山の周囲にはポトシという町が発展した。ポトシが最盛期を迎えた一六五〇年、人口は一六万人に達した。当時のリスボンやヴェネツィアをしのぐ人数である。

銀を掘るために、スペイン人は鉱夫を必要とした――大量の鉱夫を。彼らは新たな副王、つまり植民地首席行政官としてフランシスコ・デ・トレドを派遣した。その主要な任務は労働問題を解決することだった。デ・トレドは一五六九年にペルーに到着すると、まず五年を費やしてあちこち旅して回り、新たな管理地域を探索した。また、成人の全人口の大規模な調査を命じもした。必要な労働力を見つけるため、デ・トレドは最初にほぼすべての現地人を移動させ、レドゥクシオネス――文字どおりには「征服」の意――と呼ばれる新しい村落に集めた。これらの村落がスペイン王による労働力の搾取を促進することになった。続いて、インカの言葉であるケチュア語で「勤務」を意味するミタというインカの労働制度を復活させ、採用した。ミタ制度のもとで、インカ族は強制労働を活用し、神殿、貴族、軍隊に食料を供給すべく設計されたプランテーションを運営していた。その見返りに、インカのエリート階級は飢饉を救済し安全を確保した。デ・トレドの管理するミタ、とくにポトシのミタが、スペインの植民地時代における労働搾取の最大にして最も重苦しい企てになるのは必至だった。デ・トレドは、現代のペルー中部からボリビアの大半にまたがる広大なミタの圏域を設定した。その面積は約二〇万平方マイル（約五一万八〇〇〇平方キロメートル）に及んだ。この地域では、男の住人のうち新たにレドゥクシオネスに到着した七分の一が、ポトシ鉱山で働くよう命じられた。ポトシのミタは植民地時代を通じて存続し、一八二五年になってようやくミタ廃止された。次ページの地図1に、スペイン征服時代におけるインカ帝国の領土に重ねてミタの圏域が示されている。これを見れば、首都クスコの周囲に広がるミタが、帝国の中心地域とどの程度一致していたかがわかる。

意外なことに、ペルーでは現在もなおミタの遺産が見られる。カルカ郡とその近くのアコマヨ郡の違いについて考えてみよう。この二つの郡のあいだに違いはほとんどないように思える。双方とも山間の高地にあり、ともにケチュア語を話すインカ族の末裔が暮らしている。ところが、アコマヨのほうがはるかに貧しく、住民の消費量はカルカと比べて約三分の一も少ないのだ。住民はそれを知っている。アコマヨでは、恐れを知らない外国人がこんな質問を受ける。「この街の住人が向こうのカルカより貧しいのを知らないのかい？　いったいどうしてここに来ようなんて思ったんだい？」。恐れを知らないというのは、この一帯の主要都市にしてインカ帝国の古《いにしえ》の都であるクスコからアコマヨに行くのは、カルカに行くよりずっと大変だからだ。カルカへ通じる道は舗装されているが、アコマヨへの道は荒れ果てた状態にある。アコマヨを越えるには馬かラバが必要だ。カルカでもアコマヨでも住民は同じ作物を育てているが、カルカではそれを市場で売ってお金にする。アコマヨでは、食料になるものを育てて生活の糧にする。こうした格差は一目瞭然だし、そこに暮らす人々にとっても明らかなことだが、それを理解するには二つの地区の制度の違いに目を向けるといい。この違いの歴史的ルーツは、デ・トレドと、現地の労働力を効率よく搾取するための彼の企てにさかのぼる。アコマヨとカルカの大きな歴史的違いは、アコマヨはポトシのミタの圏域に

地図1　インカ帝国、インカの道路網、採鉱のためのミタの圏域

あったが、カルカはなかったということだ。

労働力の集約とミタに加え、デ・トレドはエンコミエンダに人頭税を組み込んだ。成人男子は毎年、一定額を銀で支払わなければならない。これは、人々を労働市場に駆り立て、スペイン人の地主のために賃金を下げるためのもう一つの企てだった。さらに別の制度であるレパルティミエント・デ・メルカンシアスもまた、デ・トレドの在職中に広まった。スペイン語の動詞「repartir（分配する）」に由来するこのレパルティミエントとは、文字どおりには「商品の分配」の意で、スペイン人が決めた価格で商品を地元民にむりやり売りつけることだった。最後に、デ・トレドはトラジン――文字どおりには「運搬」の意――を導入した。これは、ワイン、コカの葉、織物といった重い荷物を運ぶのに、役畜《えきちく》の代わりに先住民を使うというものだった。スペイン人のエリート階級による冒険的事業のためである。

アメリカ大陸でスペインが支配する植民地世界のいたるところに、同じような制度と社会構造が出現した。略奪の初期段階が過ぎ、金銀への欲望が満たされると、スペイン人は先住民を搾取するための制度を網の目のように張りめぐらせた。エンコミエンダ、ミタ、レパルティミエント、トラジンといったいっさいのものは、先住民の生活水準を有無を言わさず最低水準に引き下げ、それを超えた収入をすべてスペイン人が吸い上げるために企てられたものだ。これは、土地を奪い、労働を強制し、労役に対して低い賃金しか払わず、重税を課し、好きで買うわけでもない商品に高い値段をつけることによって達成された。これらの制度を通じてスペイン王のために多くの富が生み出され、コンキスタドールとその子孫は大金持ちになった一方で、ラテンアメリカは世界で最も不平等な大陸となり、その潜在的経済力を奪われてしまったのだ。

……ジェームズタウンへ

一四九〇年代にスペイン人がアメリカ大陸の征服に乗り出したとき、イングランドはヨーロッパ列強のなかでは小国で、バラ戦争という内戦の壊滅的影響から立ち直る途上にあった。戦利品や金の奪い合い、アメリカ先住民の搾取などに便乗できる状態ではなかった。一〇〇年近く後の一五八八年、スペインのフェリペ二世がイングランドを侵略しようと送った無敵《アル》艦隊《マダ》が幸運にも敗走すると、ヨーロッパ中に政治的な衝撃が走った。イングランドの勝利は運も味方してのことだったとはいえ、海上での影響力が増大する兆候でもあった。おかげで、イングランドはようやく植民地帝国を追い求められるようになったのだ。

したがって、それとまったく同時にイングランド人が北米の植民地化を始めたのは偶然ではなかった。だが、彼らはすでに出遅れていた。イングランド人が北米を選んだのは、そこが魅力的だったからではなく、そこしか手に入らなかったからだ。アメリカ大陸の「好ましい」部分、つまり搾取すべき先住民がたくさんいて金山や銀山がある場所は、すでに占領されていた。イングランド人は残り物を取ったのだ。一八世紀の作家にして農学者だったアーサー・ヤングは、利益になる「主要産物」——彼はその言葉によって輸出できる農産品を意味していた――がどこで生産されるかを論じた。ヤングはこう述べている。

概して、われわれの植民地の主要産物の価値は、太陽からの距離に比例して減じるようだ。どこよりも暑い西インド諸島では、一人あたり八ポンド一二シリング一ペニーが生産される。大陸植民地の南部では、五ポンド一〇シリング。中央部では、九シリング六と二分の一ペニー。北部の開拓地では二シリング六ペニー。こうした等級がきわめて重要な教訓を示しているのは間違いない――北緯度地方に植民するのは避けるように、と。

一五八五年から一五八七年にかけて、イングランドはノースカロライナのロアノークに初の植民地を建設しようと試みたものの、完全な失敗に終わった。一六〇六年もまもなく終わろうとするころ、スーザン・コンスタント、ゴッドスピード、ディスカヴァリーという三隻の船が、クリストファー・ニューポート船長の指揮下、ヴァージニアに向けて出帆した。ヴァージニア会社の支援を受けていた入植者たちは、チェサピーク湾に入り、イングランド国王ジェームズ一世にちなんでジェームズ川と命名した川をさかのぼった。一六〇七年五月一四日、彼らはジェームズタウンという入植地を建設した。

ヴァージニア会社の所有する船に乗っていた入植者たちはイングランド人だったにもかかわらず、コルテス、ピサロ、デ・トレドがつくった枠組みに大きく影響された植民地化のモデルを持っていた。彼らの当初の計画は、現地の首長を捕らえ、その人物をダシにして食料を手に入れたり、住民に食べ物や財を生産するよう強制したりするというものだった。

ジェームズタウンに初めて上陸したとき、イングランドの入植者たちは、パウハタン部族連合が権利を主張する領地にいることに気づかなかった。パウハタン部族連合とは、ワフンスナコクという王に忠誠を尽くす義務を負う約三〇の部族の同盟である。ワフンスナコクの住む首都はウェロウォコモコという町で、ジェームズタウンからほんの二〇マイル（約三二キロメートル）の場所だった。情勢についてもっと多くを知ろうというのが、入植者たちの計画だった。現地人が食料や労働の提供を拒んでも、少なくとも彼らと交易はできるはずだ。入植者がみずから汗を流して食べ物を育てるという考えは、頭に浮かばなかったらしい。新世界の征服者がやったのは、そんなことではないのだ。

ワフンスナコクはすぐに入植者の存在に気づき、その意図を大いに怪しんだ。ワフンスナコクは北米としてはかなり大きな帝国の指導者だった。しかし、多くの敵があり、インカのような圧倒的で中央集権的な政治支配力は持っていなかった。ワフンスナコクはイングランド人の意図を見極めようと、まずは使者を送って友好な関係を望んでいると伝えさせた。

一六〇七年の冬が近づいたころ、ジェームズタウンで入植者の食料が不足しはじめると、植民地の統治委員会のリーダーを任されていたエドワード・マリー・ウィングフィールドはうろたえるばかりだった。この状況を救ったのがジョン・スミス大尉だった。スミスは並外れた人物で、彼の著作は植民地の初期の発展に関する主な情報源の一つだ。イングランドの片田舎のリンカンシャーに生まれたスミスは、実業界に入ってほしいという父の願いを無視し、代わりに傭兵になった。まずオランダでイングランド軍と戦い、その後オーストリア軍に加わってハンガリーで任務につき、オスマン帝国軍と戦った。ルーマニアで囚われの身となり、奴隷として売られ、農業労働者として働かされた。ある日どうにか主人を打ち倒すと、衣服と馬を盗み、オーストリアの領土に逃げ帰った。ヴァージニアへの船旅の途中ではトラブルに見舞われ、ウィングフィールドの命令を無視したため反乱のかどでスーザン・コンスタント号上で投獄された。船が新世界に着いたら、裁判にかけられる予定になっていた。ところが、ウィングフィールドやニューポートをはじめとするエリート入植者は、封をされた命令書を開けて震え上がることになる。ヴァージニア会社は、ジェームズタウンを治めることになっていた統治委員会のメンバーにスミスを指名していたのだ。

ニューポートは補給物資とさらなる入植者を運ぶためにイングランドへの帰路に就き、ウィングフィールドはどうすべきかを決められなかったため、植民地を救ったのはスミスだった。スミスは生死を左右する食料供給を確保すべく、一連の通商活動に取りかかった。あるとき、そうした活動の途中でワフンスナコクの弟の一人であるオペチアンカーノーに捕らえられ、ウェロウォコモコで王の前に引き出された。スミスはワフンスナコクと対面した最初のイギリス人だった。いくつかの風説によると、ワフンスナコクの幼い娘であるポカホンタスの取りなしによってスミスの命が助けられたのは、この最初の出会いでのことだったという。スミスは一六〇八年一月二日に解放され、ジェームズタウンに戻った。依然として危険なほど食料が不足していたが、その日遅く、ニューポートが折よくイングランドから帰還したのだった。

ジェームズタウンの入植者は、こうした初期の経験からほとんど何も学ばなかった。一六〇八年が過ぎていくあいだ、彼らは金や貴金属を追い求めつづけた。生き延びるには、強制や交易によって現地人に食べさせてもらおうとしても無駄だということが、まだわかっていないようだった。コルテスやピサロにとってはきわめて有用だった植民地化のモデルが、北米ではまるで通用しないことに最初に気づいたのはスミスだった。基本的な環境があまりにも異なっていたのだ。アステカやインカと違い、ヴァージニアの住民は金を持っていないとスミスは指摘した。実際、彼は日記にこう書き留めている。「食料が彼らの富のすべてであることを知らねばならない」。長大な日記を残した初期の入植者の一人であるアナス・トッドキルは、スミスをはじめ、このことに気づきはじめた数人の苛立ちをうまく表現している。

「会話も、希望も、仕事もなかった。それでも、金を掘れ、金を精製しろ、金を積み込めだ」

一六〇八年四月にイングランドへ向けて出帆したとき、ニューポートは金と見間違えやすい黄鉄鉱《フールズ・ゴールド》を積んでいった。九月の末には、ヴァージニア会社からの指示を携えて戻ってきた。現地人をもっとしっかり支配せよというのだ。入植者たちはワフンスナコクを王位に就かせようと画策した。そうすれば、彼をイングランド国王ジェームズ一世に服従させられるのではないかと期待したのだ。入植者たちはワフンスナコクをジェームズタウンに招いたが、相変わらず入植者を深く疑っていたワフンスナコクは、捕らえられる危険を冒そうとはしなかった。ジョン・スミスがワフンスナコクの返答を記録に残している。「あなた方の王が私に贈り物をくれたとしても、私もまた王であるし、ここは私の国だ……あなた方の父が私のところへ来るべきであり、私が行くべきではない。まして、あなた方の砦へ行くべきではないし、そんな誘いに乗るつもりもない」

ワフンスナコクに「誘いに乗る」つもりがないなら、ニューポートとスミスのほうからウェロウォコモコに出向いて戴冠式に取りかからねばならない。こうした成り行きは全体としてまったくの失敗だったように思える。結果として、ワフンスナコクのほうが、いまこそ植民地を排除すべきときだと決意したにすぎなかったのだ。彼は交易を禁止した。ジェームズタウンはもはや必需品を取引できない。ワフンスナコクは入植者を兵糧攻めにするつもりだった。

一六〇八年一二月、ニューポートはふたたびイングランドへ向けて出帆した。彼はスミスが書いた書状を携えていた。植民地に関する考え方を変えるようヴァージニア会社の重役に訴える書状だ。メキシコやペルーと同じようなやり方で、ヴァージニアで一攫千金の開拓をすることは不可能だった。金も貴金属もなかったし、先住民に労働や食料提供を強制することもできなかった。スミスは次の点を理解していた。植民地の今後の発展を可能とするには、入植者が働かなければならないのだ。そこで、スミスはそれにふさわしい人材を送ってくれるよう重役に訴えた。「ふたたび人を送っていただく際には、むしろこんな人々を切望します。三〇人ほどの大工、農夫、庭師、漁師、鍛冶屋、石工、木や根を掘り出す人など。十分な人員が供給されれば、一〇〇〇人にもなります」

スミスは役に立たない金細工師などもういらなかった。またしてもジェームズタウンが生き延びたのは、ひとえに彼の才覚のおかげだった。スミスは先住民のグループをおだてたり脅したりして、どうにか自分と取引をさせた。相手が応じないときは、自分にできることをやった。入植地では完全に実権を握り、「働かざる者食うべからず」というルールを課した。ジェームズタウンは二度目の冬を乗り切った。

ヴァージニア会社の目的は金《かね》を儲ける企業となることだったが、悲惨な二年間が過ぎたあとも、儲けはいっさいなかった。重役たちは新たな統治モデルが必要だと判断し、統治委員会に代えて総督を一人だけ置くことにした。この地位を任された最初の人物はトマス・ゲイツ卿だった。ヴァージニア会社はスミスの警告のいくつかの点に耳を傾け、新しい何かを試さなければならないことを認識していた。一六〇九年から一六一〇年にかけての冬――いわゆる「飢餓の時」――の出来事によって、この認識は実感となった。統治体制の刷新によってポストを失ったスミスは、不満を抱いて一六〇九年の秋にイングランドへ戻った。スミスの才覚が欠け、ワフンスナコクが食料の供給を止めたため、ジェームズタウンの入植者は非業の死を遂げた。その冬にやってきた五〇〇人のうち、三月まで生き延びたのはたった六〇人だった。あまりに絶望的な状況に、彼らは食人に走ったほどだった。

ゲイツおよび副官のトマス・デイル卿によって植民地に課された「新しい何か」は、イングランド人入植者に向けた過酷な労働体制だった――もちろん、植民地を運営するエリートに向けたものではなかったが。「神、道徳、軍の法」を伝えたのはデイルだった。そこには次のような条項が含まれている。


いかなる男女も植民地からインディアンの元へ逃げてはならない。違反した者は死刑。

公的なものであれ私的なものであれ、庭あるいはブドウ園を奪った者、トウモロコシを盗んだ者は死刑に処す。

植民地の住民は、この国の産物を私的利用のために植民地から運び出そうとする艦長、海員、商船長、水夫に、それを売ったり与えたりしてはならない。違反した者は死刑。


先住民は搾取できなくても、おそらく入植者ならできるだろうというのが、ヴァージニア会社の考えだった。植民地を発展させる新たなモデルの一環として、ヴァージニア会社がすべての土地を所有することになった。男たちはバラックに寝泊まりし、会社が決めただけの食料を配給された。作業グループが選定され、会社の差配人が各グループを監督した。手っ

地図2　1500年当時のアメリカ大陸の人口密度

取り早い処罰として死刑があったのだから、この制度は軍の法に近かった。植民地の新たな法令の一部として、先に挙げたばかりの第一項は重要だ。ヴァージニア会社は逃げる人々を死で脅したのである。新たな労働体制が敷かれると、逃げ出して現地人と共に暮らすことは、働かねばならない入植者にとってますます魅力的な選択肢となった。当時のヴァージニアには、先住民すらまばらにしか住んでいなかったことを考えると、ヴァージニア会社の支配の及ばない辺境で独力で生きるという展望を持つこともできた。現にこうした選択肢があったせいで、ヴァージニア会社の力は限られていた。必要最低限の食料を配給するだけでは、イングランド人の入植者に重労働を強制することはできなかった。

前ページの地図2に、スペインによる征服当時のアメリカ大陸各地の人口密度が推定値で示してある。合衆国の人口密度は、一部の地域を除き、一平方キロメートル当たりせいぜい四分の三人だった。メキシコ中央部やペルーのアンデス地方では、一平方キロメートル当たり四〇〇人にも達しており、合衆国の五〇〇倍を超えている。メキシコやペルーでできたことも、ヴァージニアではできそうになかったのだ。

初期の植民地化モデルがうまく機能しないことをヴァージニア会社が認識するまでには、ある程度の時間がかかった。「神、道徳、軍の法」が浸透するのにも、しばらく時間がかかった。一六一八年以降、きわめて斬新な戦略が採用されることになった。現地人も入植者も強制的には支配できなかったため、残された唯一の策は入植者にインセンティヴを与えることだった。一六一八年、ヴァージニア会社は「人頭権制度」を始めた。男の入植者にそれぞれ五〇エーカー(約〇・二平方キロメートル)の土地を与え、その家族のそれぞれと、一家族がヴァージニアに連れてくるすべての召し使いにさらに五〇エーカーの土地を与えることにしたのだ。入植者は家を与えられ、契約から解放された。一六一九年には一般議会が新設され、事実上すべての成人男子に、植民地を律する法と制度の決定権が与えられた。これがアメリカ合衆国の民主主義の始まりだった。

ヴァージニア会社は一二年をかけて一つ目の教訓を得た。すなわち、メキシコや中南米でスペイン人の役に立ったことも北米では役に立たないのだ、と。その後、一七世紀を通じて、二つ目の教訓をめぐる争いが長きにわたって続くことになる。その教訓とはこうだ。植民地が経済的に発展するための唯一の選択肢は、入植者が投資し、懸命に働くようなインセンティヴを与える制度を生み出すことなのである。

北米の発展に伴い、イングランドのエリートたちは再三にわたり、植民地のわずかな特権階級を除くあらゆる住民の経済的・政治的権利を厳しく制限する制度を確立しようとした。まさにスペイン人がやったことである。だが、こうしたモデルはヴァージニアの場合と同じく、ことごとく頓挫した。

最も大胆な試みの一つが始まったのは、ヴァージニア会社が戦略を変更してまもなくのことだった。一六三二年、チェサピーク湾北部に面した一〇〇〇万エーカー(約四万四六九平方キロメートル)の土地が、イングランド国王チャールズ一世によって、ボルティモア卿セシリウス・カルヴァートに下賜された。メリーランドの設立勅許状によって、ボルティモア卿は思いどおりの政府をつくる完全な自由を与えられた。その第七項にはこう記されていた。ボルティモア卿は「前述の州の良好で幸福な政府のために、本証書の文言により、いかなる種類のものであれ法律を定め、つくり、制定するための、自由で、十全で、絶対の権力」を手にしている、と。

ボルティモア卿は、荘園社会をつくる詳細な計画を立てた。つまり、一七世紀イングランドの理想的な田舎の北米版だ。計画では、土地を数千エーカーの小区画に分けて地主が運営するとされた。地主は小作人を雇い、小作人は土地を耕作し、土地を支配する特権的エリートに地代を払う。のちの一六六三年にも、もう一つの似たような試みがなされている。八人の領主によってカロライナが建設された際のことで、領主の一人がアントニー・アシュリー・クーパー卿だった。アシュリー・クーパー卿は、自分の秘書であり偉大な哲学者でもあるジョン・ロックとともに、カロライナ基本憲法を起草した。この文書は、それに先立つメリーランド設立勅許状と同じく、土地を持つエリートによる支配を基盤としたエリート主義的階級社会の青写真を示すものだった。その前文にはこう記されている。「この州の政府は、われわれがそのもとで生き、この州もその一部である君主国に最もふさわしいものとなるかもしれない。そして、われわれは大規模な民主制の確立を避けるかもしれない」

基本憲法の諸条項は、固定的な社会構造を規定していた。その最終行は「リートマン［訳注：領主裁判所の裁判権に服する人］」であり、第二三項としてこう記されていた。「リートマンの子はすべてリートマンであり、それはあらゆる世代で変わらない」。政治力を持たないリートマンの上に伯爵と族長がいて、貴族階級を形成することになっていた。伯爵はそれぞれ四万八〇〇〇エーカー（約一九四平方キロメートル）の土地を、族長は二万四〇〇〇エーカーの土地を割り当てられるとされていた。議会があり、伯爵と族長が代表を出すが、議論を許されるのは八人の領主が前もって承認した議案だけだった。

ヴァージニアで過酷な支配の押しつけが失敗したのとまったく同じように、メリーランドやカロライナで同種の制度を進めようという計画も失敗に終わった。その理由はよく似ていた。どんな場合であれ、入植者に厳格な階級社会を強制することが不可能だったのは、新世界では彼らにとって選択肢があまりにも多かったからだ。強制する代わりに、働きたくなるインセンティヴを与える必要があった。やがて、入植者はいっそうの経済的自由と政治的権利を要求するようになった。メリーランドでも、入植者は自分たちに土地をよこせと主張し、ボルティモア卿に議会の創設を強要した。一六九一年、議会はメリーランドを直轄植民地と宣言するよう王を説得し、それによってボルティモア卿と荘園領主の政治的特権を剝奪《はくだつ》した。長期にわたる似たような争いはカロライナでも起こり、ここでも植民地領主が敗れた。一七二九年、サウスカロライナは直轄植民地となった。

一七二〇年代までに、のちにアメリカ合衆国となる一三の植民地のすべてが、政府に似た機構を持っていた。いずれの場合も、知事がいて、資産を持つ男子の選挙権に基づく議会があった。こうした機構は民主的なものではなかった。女性、奴隷、無産階級は投票できなかったからだ。しかし、同時代のほかの社会と比べれば、政治的権利はきわめて広く認められていた。一七七四年に、アメリカ合衆国の独立への序曲となる第一回大陸会議を合同で組織したのは、これらの議会とその指導者たちだった。植民地議会は、みずからの構成員と課税権の両方を決定する権利を持っていると考えていた。周知のように、それが原因でイングランド人の植民地政府にとって問題が起こることになる。

二つの憲法の話

いまや、次のことは明らかなはずだ。メキシコではなくアメリカ合衆国が、民主主義の原則を支持する憲法を採択・施行し、政治権力の使用に制限を設け、その権力を広く社会に分配したのは偶然ではないのだ。一七八七年五月にフィラデルフィアで下院議員たちが執筆を始めた文書は、一六一九年にジェームズタウンで一般議会が創設されたことに端を発する長いプロセスの帰結だったのである。

アメリカ合衆国の独立時に起こった憲法制定のプロセスと、少しあとにメキシコで起こったそれとのあいだには著しいコントラストがある。一八〇八年二月、ナポレオン・ボナパルト率いるフランス軍がスペインに侵攻した。五月には首都マドリードを占領した。九月にはスペイン王フェルナンド七世を捕らえ、退位させた。スペインの全国的評議会である中央評議会が結成され、フランスとの戦いの灯をともした。中央評議会はアランフエスで初めて開催されたが、フランス軍を前にして南へ退却せざるをえなかった。最終的にはカディスという港町に達した。カディスはナポレオン軍に包囲されたものの、どうにか持ちこたえた。評議会はこの地でコルテスと呼ばれる議会を組織した。一八一二年、コルテスはカディス憲法として知られるようになるものを生み出した。この憲法では、国民主権の考え方に基づく立憲君主制の導入が求められていた。また、特権の廃止と法の下の平等の確立も要求された。こうした要求はすべて、南米のエリートから忌み嫌われた。彼らは依然として、エンコミエンダ、強制労働、みずからに授けられた絶対的権力、植民地国家などによって形成される制度的環境を支配していたからだ。

ナポレオンの侵略によるスペイン国家の崩壊は、植民地ラテンアメリカのいたるところに憲政の危機をもたらした。中央評議会の権威を認めるかどうかについては大変な論争があり、それへの回答として、ラテンアメリカの多くの人々がみずからの評議会を組織しはじめた。彼らがスペインからの真の独立の可能性を感じはじめるのは、時間の問題にすぎなかった。一八〇九年、ボリビアのラパスで最初の独立宣言が出されたものの、ペルーから派遣されたスペイン軍によってすぐに抑え込まれた。メキシコでエリート層の政治姿勢を形成したのは、一八一〇年のイダルゴの反乱だった。この反乱を先導したのは司祭のミゲル・イダルゴだった。九月二三日にグアナフアトを攻略した際、イダルゴ軍は行政官や植民地高官を殺したあと、白人を無差別に殺しはじめた。これは独立運動というより、階級闘争、あるいは民族紛争にすら近いものだった。そのため、運動に反対するすべてのエリートが一つに団結したのだ。独立によって政治への国民参加が実現するのなら、現地のエリートはスペイン人に限らずそれに反対だった。したがって、メキシコのエリートは、国民参加に道を開いたカディス憲法にきわめて懐疑的な目を向けていた。彼らはその正統性を決して認めようとしなかった。一八一五年、ナポレオンのヨーロッパ帝国が崩壊すると、フェルナンド七世が権力の座に復帰し、カディス憲法は廃止された。スペイン国王がアメリカの植民地の奪還を企てはじめたとき、国王派であるメキシコとのあいだに問題が生じることはなかった。ところが、一八二〇年、スペインの権威回復を助けるためにアメリカへ船出すべくカディスに集まったスペイン軍が、フェルナンド七世に反旗を翻した。彼らがまもなく国中の部隊と合流すると、フェルナンド七世はカディス憲法とコルテスを復活させざるをえなくなった。このコルテスはカディス憲法を書き上げたときよりもさらに急進的で、あらゆる形の強制労働を廃止するよう提案した。また、特権――たとえば軍人が軍の法廷で刑事裁判にかけられる権利――をも攻撃した。最終的にこの文書がメキシコに押しつけられそうになると、現地のエリートは、独自に活動し、独立を宣言するほうがましだと判断した。

この独立運動を先導したアウグスティン・デ・イトゥルビデは、スペイン軍の将校だった。一八二一年二月二四日、イトゥルビデは独立後のメキシコに関する自分の展望をイグアラ綱領として公布した。それはメキシコ皇帝をいただく立憲君主制を特徴とし、メキシコのエリートがみずからの地位と特権を脅かすと見なした条項をカディス憲法から排除したものだった。イグアラ綱領は即座に支持を獲得し、スペインは不可避の事態を止められないことをすぐに理解した。だが、イトゥルビデは本国からのメキシコの離脱を準備しただけではなかった。権力の空白を見て取ると、すぐさま軍事的な後ろ盾を利用してみずからを皇帝だと宣言したのだ。南米独立の偉大な指導者であるシモン・ボリバルが「神と銃剣の恵みによって」と評した地位に就いたのである。イトゥルビデは、アメリカ合衆国の大統領を拘束していたのと同じ政治制度に拘束されてはいなかった。彼はまたたくまに独裁者となり、一八二二年一〇月には憲法で認められていた議会を解散させ、みずから選んだ評議会で置き換えた。イトゥルビデの権勢は長続きしなかったものの、こうしたパターンの展開は一九世紀のメキシコで何度も繰り返されることになる。

アメリカ合衆国憲法は、現代の基準に従えば民主主義を生んだとは言いがたい。選挙で誰が投票できるかは、それぞれの州の決定に任されていた。北部の州は、いくら稼いでいるとかどれくらい資産があるかなどにかかわらず、すべての白人男性にただちに投票権を認めた。一方、南部の州は徐々にそうしただけだった。どの州も女性と奴隷には参政権を与えなかった。白人男性について財産による制限が撤廃された際には、黒人男性からあからさまに選挙権を奪う人種別選挙権が導入された。フィラデルフィアで合衆国憲法が書かれたときには、奴隷制が合憲だと考えられていたのは言うまでもない。各州への下院の議席分配をめぐる交渉は、きわめて浅ましいものとなった。議席は州の人口に基づいて分配されるべきだが、当時の南部諸州の連邦議会議員は奴隷を勘定に入れるよう要求した。北部の州はそれに反対した。妥協策として、下院の議席配分にあたっては奴隷一人を自由民の五分の三と数えることになった。合衆国における南部と北部の争いは、五分の三ルールをはじめとする妥協が成立したせいで、憲法制定の作業が進むあいだは沈静化した。時とともに新たな改善策が追加されていった――たとえばミズーリ妥協は、上院において奴隷制に賛成の議員と反対の議員のバランスを保つため、奴隷制に賛成の州一つと反対の州一つが、つねに一緒に連邦に加わるという協定だった。こうしたその場しのぎのごまかしのおかげで、合衆国の政治制度は無事に役目を果たしつづけた。やがて、南北戦争によってこの争いは北部に有利な形で決着することになる。

南北戦争では多くの血が流され、国土は破壊された。だが戦争の前も後も、とりわけ合衆国の北部と西部では、大部分の住民にとって十分なビジネス・チャンスがあった。しかし、メキシコの状況はかなり異なっていた。合衆国が一八六〇年から一八六五年にかけて五年間の政情不安を経験したとすれば、メキシコは独立後五〇年にわたってほぼたえまなく政情不安に苦しめられたのだ。これは、アントニオ・ロペス・デ・サンタ・アナの経歴をたどれば一目瞭然である。

サンタ・アナはベラクルスの植民地将校の息子で、独立戦争の際にスペイン人のために戦う兵士として知られるようになった。一八二一年にイトゥルビデとともに敵に寝返り、後ろを振り返ることは二度となかった。一八三三年五月、サンタ・アナは初めてメキシコ大統領となったものの、権力を行使した期間は一カ月にも満たず、バレンティン・ゴメス・ファリアスに大統領役を任せることにした。ゴメス・ファリアスが一五日のあいだ大統領として働いたあと、サンタ・アナはふたたび権力を掌握した。だが、これも最初の在任期間と同じく短いあいだのことで、七月初めにはまたもゴメス・ファリアスと交代した。サンタ・アナとゴメス・ファリアスはこのダンスを続け、一八三五年の半ばにようやくサンタ・アナがミゲル・バラガンと交代した。だが、サンタ・アナは簡単にあきらめる人物ではなかった。一八三九年、一八四一年、一八四四年、一八四七年、最後に一八五三年から五五年にかけて大統領に返り咲いたのだ。全部で一一回大統領になり、その間アラモとテキサスの喪失や、悲惨なメキシコ・アメリカ戦争を見届けた。この戦争の結果、ニューメキシコやアリゾナとなる領土を失う羽目になった。一八二四年から一八六七年にかけて、メキシコでは五二人の大統領が在任した。そのなかに、憲法で認められた手続きに従って権力の座に就いた者はほとんどいなかった。

この前例のない政情不安が、経済的な制度やインセンティヴにどんな影響を及ぼすかは明らかだろう。こうした政情不安のせいで、財産権はきわめて不確実なものとなった。また、メキシコ国家がひどく弱体化することにもなった。メキシコはもはや権威をほとんど持たず、税金を上げることも公共サービスを提供することもまずできなかった。実際、サンタ・アナは大統領だったにもかかわらず、その国の大部分は彼の支配下になかった。だからこそ、合衆国によるテキサス併合が可能となったのだ。加えて、これまで見たように、メキシコの独立宣言の背後にある動機は、植民地時代に発展した一連の経済制度を守ることだった。ドイツの偉大なラテンアメリカ探検家にして地理学者のアレクサンダー・フォン・フンボルトの言葉を借りれば、こうした制度のせいでメキシコは「不平等の国」となったのだ。それは、先住民の搾取と独占の創出を社会の土台とすることによって、大半の住民の経済的なインセンティヴと独創力を抑圧した。一九世紀の前半に合衆国が産業革命を経験しはじめたころ、メキシコはいっそう貧しくなっていったのである。

いいアイデアを持つこと、会社を設立すること、融資を受けること

産業革命はイングランドで始まった。その最初の成功は綿布の生産に革命を起こしたことだった。水車によって、のちには蒸気エンジンによって作動する新しい機械を使ったのだ。綿生産の機械化は、最初は織物、続いてその他の産業で、労働者の生産性を大幅に向上させた。経済活動のあらゆる場面で、技術的躍進の原動力はイノヴェーションだった。それを先導したのが、新しいアイデアを応用することに熱心な起業家や実業家だ。こうした初期の成果はすぐさま北大西洋を渡って合衆国に広がった。人々は、イングランドで発展した新しいテクノロジーを採用することで得られる大きなビジネス・チャンスを見いだした。また、みずから発明をしてやろうという気にもさせられた。

これらの発明の本質を理解しようと思ったら、誰に特許が与えられるかを考えてみるといい。アイデアの財産権を守る特許制度は、一六二三年に英国議会が制定した専売特許条例によって体系化された。それは、国王が自分の望む人物に――事実上、ある一定の活動や事業に着手する独占権を認めることによって――「特許証」を勝手に与えるのをやめさせる試

みの一環だった。合衆国における特許取得をめぐる注目すべき事実は、特許を与えられるのが金持ちやエリートだけではなく、あらゆる境遇、あらゆる階層の人々だったということだ。多くの人が特許を基に財をなした。トマス・エディソンを例に挙げてみよう。エディソンは蓄音機や白熱電球の発明者にして、いまなお世界有数の企業であるゼネラル・エレクトリックの創業者である。エディソンは七人兄弟の末っ子だった。父のサミュエル・エディソンは、屋根板の切り出しから服の仕立て、宿屋の経営まで、多くの仕事に携わった。トマスは正規の学校教育はほとんど受けなかったものの、自宅で母親に勉強を教わった。

一八二〇年から一八四五年にかけて、合衆国における特許所有者のうち、親が何かの専門職に就いていたり、はっきりわかる大地主だったりする者は、わずか一九パーセントにすぎなかった。同じ期間、特許を取得した者の四〇パーセントは、エディソンと同じくせいぜい小学校にしか通っていなかった。そのうえ、彼らは会社を設立することによって特許を活用するケースが多かった。これもエディソンと同じである。一九世紀の合衆国ほど、政治に関して民主的な国が当時の世界にはほとんどなかったのと同じように、イノヴェーションに関してもこれほど民主的な国はまずなかった。これは、合衆国が経済面で世界一イノヴェーティヴな国への道を歩むのに、きわめて重要なことだった。

いいアイデアはあるのに資金がなかったとしても、特許を取ることに問題はなかった。何しろ、費用はたいしてかからなかったからだ。しかし、その特許を使って金を儲けようという段になると、話はまったく別だった。もちろん、他人に特許を売るというのが一つの方法だった。これは、エディソンが早い時期にやったことだ。ある程度の資金を調達するため、四重電信機をウェスタン・ユニオンに一万ドルで売却したのである。しかし、特許を売るのが得策なのは、エディソンのような人物にとってだけのことだった。彼はアイデアを実行に移すより早くアイデアを思いついたからだ（国内で一〇九三、世界中で一五〇〇という特許取得数は世界記録だった）。特許を利用して金を儲けるための現実的な方法は、自分で事業を始めることだった。だが、事業を始めるには資金がいるため、融資してくれる銀行が必要になる。

合衆国の発明家はこの点でも運が良かった。一九世紀のあいだ、金融仲介と銀行業が急速に拡大し、経済の急成長と工業化の重要な促進役となったのだ。一八一八年に国内で営業していた銀行は三三八、総資産は一億六〇〇〇万ドルだったのに対し、一九一四年には二万七八六四の銀行が営業し、総資産は二七三億ドルに達していた。国内の潜在的な発明家は開業資金をすぐに入手できた。そのうえ、銀行や金融機関の競争が激しかったため、こうした資金をかなり低い金利で借りられたのだ。

メキシコで同じことは言えなかった。実際、メキシコ革命が始まった一九一〇年、国内にはわずか四二の銀行しかなく、そのうちの二行が銀行の総資産の六〇パーセントを握っていた。競争が熾烈だった合衆国と違い、メキシコの銀行のあいだに事実上競争はなかった。こうした競争の欠如のおかげで、銀行は顧客にきわめて高い金利を請求できたし、例によって融資先を特権階級と既存の富裕層に限定していた。すると、こうした人々は信用を利用できるのをいことに、経済のさまざまな分野への支配力を強めたのである。

一九世紀と二〇世紀におけるメキシコの銀行業界のあり方は、独立後の政治制度の必然的結果だった。サンタ・アナ時代の無秩序状態のあと、ナポレオン三世のフランス政府が、一八六四年から一八六七年にかけてマクシミリアン皇帝のもとにメキシコに植民地政権をつくろうとしたものの、失敗に終わった。フランス人は追い出され、新しい憲法が書かれた。だが、最初はベニト・フアレスによって、フアレスの死後はセバスティアン・レルド・デ・テハダによって組織された政府は、まもなくポルフィリオ・ディアスという若き軍人の挑戦を受けることになる。ディアスはフランスとの戦争で勝利を収めた将軍であり、権力への野望を膨らませていた。彼は反乱軍を組織し、一八七六年一一月にテコアクの戦いで政府軍を破った。翌年の五月、ディアスはみずからを大統領に選任すると、ますます独裁的な手法で事実上途切れなくメキシコを支配しつづけ、ようやく三四年後に勃発した革命によって打倒されたのだった。

以前のイトゥルビデやサンタ・アナと同じように、ディアスは軍司令官として世に出た。政治へのこうしたキャリア・パスが合衆国で知られていたのは間違いない。初代大統領のジョージ・ワシントンは独立戦争で成功を収めた将軍だった。南北戦争で勝利をあげた北軍将軍の一人、ユリシーズ・S・グラントは、一八六九年に大統領になった。第二次世界大戦のあいだヨーロッパで連合軍の最高司令官だったドワイト・D・アイゼンハワーは、一九五三年から一九六一年にかけて合衆国大統領を務めた。だが、イトゥルビデ、サンタ・アナ、ディアスとは違い、これらの軍人のなかに武力を使って権力の座に就いた者はいなかった。また、権力を手放さずにおくために武力に訴えた者もいなかった。彼らは憲法に従って行動したのだ。一九世紀のメキシコにも憲法はあったものの、イトゥルビデ、サンタ・アナ、ディアスの行動を拘束することはほとんどなかった。この男たちを権力の座から追放するには、彼らがそれを手に入れたのと同じ方法、つまり武力を使うしかなかったのだ。

ディアスは人々の財産権を踏みにじり、広大な土地の没収を進めた。独占を認め、銀行業を含むあらゆるビジネスで自分の支持者に便宜を図った。こうしたふるまいは新しいものではない。まさにスペイン人のコンキスタドールがやったことであり、サンタ・アナが彼らにならってやったことだった。

国家の経済的繁栄にとって本質的にもっともすぐれた銀行業界が合衆国に存在した理由は、銀行を所有する人々のモチヴェーションの違いとは無関係だった。実際、メキシコの銀行業界の独占体質を支えていた利潤動機は、合衆国にもあった。だが、制度がまったく違っていたため、こうした利潤動機が別の方向に向かったのだ。合衆国の銀行家は異なる経済制度、つまり自分たちをはるかに激しい競争にさらす制度と対峙していた。その理由の大半は、銀行家に対する規則を定める政治家自身が、異なる政治制度から生まれたまったく異なるインセンティヴを持っていたところにあった。実のところ、合衆国憲法が発効してまもない一八世紀末、その後メキシコを支配したのと似たような銀行制度が現れはじめていた。政治家は銀行を国営の独占企業とし、それを友人や仲間に与え、見返りに独占利益の一部を得ようとした。銀行のほうも、自分たちを規制する政治家に融資するビジネスにすぐさま手を染めた。まさにメキシコと同じである。だが、合衆国ではこうした状況は長続きしなかった。これらの独占的銀行をつくろうとしていた政治家は、メキシコとは違い、選挙や改選で当選しなければならなかったからだ。独占的銀行をつくって政治家に融資するということは、罰を受けないのであれば、政治家にとっていい商売だ。しかし、市民にとってとくにいいことはない。メキシコとは違い、合衆国では市民が政治家を監視し、地位を利用して金儲けをしたり、仲間のために独占企業をつくったりする政治家を排除できた。その結果、独占的銀行は崩壊したのである。合衆国では政治権力が幅広く分配されていたおかげで、とくにメキシコと比べて、貸付や融資の平等な利用が保証されていた。そのため、アイデアを持っていたり何かを発明したりした人々が、貸付や融資の恩恵に浴すこともまた確実だったのである。

経路依存的な変化

一八七〇年代から八〇年代にかけて、世界は変化しつつあった。ラテンアメリカも例外ではなかった。ポルフィリオ・ディアスが確立した制度は、サンタ・アナやスペインの植民地国家の制度とは違っていた。一九世紀の後半に世界経済は活況を呈し、蒸気船や鉄道といった輸送手段のイノヴェーションを通じて国際貿易が急拡大した。こうしたグローバリゼーションの波が意味したのは、メキシコをはじめとする資源の豊富な国々――もっと適切に言えばそうした国々のエリート層——が、工業化の進む北米や西欧に原材料や天然資源を輸出して裕福になれるということだった。こうしてディアスとその取り巻きは、気がついてみると、急速に発展する別の世界にいたのである。彼らはメキシコもまた変わらねばならないと悟った。とはいえ、植民地的な制度を根絶し、代わりに合衆国に似た制度を導入するということではない。そうではなく、彼らが求めたのは「経路依存」的な変化だった。それは、ラテンアメリカの大半をすでに貧しく不平等にしていた制度を次の段階に進めるものにすぎなかった。

グローバリゼーションによって、アメリカ大陸の広大な空き地、つまり「開かれたフロンティア」は価値あるものとなった。このフロンティアが開かれているというのは、往々にして架空の話にすぎなかった。容赦なく土地を奪われた先住民が、そこに住んでいたからだ。にもかかわらず、この新たに価値を獲得した資源の奪い合いは、一九世紀後半のアメリカ大陸を規定するプロセスの一つとなった。この価値あるフロンティアの突然の開放を通じて、合衆国とラテンアメリカが同様のプロセスをたどることはなかった。それどころか、隔たりがさらに広がってしまったのだ。こうした隔たりを生んだのは、既存の制度の相違、とりわけ土地を入手するのは誰かをめぐる制度の相違だった。合衆国では、一七八五年の公有地法から一八六二年のホームステッド法に至る一連の法令によって、フロンティアの土地を入手するための手段が幅広く認められた。先住民は対象外だったものの、そのおかげで平等主義的で経済的活力のあるフロンティアが実現した。ところが、大半のラテンアメリカ諸国では、現地の政治制度から生じた結果は大きく異なっていた。フロンティアの土地は政治的な力を持つ人々、財産とコネを持つ人々に分配され、そうした人々の力をさらに強化したのである。ディアスはまた、国際貿易を阻害する植民地制度の特定の遺産を多数廃止しはじめた。それによって自分と支援者が大儲けできると踏んでのことだ。しかし、彼の手本はリオ・グランデの北に見られるタイプの経済発展ではなく、依然としてコルテス、ピサロ、デ・トレドのそれだった。おかげでエリート層が莫大な財産を築く一方で、ほかの人々は蚊帳《かや》の外だった。エリート層が投資すると経済は少しばかり成長するものの、その手の経済成長はつねに期待はずれだった。こうした成長はまた、この新たな体制において権利を持たない人々、たとえばノガレスの奥地に住むソノラのヤキ族の犠牲の上に成り立っていた。一九〇〇年から一九一〇年にかけて、ことによると三万人のヤキ族が強制退去させられ、実質的に奴隷にされ、ユカタン半島のサイザル麻の大規模農場に働き手として送られたのである（サイザル麻の繊維が価値ある輸出品だったのは、ロープや撚り糸をつくるのに使われたためだった）。

メキシコとラテンアメリカの成長に害をなす特定の制度上のパターンが二〇世紀まで持続したことは、次の事実を見れば明白だ。一九世紀とまったく同じように、そのパターンのせいで、いくつかのグループが権力の利益を得ようと争った際、経済停滞と政情不安、内戦とクーデターが生じたのである。一九一〇年、ディアスはついに革命軍に権力を奪われた。メキシコ革命に続いて、一九五二年にはボリビア、一九五九年にはキューバ、一九七九年にはニカラグアで革命が起こった。その間、コロンビア、エルサルバドル、グアテマラ、ペルーではは激しい内戦が続いた。ボリビア、ブラジル、チリ、コロンビア、グアテマラ、ペルー、ベネズエラでは、大規模な農地改革（あるいは改革の試み）を通じて、資産の没収あるいはその脅威が急速に広まった。軍事政権をはじめとする多様な独裁政権の成立に加え、革命が起こり、財産が没収され、政治不安が広がった。政治的権利の拡大へ向かう緩やかな流れもあったが、ラテンアメリカ諸国の大半が民主制に移行したのは、一九九〇年代になってようやくのことだった。そのときでさえ、各国とも依然として政情不安を払拭できずにいた。

こうした政情不安には、民衆の弾圧や殺害がつきものだった。〈チリにおける真実と和解のための一九九一年国家委員会報告〉では、一九七三年から一九九〇年にかけてのピノチェト独裁政権時代、二二七九人が政治的理由で殺されたと結論されている。おそらく五万人が投獄されて拷問にかけられ、数十万人が仕事を首になったはずだ。一九九九年の〈グアテマラ歴史解明委員会報告〉では、全部で四万二二七五人が犠牲になったと認定された。だが別の主張によれば、一九六二年から一九九六年にかけてグアテマラで二〇万人もの人が殺され、エフライン・リオス・モント将軍政権のあいだに七万人が殺されたともされている。リオス・モントはこうした犯罪に手を染めながら刑罰を免れており、二〇〇三年には大統領に立候補できたほどだった。幸いなことに、彼は当選しなかった。〈アルゼンチンにおける失踪者に関する国家委員会〉は、一九七六年から一九八三年にかけてその地で軍に殺された人数を九〇〇〇人と見積もったが、実際の人数はもっと多いかもしれないと指摘している（人権機関による推定では三万人とされるのがふつうだ）。

稼ぎは一〇億か二〇億か

植民地社会の体制およびそうした社会の制度的遺産の長きにわたる影響が、合衆国とメキシコの、ひいては二つのノガレスの現代における違いを形づくっている。ビル・ゲイツとカルロス・スリム――ウォーレン・バフェットも対抗馬だが――がいかにして世界で一、二を争う大金持ちになったかを見れば、どんな力が働いているかが明らかになる。ゲイツとマイクロソフトの台頭はよく知られている。だが、世界一の金持ちにして最も革新的な技術を誇る企業の創業者というゲイツの地位をもってしても、以下の事態を止めることはできなかった。一九九八年五月八日、合衆国司法省は、マイクロソフトが独占力を乱用しているとして民事訴訟を起こしたのだ。とりわけ問題となったのは、ウェブ・ブラウザーのインターネット・エクスプローラーを自社のウィンドウズ・オペレーティングシステムに組み込んでいることだった。政府はかなり長いあいだゲイツに目を光らせており、早くも一九九一年には連邦取引委員会が、マイクロソフトがパソコンのオペレーティングシステムをめぐって独占力を乱用していないかどうかを調査しはじめている。二〇〇一年一一月、同社は司法省と和解した。ペナルティーは多くの人が求めるものより小さかったが、これによってマイクロソフトの活動は制限されることになった。

メキシコの場合、カルロス・スリムはイノヴェーションによって財をなしたわけではなかった。当初、彼は株式市場取引および不採算企業の買い取りと立て直しに手腕を発揮した。スリムに大成功をもたらしたのはテルメックスの買収だった。テルメックスは、一九九〇年にカルロス・サリナス大統領によって民営化されたメキシコの独占電気通信企業だ。一九八九年九月、政府はその会社の議決権株式の五一パーセント（全株式の二〇・四パーセント）を売却する意向を発表し、一九九〇年一一月に入札を行なった。スリムは最高値をつけなかったものの、彼の傘下のグルポ・コルソ率いるコンソーシアムが落札した。スリムは株式の代金をすぐに支払う代わりに、テルメックス自体の配当を株式の支払いに利用し、支払いをまんまと先延ばしにした。かつては公的な独占事業だったものが、いまやスリムの独占事業となり、莫大な利益をもたらすことになった。

カルロス・スリムを現在の姿にした経済制度は、合衆国のそれとは大きく異なっている。あなたがメキシコの起業家だとすれば、キャリアのあらゆるステージで参入障壁がきわめて重要な役割を演じるはずだ。こうした障壁には次のようなものがある。取得しなければならない高額な免許、済ませなければならない煩雑な手続き、行く手を阻む政治家や既存業者、なかなか融資してくれない金融セクター（あなたが競争しようとしている既存業者とぐるになっていることが多い）。こうした障壁は、乗り越えられないものであり、あなたを儲かる領域から締め出してしまうか、あるいは最高の友人となって競争相手を寄せつけないかのどちらかだ。二つのシナリオの違いは、言うまでもなく、あなたが誰を知っており、誰に影響を与え――そして、そう、誰に賄賂を贈るかで決まる。レバノン移民という比較的地味な経歴を持つ、有能な野心家であるカルロス・スリムは、独占契約を獲得する名人だった。彼は実入りのいいメキシコの電気通信市場をまんまと独占し、それから、ラテンアメリカの残りの地域へと勢力を拡大した。

スリムのテルメックスによる独占に対しては、何度も異議が唱えられてきた。だが、それが奏功したことはない。一九九六年、遠距離電話会社のアヴァンテルは、テルメックスが電気通信市場で支配的地位を占めているかどうかを調査するようメキシコ競争委員会に申し立てた。一九九七年、競争委員会はこう発表した。とくに市内電話、国内の長距離電話、国際長距離電話について、テルメックスはかなりの独占力を持っている、と。だが、こうした独占を制限しようとするメキシコ規制当局による試みは徒労に終わってきた。一つの理由は、スリムとテルメックスがレクルソ・デ・アンパロ――文字どおりには「保護の上訴」の意――なるものを利用できるところにある。アンパロは事実上、特定の法律を自分に適用しないようにという申し立てである。アンパロというアイデアの起源は一八五七年のメキシコ憲法までさかのぼり、そもそもは個人の権利と自由を保護する手段として意図されたものだった。ところが、テルメックスをはじめとするメキシコの独占企業の手によって、独占力を堅固にするための強力な道具にされてしまった。アンパロは民衆の権利を守るというより、法の下の平等における抜け道となってしまっているのだ。

スリムがメキシコ経済において財を築いたのは、もっぱら政治的なコネのおかげだった。彼が合衆国に進出して成功したことはないのだ。一九九九年、スリム傘下のグルポ・コルソはコンピューター小売企業のコンプUSAを買収した。当時、コンプUSAはCOCサービスという会社にフランチャイズを与え、メキシコで自社の商品を販売していた。スリムはCOCと競争せずに自分自身のチェーンを築こうと、即座にこの契約を破った。だが、COCはコンプUSAを相手どってダラスの裁判所で訴訟を起こした。ダラスにアンパロはないため、スリムは敗訴し、四億五四〇〇万ドルの罰金を科せられた。COCの弁護士であるマーク・ワーナーは、のちにこう述べている。「この評決のメッセージは、このグローバル経済において、企業が合衆国に来たければ合衆国のルールを尊重しなければならないということです」。合衆国の制度に従わざるをえなかったため、金を儲けるためのスリムのいつもの戦略は機能しなかったのだ。

世界的不平等の理論へ向けて

われわれは不平等な世界に住んでいる。国々のあいだの違いは二つのノガレスの違いに似ている。スケールがもっと大きいだけのことだ。豊かな国では、人々はより健康で、より長生きし、はるかに良い教育を受ける。また、休暇からキャリア・パスに至るまで、人生における便益や選択肢を幅広く利用できる。貧しい国の人々からすれば、それは夢に見ることしかできないものだ。豊かな国の人々はまた、くぼみのない道を車で走り、家のなかでトイレ、電気、水道を利用する。また一般に、自分たちを勝手に逮捕したり苦しめたりしない政府を持っている。それどころか、政府は、医療、道路、法と秩序といったサービスを提供してくれるのだ。さらに注目に値するのは、国民が選挙で投票し、自国の政治指針になんらかの影響を与えるという事実である。

世界的不平等の巨大な格差は誰の目にも明らかだ。多くの国民がテレビもインターネットも利用できない貧しい国の人々にとってさえ、そうなのだ。こうした格差を認識しており、またそれが現実であるからこそ、豊かな国の生活水準や機会を享受するチャンスを得ようと、人々はリオ・グランデ川や地中海を違法に渡ろうとするのである。この不平等は貧しい国における個人の生活に影響を与えるだけではない。不満や怒りを生み、合衆国をはじめとする国々に甚大な政治的影響を及ぼしもする。こうした格差が存在するのはなぜか、それを引き起こすものは何かを理解することが、本書の主眼である。これらの理解を深めることは、それ自体が目的であるばかりではない。いまだに貧困のうちに暮らしている数十億人の生活を改善する方法について、より良いアイデアを生み出すための第一歩でもあるのだ。

ノガレスのフェンスの両側に見られる違いは、氷山の一角にすぎない。合衆国との交易――そのすべてが合法ではないとしても――から利益を得ているメキシコ北部のほかの地域と同様、ノガレスの住民はそれ以外のメキシコ人よりも裕福である。後者の平均世帯年収は五〇〇〇ドルにすぎないのだ。ソノラ州ノガレスがこうして比較的繁栄しているのは、工業団地の中核を担うマキラドーラという製造工場のおかげだ。その第一号を始めたのは、カリフォルニアのバスケット製造業者のリチャード・キャンベル・ジュニアだった。最初のテナントはコイン・アートだった。コイン・アートはリチャード・ボッセの所有する楽器会社で、ボッセはアリゾナ州ノガレスのアートリー・フルート・サクソフォン会社のオーナーだった。コイン・アートに続いたのは、メモレックス（コンピューター配線）、アヴェント（病院用衣料）、グラント（サングラス）、チェンバレン（シアーズ向けガレージドア開閉機メーカー）、サムソナイト（スーツケース）などだった。重要なのは、すべてが合衆国を本拠とする企業や実業家であり、合衆国の資本やノウハウを利用していることだ。したがって、メキシコのほかの地域と比較してソノラ州ノガレスが繁栄しているのは、外部の世界のおかげなのである。

合衆国とメキシコの格差は、地球全体の格差と比べてみると小さなものになる。合衆国の平均的な市民は、平均的なメキシコ市民の七倍、ペルーや中央アメリカの住民の一〇倍あまり裕福だ。サハラ以南のアフリカの平均的住民と比べると約二〇倍、マリ、エチオピア、シエラレオネといったアフリカの最貧国で暮らす人々と比べると四〇倍近く裕福である。これは合衆国だけでのことではない。小さいながらも成長している豊かな国のグループがある——主としてヨーロッパと北米の国々に加え、オーストラリア、日本、ニュージーランド、シンガポール、韓国、台湾が挙げられる。これらの国の市民は、地球上のほかの国の住民とは大いに異なる生活を享受している。

アリゾナ州ノガレスがソノラ州ノガレスよりもはるかに裕福な理由は単純である。国境の両側で制度がまるで異なるということだ。それらの制度が、アリゾナ州ノガレスとソノラ州ノガレスの住民に対してまるで異なるインセンティヴを生み出すのである。また合衆国がこんにちメキシコやペルーよりもはるかに裕福な理由は、経済と政治の双方における制度が、企業、個人、政治家に対してどんなインセンティヴを形成するかという点にある。それぞれの社会は、国家と国民が一緒になって生み出し、実施した一連の経済・政治制度によって動いている。経済制度は経済的インセンティヴを形づくる。知識を身につける、貯蓄して投資する、イノヴェーションを起こして新しいテクノロジーを取り入れる、といったもろもろのインセンティヴだ。人々がどんな経済制度の下で生きるかを決めるのが政治的プロセスであり、このプロセスがいかに働くかを決めるのが政治制度である。たとえば、政治家をコントロールしてそのふるまい方を左右する国民の力を決めるのは、国の政治制度だ。それによって今度は次のことが決まる。政治家が不完全ながらも国民の代理人となるのか、それともみずからに託された権力を乱用できるのか、あるいは力ずくで権力を奪い、私財を蓄え、国民にとっては有害な自己の目標を追求するのか。政治制度には成文憲法や社会が民主的か否かが含まれるが、それらに限定されるわけではない。国家が社会を規制し統治する権力や能力もその一部だ。また、より幅広く考える必要があるのは、政治権力が社会のなかでどう分配されるかを決める要素についてだ。とりわけ、さまざまな集団が共同してみずからの目的を追求したり、ほかの人々が目的を追求するのを止めたりする能力が問題となる。

制度は実生活における行動やインセンティヴに影響するため、国家の成功や失敗を形づくることになる。個人の才能は社会のあらゆるレベルで重要だが、それですら、建設的な力となるには制度的な枠組みを必要とする。ビル・ゲイツは、IT産業におけるほかの伝説的人物（ポール・アレン、スティーヴ・バルマー、スティーヴ・ジョブズ、ラリー・ペイジ、セルゲイ・ブリン、ジェフ・ベゾスなど）と同じく、計り知れない才能と野心を持っていた。だが、彼は結局のところインセンティヴに反応したのだ。合衆国の学校制度のおかげで、ゲイツをはじめとする人々は類い稀な一連のスキルを身につけ、才能を開花させることができた。合衆国の経済制度のおかげで、彼らは乗り越えられない障壁に直面することなく簡単に会社を始められた。それらの制度のおかげで、プロジェクトの資金調達が可能にもなった。合衆国の労働市場のおかげで適任の人材を雇えたし、比較的競争の激しい市場環境のおかげで会社を拡大し、製品を市場に出すことができた。こうした起業家は最初から、自分たちの夢のプロジェクトが実行可能であることを確信していた。制度とそれが生み出す法の支配を信頼していたし、財産権の安全を心配していなかった。最後に、政治制度によって安定性と継続性が保証されていた。一例を挙げると、彼らはこう信じ切っていた。独裁者が権力を握ってゲームのルールを変え、彼らの富を奪い、彼らを投獄し、命や暮らしを脅かすリスクはない、と。また、社会におけるどんな特定の勢力も、経済的な破滅に向かって政府を逸脱させることはできないと信じていた。なぜなら、政治権力は制限され、十分に広く分配されていたため、繁栄へ向かうインセンティヴを生む一連の経済制度が登場するからだ。

　本書が示すのは、ある国が貧しいか裕福かを決めるのに重要な役割を果たすのは経済制度だが、国がどんな経済制度を持つかを決めるのは政治と政治制度だということだ。結局のところ、合衆国のすぐれた経済制度は、一六一九年以降に徐々に現れた政治制度からの帰結だった。世界的不平等に関するわれわれの理論が明らかにするのは、貧困や繁栄を引き起こす際に政治的・経済的制度がいかに相互作用するかであり、世界のさまざまな地域はいかにして最終的にそれほど異なる制度を持つに至ったのかということだ。アメリカ大陸の歴史に関するわれわれの短い概説は、政治的・経済的制度を形成する力の意味を明らかにしはじめている。こんにち異なるパターンの制度が過去に深く根を下ろしているのは、いったん社会が特定の方法で組織されると、それが持続する傾向があるからだ。われわれは、この事実が政治的・経済的制度の相互作用の仕方に由来することを明らかにする。

こうした持続性とそれが生み出す力はまた、世界の不平等を解消したり、貧しい国を豊かにしたりするのが非常に難しい理由を説明する。二つのノガレスの違い、メキシコと合衆国の違いを生む鍵は制度であるにもかかわらず、メキシコの制度を変えるコンセンサスが得られるかどうかはわからない。ある社会において、経済成長や国民の福利にとって最善の制度が構築されたり採用されたりするとは限らない。別の制度のほうが、政治や政治制度を支配する人々にとってはいっそう好都合かもしれないからだ。権力を握っている人々と社会のなかのそれ以外の人々は、どの制度が維持され、どの制度が変化すべきかについて、往々にして意見が一致しない。カルロス・スリムは、自分の政治的コネが消滅し、事業を守ってくれる参入障壁が音を立てて崩れ去るのを目にしたら、いい気分はしないだろう——新たな企業の参入によって数百万人のメキシコ人が豊かになるとしても。そうしたコンセンサスは存在しないので、社会が最終的にどんなルールを手にするかは政治によって、つまり誰が権力を握っており、その権力がどう行使されるかによって決まる。カルロス・スリムは自分の望みをかなえる権力を手にしている。ビル・ゲイツの権力ははるかに限られている。われわれの理論が経済学だけでなく政治学にもかかわっている理由はここにある。われわれの理論は制度が国家の成功と失敗に及ぼす影響に——したがって貧困と繁栄の経済学に——かかわっている。同様に、制度がいかに決定され、時とともに変化するか、また制度が数百万人の貧困と不幸を生み出すときでさえ、いかにして変化に失敗するかに——したがって貧困と繁栄の政治学に——もかかわっている。

第二章

役に立たない理論

情勢

本書の主眼は、世界の不平等および、そうした不平等の内部に根づいた目につきやすい広範なパターンを説明することにある。持続的な経済成長を経験した最初の国はイングランド——一七〇七年以降はイングランド、ウェールズ、スコットランドの連合王国として知られるグレートブリテン（通常はたんにブリテン）——だった。成長がゆっくりと進んだのは一八世紀後半、工業技術の飛躍的進歩と産業への応用を土台に、産業革命が定着したころのことだった。イングランドの工業化に続いて、西欧の大半と合衆国がすぐに工業化した。イングランドの繁栄は、カナダ、オーストラリア、ニュージーランドといったブリテンの「定住植民地」にも急速に広がった。こんにち、最も裕福な三〇カ国のリストには、これらの国に加え、日本、シンガポール、韓国が含まれる。この三カ国の繁栄はさらに広範なパターンの一部であり、最近は台湾とそれに続く中国をはじめ多くの東アジア諸国が、そのパターンにおいて急速な成長を遂げている。

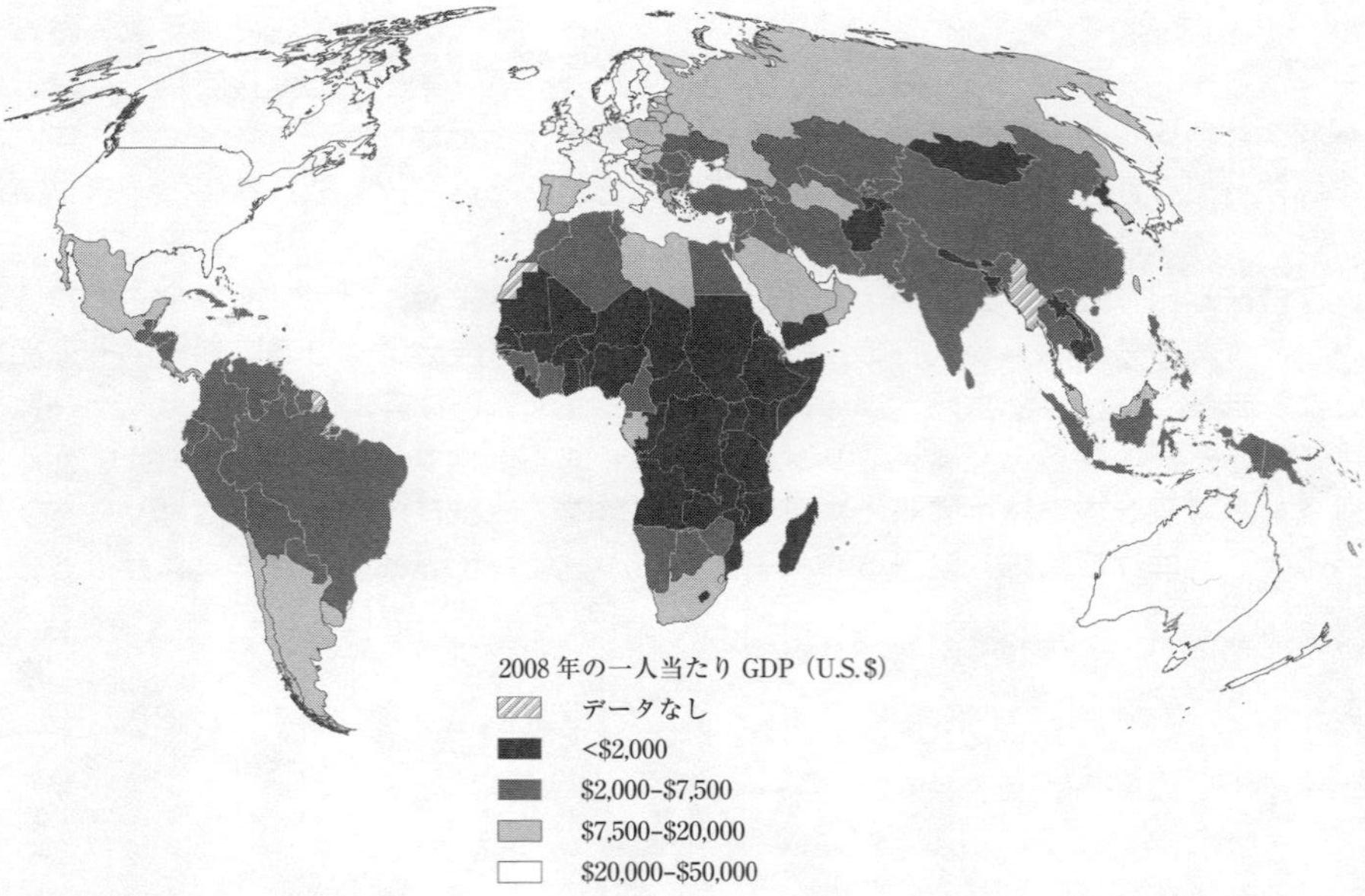

地図3　2008年における世界各国の繁栄度

世界の所得分布の最下層は、最上層と同じく、はっきりした独特の像を描いている。こんにちの世界における三〇の最貧国のリストをつくれば、ほぼすべてがサハラ以南のアフリカにあることがわかるだろう。そこに加わるのが、アフガニスタン、ハイチ、ネパールといった国々だ。これらはアフリカの国ではないが、あとで説明するように、どの国もきわめて重要な要素をアフリカ諸国と共有している。五〇年前に戻ったとしても、最上層と最下層の国はあまり変わらないだろう。シンガポールと韓国は最も裕福な国々に含まれなかったし、最下層の三〇カ国には別の国がいくつか入っていたはずだ。しかし、現れる全体像は、こんにちわれわれが目にするものときわめて似通っていることだろう。一〇〇年前に戻ろうと一五〇〇年前に戻ろうと、同じグループにはほぼ同じ国が見つかるはずである。

右ページの地図3に、二〇〇八年の情勢が示されている。最も暗い色の国は世界で最も貧しく、一人当たりの平均国民所得（経済学者の呼び方ではGDP、すなわち国内総生産）は年間二〇〇〇ドルにも満たない。アフリカの大半はこの色で、アフガニスタン、ハイチ、東南アジアの一部（カンボジアやラオスなど）も同様だ。北朝鮮もこのグループに入っている。白い色の国は最も裕福で、一人当たりの年間所得は二万ドルを超えている。ここには予想どおりの国々が見られる。つまり、北米、西欧、オーストラリア、日本だ。

アメリカ大陸ではもう一つの興味深いパターンが認められる。アメリカ大陸で最も裕福な国から最も貧しい国に至るリストをつくってみよう。最上位には合衆国とカナダ、次にチリ、アルゼンチン、ブラジル、メキシコ、ウルグアイが続き、石油価格によってはベネズエラもこの位置かもしれない。そのあとにコロンビア、ドミニカ共和国、エクアドル、ペルーが来る。最下層に、もう一つのはっきりと異なるずっと貧しいグループがある。そこに含まれるのはボリビア、グアテマラ、パラグアイだ。五〇年前に戻ってみても、まったく同じランキングが見いだされるだろう。一〇〇年前でも同じことだ。一五〇年前でもまた同じである。したがって、合衆国とカナダがラテンアメリカよりも裕福だというだけではなく、ラテンアメリカの内部でも富める国と貧しい国のあいだには明確にして永続的な境界線があるのだ。最後の興味深いパターンは中東にある。その地には、サウジアラビアやクウェートといった石油資源の豊富な国々が見られる。それらの国の所得レベルは最上位三〇カ国に近い。とはいえ、石油価格が下がるとすぐさま順位は下降する。石油をほとんどあるいはまったく持たないエジプト、ヨルダン、シリアといった中東諸国はすべて、グアテマラやペルーと似たような所得レベルの周辺に固まっている。石油が出なければ、中東諸国はすべて貧しい。もっとも、中米やアンデスの国々と同程度であり、サハラ以南のアフリカ諸国ほどではない。

　こんにち、われわれの周囲に見られる繁栄のパターンには高い永続性があるものの、これらのパターンは不変でも不易でもない。第一に、すでに強調してきたように、目下の世界の不平等が生じたのは一八世紀末以降であり、産業革命の跡を追ってのことだった。その少し前の一八世紀中頃には繁栄のギャップはずっと小さかったばかりか、それ以降一定している順位は、歴史をはるかにさかのぼれば違ってくる。たとえばアメリカ大陸では、この一五〇年間に見られる順位は、五〇〇年前はまるで異なっていたのだ。第二に、数十年で急速に成長した経験を持つ国はたくさんある。第二次世界大戦以降の東アジア諸国の大半や、さらに最近の中国などがそうだ。これらの国の多くがその後、成長の後退に見舞われた。たとえば、アルゼンチンは一九二〇年まで五〇年にわたって急成長し、世界でも有数の富裕国になった。ところがそれ以降、長きにわたる衰退が始まった。ソ連の例はさらに顕著で、一九三〇年から一九七〇年にかけて急成長したが、その後あっというまに凋落したのである。

貧困と繁栄のこれらの大きな違いや、成長のパターンを説明するものは何だろうか。西欧諸国と、その分家でヨーロッパ人入植者のひしめく植民地が一九世紀に成長しはじめ、後ろを振り返ることがほとんどなかったのはなぜだろうか。アメリカ大陸内の不平等の順位がずっと変わらないことを説明するものは何だろうか。サハラ以南のアフリカや中東諸国が西欧に見られるような経済成長を達成しそこねた一方、東アジア諸国の大半が恐ろしいほどのスピードで経済成長したのはなぜだろうか。

こう思う人がいるかもしれない。世界の不平等が実に巨大かつ深刻であり、明確なパターンを描くという事実からして、それには広く受け入れられた説明があるはずだ、と。そうではないのだ。社会科学者が貧困と繁栄の起源について提示してきた仮説の大半はまったく役に立たず、前述のような情勢を納得のいくように説明できないのである。

地理説

世界の不平等の原因について広く受け入れられている理論の一つが、地理説だ。その主張は、富める国と貧しい国の大きな格差は、地理的な違いによって生み出されるというものである。多くの貧しい国、たとえばアフリカ、中米、南アジアの国々は、北回帰線と南回帰線のあいだにある。対照的に、富める国は温帯地方にあるケースが多い。貧困と繁栄のこうした地理的な集中が、地理説にうわべの魅力を与える。この説は多くの社会学者や評論家にとって、一様に理論や見解の出発点となる。ところが、それによって状況が好転することはいっさいないのだ。

早くも一八世紀末、フランスの偉大な政治哲学者であるモンテスキューは、繁栄と貧困の地理的な集中を指摘し、それに対する説明を提示した。彼によれば、熱帯気候の地域に住む人々は怠惰で探究心に欠ける傾向があるという。結果として、熱心に働かないしイノヴェーティヴでもない。これが、彼らが貧しい理由だというのだ。モンテスキューはまた、怠惰な人々は暴君に支配されやすいと推測し、熱帯という場所によって説明できるのは貧困だけではなく、経済的失敗を招く政治現象、たとえば独裁制であることも示唆した。

暑い国は本質的に貧しいのだという理論は、シンガポール、マレーシア、ボツワナといった国々の最近の急速な経済発展と矛盾するにもかかわらず、依然として一部の人々によって強く提唱されている。経済学者のジェフリー・サックスもその一人だ。現代版のこうした見解で強調されるのは、仕事の努力や思考過程に対する気候の直接的影響ではなく、新たに加わった二つの主張である。第一に、熱帯病とりわけマラリアは、健康に、したがって労働生産性に悪影響を及ぼす。第二に、熱帯の土壌では生産性の高い農業はできない。とはいえ結論は同じだ。つまり、温帯地域は熱帯や亜熱帯と比べて相対的に有利なのである。

しかし、気候や病気、あるいはなんらかの形の地理説によって、世界の不平等を説明することはできない。ノガレスを考えてみるといい。二つのノガレスを分かつのは、気候、地理、病気などにかかわる環境ではない。そうではなく、合衆国とメキシコの国境なのだ。

地理説は、南北ノガレス、北朝鮮と韓国、ベルリンの壁が崩壊する前の東西ドイツの違いを説明できないとしても、南北アメリカの、ヨーロッパとアフリカの違いを説明する有益な理論とはなりうるだろうか。断じてそんなことはない。

歴史から明らかなのは次のことだ。気候や地理と経済的成功とのあいだには、単純な、あるいは持続的なつながりはないのである。たとえば、熱帯地方が温帯地方よりもつねに貧しかったという事実はない。前章で見たように、コロンブスがアメリカ大陸を征服した当時、北回帰線の南や南回帰線の北の地域――そこには現在のメキシコ、中米、ペルー、ボリビアが含まれる――にはアステカやインカの大文明が存在した。これらの帝国は中央集権的で複雑な政治制度を持ち、道路を建設し、飢餓を救済した。アステカ人は貨幣と文字をともに使っていた。インカ人はこれら二つの重要なテクノロジーを持たなかったものの、キープという結び縄によって膨大な情報を記録した。打って変わって、アステカ人やインカ人が住んでいた地域の北や南――そこには現在の合衆国、カナダ、アルゼンチン、チリが含まれる――の大部分には、これらのテクノロジーを持たない石器時代文明人が住んでいた。したがって、アメリカ大陸の熱帯は温帯よりもはるかに裕福だったのであり、ここからわかるのは、熱帯は貧困という「明白な事実」は、明白でもなければ事実でもないということだ。合衆国やカナダの莫大な富がその代わりに示すのは、ヨーロッパ人がやってきた当時の状況と比べ、運勢が完全に逆転したということなのである。

はっきりしているのは、こうした逆転が地理とは無関係であり、すでに見たように、それらの地域の植民地化のあり方と関係しているということだ。こうした逆転はアメリカ大陸だけのものではなかった。南アジア、とりわけインド亜大陸、そして中国に住む人々は、アジアのほかの多くの地域に住む人々よりも裕福だったし、オーストラリアやニュージーランドに住む人々よりも間違いなく裕福だった。こうした状況がまたしても逆転したのは、韓国、シンガポール、日本がアジア屈指の富裕国として姿を現したときであり、オーストラリアとニュージーランドが繁栄という点でアジアのほとんどの国を追い越したときだった。サハラ以南のアフリカの内部でさえ、似たような逆転が起こっている。最近になってヨーロッパがアフリカと強くかかわりはじめる前、南アフリカ地方にはきわめて疎《まば》らにしか人が住んでおらず、発展した国が領土を支配するなどということはとても考えられなかった。ところが、南アフリカはいまやサハラ以南のアフリカで最も繁栄した国の一つである。さらに歴史をさかのぼれば、熱帯における大いなる繁栄がまたも目に入ってくる。偉大な前近代文明のいくつか、たとえば現代のカンボジアのアンコール、南インドのヴィジャヤナガル、エチオピアのアクスムなどが、熱帯地方で繁栄を謳歌したし、現代のパキスタンのモヘンジョ・ダロやハラッパーのインダス文明も同様だ。したがって歴史的に見れば、熱帯という場所と経済的成功のあいだに単純なつながりがないことは、ほとんど疑いないのだ。

熱帯病が、アフリカにおける多くの苦難や高い幼児死亡率の原因であるのは明らかだが、アフリカが貧しい理由だというわけではない。病気の原因の大部分は、貧困および、病気の根絶に必要な公衆衛生対策をとれない、あるいはとる気のない政府にある。一九世紀のイングランドもきわめて不衛生な場所だった。だが政府は、飲料水の浄化、下水や汚水の適切な処理、最終的には有効な公共医療サービスへの投資を徐々に進めていった。改善された健康と平均余命は、イングランドの経済的成功の原因ではなく、それに先立つ政治的・経済的変化の果実の一つなのだ。同じことは、アリゾナ州ノガレスにも言える。

地理説のもう一つの主張は、熱帯が貧しいのは農業の生産性が本質的に低いからだというものだ。熱帯の土壌は痩せているため栄養分を保持できない、と議論は進む。そして、こうした土壌が集中豪雨によってあっというまに浸食されてしまうことが強調される。この議論に多少の価値があるのは確かである。だが、これから述べるように、多くの貧しい国々、とりわけサハラ以南のアフリカで農業生産性——単位面積当たりの農業生産高——がそれほど低い理由を決する主要因は、土壌の質とはほとんど関係がない。むしろそれは、土地の所有構造、政府が農民に対して生み出したインセンティヴ、農民がそのもとで暮らす制度の結果なのだ。われわれはまた、世界の不平等は農業生産性の違いによっては説明できないことを示そうと思う。一九世紀に現れた現代世界の巨大な不平等の原因は、工業技術と製造業生産の不均衡な普及にある。それを引き起こしたのは、農業生産力の相違ではないのだ。

有力な別バージョンの地理説を提唱しているのが、エコロジストにして進化生物学者のジャレド・ダイアモンドだ。彼によれば、五〇〇〇年前の近代の始まりにおける大陸間の不平等の起源は、植物種や動物種の異なる歴史的遺産にあるという。それがのちに、農業生産性に影響を与えたのだ。現代の中東の肥沃な三日月地帯のような一部の地域には、人間が育てられる大量の種があった。アメリカ大陸などのほかの場所にはなかった。育てられる種がたくさんあったため、狩猟採集民のライフスタイルから農耕民のライフスタイルへと社会が変化することの魅力が高まった。結果として、農耕の発達はアメリカ大陸より肥沃な三日月地帯でのほうが早かった。人口密度が上がると、労働の専門化、交易、都市化、政治の発展が可能となった。決定的なのは、農耕が広まった地域では、技術革新が世界のほかの地域よりもはるかに急速に進んだことだ。したがって、ダイアモンドによれば、動植物種の利用可能性の格差が農耕の水準の格差を生み、それが異なる大陸における技術的変化と繁栄の別々の道筋へとつながったのだ。

ダイアモンドの見解は、彼が焦点を合わせている難問への強力なアプローチである。とはいえ、現代世界の不平等を説明するのにそれを敷衍《ふえん》することはできない。たとえば彼は、スペイン人がアメリカ大陸の文明世界を支配できたのは、農耕とその帰結であるすぐれたテクノロジーの長い歴史を持っていたためだと主張する。だが、いま説明する必要があるのは、小アステカ人やインカ人のかつての土地に住むメキシコ人やペルー人が貧しい理由である。

麦、大麦、馬を利用できたおかげでスペイン人はインカ人より裕福だったのかもしれないが、両者の所得格差はそれほど大きくなかった。スペイン人の平均所得はおそらく、インカ帝国の市民の二倍には達していなかったはずだ。ダイアモンドの見解に従うと、インカ人があらゆる動植物種と、結果として生じる自力では発展させられなかったテクノロジーにいったん触れたあとは、あっというまにスペイン人に並ぶ生活水準を獲得しなければおかしい。ところが、そうはならなかった。それどころか、一九世紀と二〇世紀に、スペイン人とペルー人の所得格差ははるかに大きくなったのだ。こんにち、平均的なスペイン人は平均的なペルー人の六倍あまり裕福である。こうした所得格差は、現代の工業技術の不均衡な普及と密接に関連しているものの、動植物の家畜化や栽培の可能性とも、スペインとペルーの本質的な農業生産性の違いとも関係ないのである。

スペインが、時期を隔てつつも、蒸気動力、鉄道、電気、機械化、工場生産を取り入れたのに対し、ペルーはそうしなかった、あるいはせいぜい非常にゆっくりと不完全にそうしただけだった。この技術格差はこんにちも続いており、より大規模に再生産されている。とりわけ情報技術に関連した新たなテクノロジーによって、多くの先進国および急速に発展している一部の国がさらなる成長を遂げているからだ。ダイアモンドの見解は、これらのきわめて重要なテクノロジーが普及しておらず、世界中の所得を平等化していない理由を示していないし、ノガレスの北半分がフェンスのすぐ南側の双子の片割れよりも――五〇〇〇年前に両者は同じ文明の一部だったというのに――はるかに裕福である理由を説明していない。

ノガレスの物語を通じて、ダイアモンドの見解を受け入れた場合のもう一つの大きな問題が浮かび上がる。すでに見たように、一五三二年の時点でインカ帝国やアステカ帝国がどんな欠点を抱えていたにせよ、ペルーやメキシコがのちに合衆国やカナダとなる地域より繁栄していたことは明らかだ。北米が南米よりも繁栄するようになったのは、産業革命の技術や成果を熱心に取り入れたからにほかならない。住民は知識を身につけ、大平原《グレートプレーンズ》には鉄道が広がった。南米で起きた事態とは著しい対照をなしている。こうした点を説明するには、北米と南米を区別する地理的特質を指摘しても無駄である。それは、どちらかといえば南米に有利だったからだ。

現代世界の不平等の大部分は、テクノロジーの普及や導入が不均衡であることの帰結だが、ダイアモンドの見解はこの点に関する重要な議論を含んでいる。たとえば彼は、歴史家のウィリアム・マクニールにならってこう主張する。ユーラシア大陸には東から西へという指向性があるせいで、作物、動物、イノヴェーションは肥沃な三日月地帯から西欧へと広がることになった。一方、アメリカ大陸には北から南への指向性があるため、メキシコで生まれた書記体系はアンデスや北米に広がらなかったというのだ。しかし、大陸の指向性はこんにちの世界の不平等を説明できない。アフリカについて考えてみよう。サハラ砂漠はアフリカ北部からサハラ以南へのモノやアイデアの移動にとって大きな障害だったものの、克服できないわけではなかった。まずはポルトガル人、続いてその他のヨーロッパ人が、海岸沿いを帆船で航行して知識の格差を埋めたのは、所得の格差が現在と比べてずっと小さかった時代の

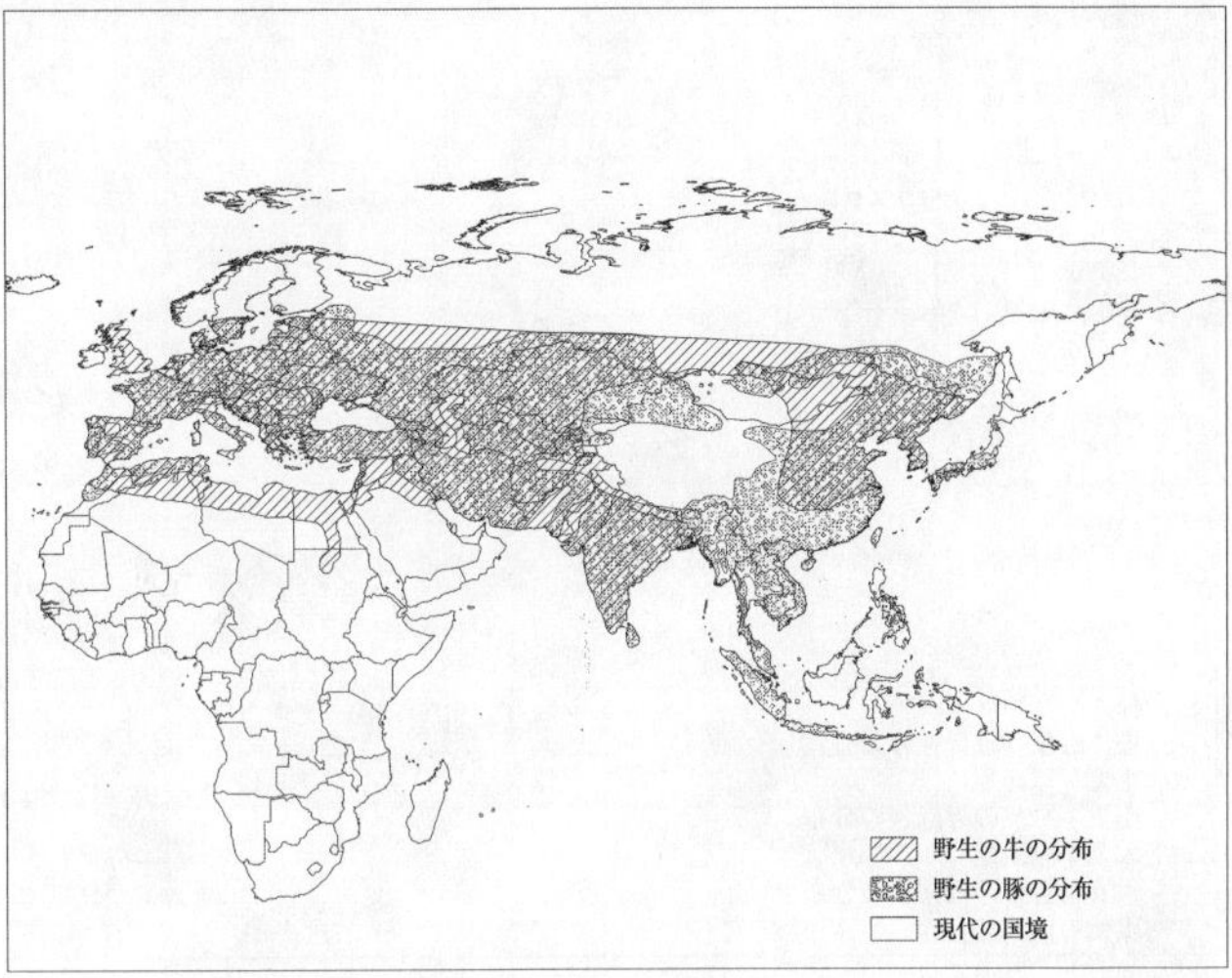

地図4　野生の牛と豚の歴史的分布

ことだ。その後、アフリカはヨーロッパに追いついていない。それどころか、大半のアフリカ諸国とヨーロッパ諸国のあいだにはいまやはるかに大きな所得格差が存在するのだ。

大陸間の不平等をめぐるダイアモンドの議論が、大陸内部の差異――現代世界の不平等の核心――を説明するには不十分であることもまた明らかなはずだ。たとえば、ユーラシア大陸の指向性によって、イングランドが中東のイノヴェーションからいかにして利益を手にし、それを再発明せずに済ませたかが説明できるかもしれない。一方で、産業革命がたとえばモルドヴァではなくイングランドで起こった理由は説明できないのだ。加えて、ダイアモンド自身も指摘するように、中国

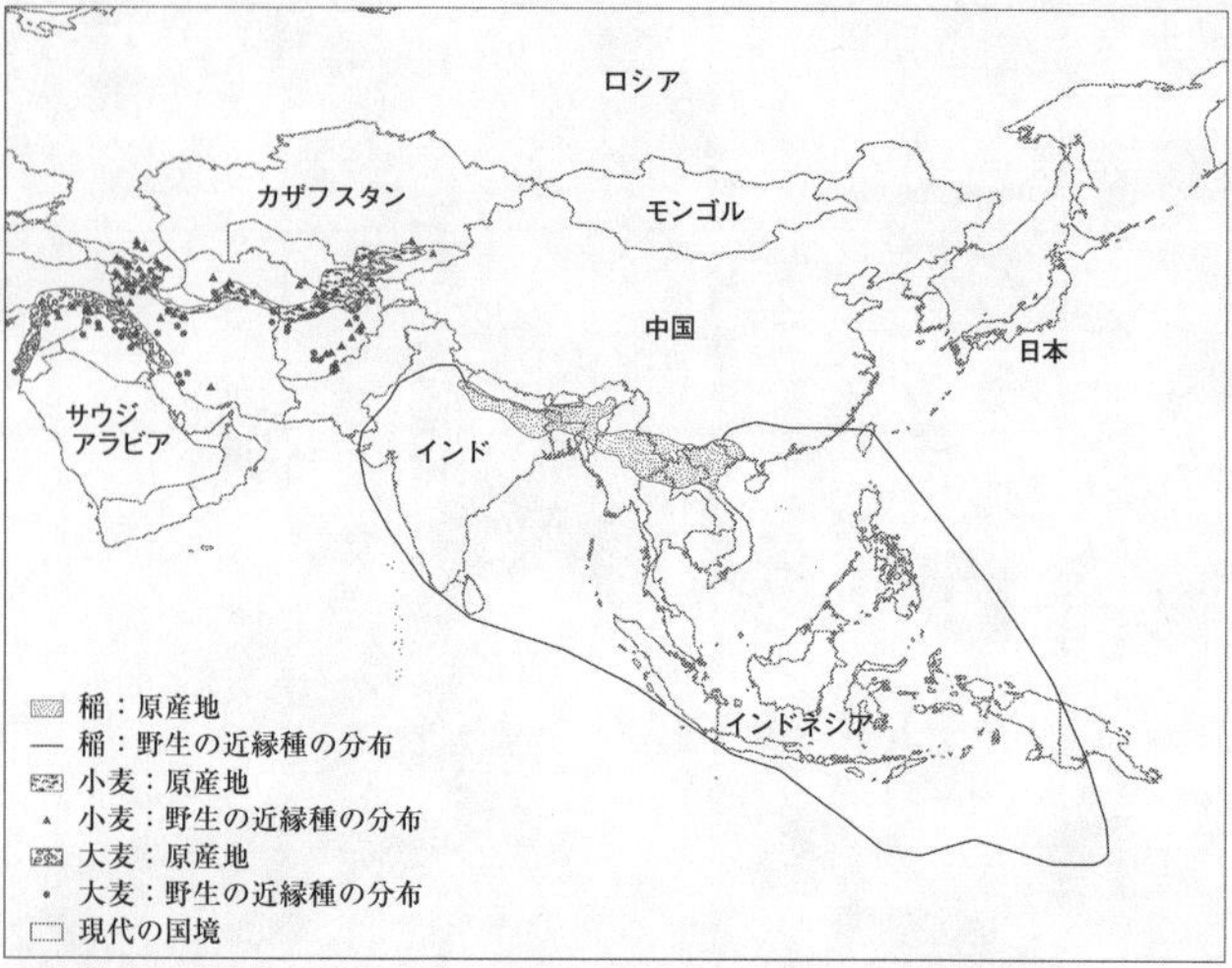

地図5　野生の稲、小麦、大麦の歴史的分布

とインドはきわめて豊富な動植物群に恵まれていたし、ユーラシア大陸の指向性も大いなる味方だった。ところがこんにち、世界の貧しい人々の大半がこの二つの国で暮らしているのである。

実のところ、ダイアモンドの見解の限界を見極める最善の方法は、彼自身の説明変数にかかわりがある。前ページの地図4に示されているのは、現代の豚の祖先であるスス・スクロファ（イノシシ）と、現代の乳牛の祖先であるオーロックス（原牛）の分布データだ。両種はユーラシア大陸全域は言うに及ばず、北アフリカにまで広く分布していた。地図5には、現代の栽培作物の野生原種の分布が示されている。たとえば、アジアの栽培稲の原種であるオリザ・サティバや、現代の小麦と大麦の原種などだ。これを見てわかるのは、稲の野生原種が南アジアと東南アジアに広く分布していたのに対し、大麦と小麦の原種は地中海東岸《レヴァント》に発する長い弧に沿って分布していたことだ。その弧はイランを横断してアフガニスタンおよび「スタンズ」（トルクメニスタン、タジキスタン、キルギスタン）の集団に達している。これらの原種はユーラシア大陸の大部分に存在している。だが、その広い分布が示唆するのは、ユーラシア大陸内部の不平等は種の生息地に基づく理論によっては説明できないということだ。

　地理説は繁栄の歴史的起源を説明する助けにならないし、その強調する部分も概して不正確だ。そのうえ、本章の冒頭で述べた情勢を説明することもできない。次のように主張する人がいるかもしれない。アメリカ大陸内部の所得階層や、ヨーロッパと中東の長期にわたる著しい格差といった永続的パターンは、変化のない地理によって説明できるのだ、と。だが、それは違う。すでに見たとおり、アメリカ大陸内部のパターンが地理的要因によって形成されてきたとはとても考えられない。一四九二年以前、メキシコ盆地、中米、アンデス地方の文明は、北米あるいはアルゼンチンやチリなどよりすぐれたテクノロジーと生活水準を誇っていた。地理は変わらなかったにもかかわらず、ヨーロッパ人入植者に押しつけられた制度のせいで「運勢の逆転」が生じたのだ。地理が中東の貧困を説明するとは考えられない理由も同じである。なんと言っても、中東は新石器革命で世界をリードしたのだし、最初の町が発達したのは現代のイラクにあたる場所だった。鉄が初めて精錬されたのはトルコでのことだったし、中世になっても中東ではテクノロジーが活発に開発・利用されていた。第五章で見るように、世界のなかでもその地において新石器革命が花開いた原因は、中東の地理ではなかったし、中東が貧しくなってしまった原因も同じく地理ではなかった。そうではなく、オスマン帝国の拡張と合併だったのであり、こんにちの中東を貧しいままにしているのは、この帝国の制度的遺産なのである。

最後に、地理的要因によって説明が困難なのは、こんにちの世界のさまざまな場所に見られる相違だけではない。日本や中国といった多くの国が、長いあいだ停滞したあとで急成長のプロセスを始める理由もそうだ。われわれは別の、より良い理論を必要としているのである。

文化説

広く受け入れられた第二の理論である文化説は、繁栄を文化に結びつけるものだ。地理説と同様、文化説は抜群の血筋を引いており、その起源は少なくともドイツの偉大な社会学者、マックス・ヴェーバーにまでさかのぼる。ヴェーバーは、宗教改革とそれが鼓舞したプロテスタントの倫理が、西欧における近代的工業社会の隆盛を促す重要な役割を演じていると主張した。文化説が依拠するのはいまや宗教だけではない。別のタイプの信念、価値観、倫理をも強調するのだ。

公然と口にすれば差別になってしまうとしても、多くの人が依然としてこう主張している。

アフリカ人が貧しいのは、好ましい労働倫理を持っていなかったり、いまだに魔法や呪術を信じていたり、西洋の新しいテクノロジーに抵抗していたりするからだ、と。また、こう信じてもいる。ラテンアメリカが決して裕福にならないのは、そこに住む人々が本質的に身持ちが悪く無一文だからであり、「イベリア的」な、すなわち「いつかそのうち」の文化に毒されているからだ、と。多くの人がかつて、中国の文化と儒教の価値観は経済成長にとって不利だと考えていたのは言うまでもない。ところがいまや、中国の労働倫理の価値は、中国、香港、シンガポールの成長エンジンとして吹聴されているのである。

文化説は世界の不平等を理解する助けになるだろうか？　答えは、イエスでもありノーでもある。次のような意味ならイエスだ。文化とかかわる社会規範は重要であり、変えるのが難しく、ときとして制度の違い――世界の不平等に対する本書の説明――を支えることもある。しかし、たいていの場合はノーだ。というのも、しばしば強調される文化的側面――宗教、国民の倫理、アフリカ的あるいはラテン的価値観――はわれわれがいかにしてここに至ったか、世界の不平等がなぜ持続するのかを理解するのに重要ではないからだ。その他の側面、たとえば人々がどこまでおたがいを信頼するか、あるいはどこまで協力できるかといったことは重要だが、それらはほとんどが制度の帰結であり、独立した原因ではないのである。

ノガレスに戻ってみよう。以前に指摘したように、文化の多くの側面はフェンスの南北で同じである。それでも、習慣、規範、価値観の著しい違いがあるかもしれないが、それらは

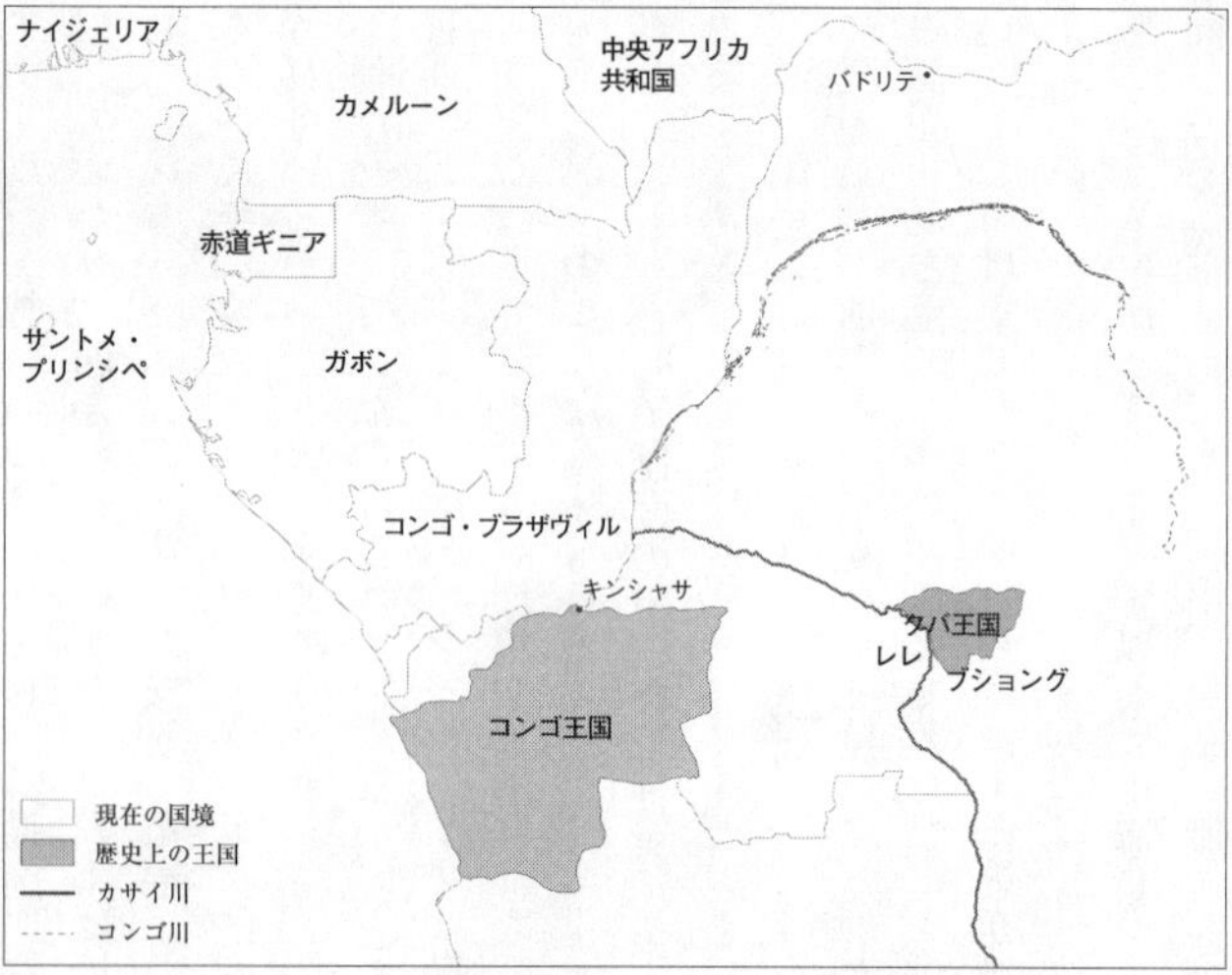

地図6　コンゴ王国、クバ王国、ブショング、レレ

原因ではなく二つの地域の異なる発展の道筋の結果なのだ。たとえば調査をすると、合衆国の市民と比べ、メキシコ人は概して他人を信頼していないと答える。だが、メキシコ人が他人を信頼しないとしても驚くには値しない。彼らの政府は麻薬カルテルを排除することも、機能的で公正な法制度を整備することもできないのだから。次章で論じるように、北朝鮮と韓国にも同じことが言える。韓国が世界有数の富裕国である一方、北朝鮮は周期的な飢饉や悲惨な貧困と格闘している。現在では韓国と北朝鮮の「文化」はかなり異なるものの、半分に分かれた両国の乖離した財運の原因としては何の役割も演じていない。朝鮮半島は長きにわたる共通の歴史を持っている。朝鮮戦争

と三八度線による分断の前、言語、民族性、文化の点で無類の均質性を保っていたのだ。ノガレスの場合とまったく同じように、問題となるのは国境である。南と北で異なる政治体制が、異なる制度を課し、異なるインセンティヴを生み出している。したがって、二つのノガレスを、あるいは北朝鮮と韓国を分断する国境の南北における文化的相違は、繁栄の違いの原因ではなく、むしろ帰結なのだ。

アフリカとアフリカ文化はどうだろうか。歴史的に見ると、サハラ以南のアフリカは世界の大半の地域より貧しかったし、アフリカの古代文明は、車輪も、文字も（エチオピアとソマリアは例外）、鋤《すき》も発達させなかった。これらのテクノロジーが広く利用されるようになったのは、一九世紀末から二〇世紀初めにかけてヨーロッパによる植民地化が本格的に始まって以降のことだった。とはいえ、アフリカ社会はそうしたテクノロジーをずっと前から知っていた。ヨーロッパ人は一五世紀末に西海岸に沿って帆船を走らせるようになったし、アジア人ははるか以前から東アフリカへ継続的に航行していたのだ。

これらのテクノロジーが採用されなかった理由を理解するには、コンゴ川の河口にあったコンゴ王国の歴史を振り返ってみるといい。コンゴ川の名は現代のコンゴ民主共和国に冠されている。前ページの地図6には、コンゴ川の位置が示されている。周辺には中央アフリカのもう一つの重要国、クバ王国があった。この王国についてはのちほど論じる。

コンゴがポルトガル人と深くかかわるようになったのは、一四八三年にディオゴ・カンという船乗りが初めてその地を訪れて以降のことだ。当時のアフリカの水準から考えると、コンゴは高度に中央集権化された国家であり、首都ムバンザは六万もの人口を擁していた。この人口からすると、ムバンザの規模はポルトガルの首都リスボンにほぼ匹敵し、ロンドンよりも大きかった。一五〇〇年のロンドンの人口は約五万人だったからだ。コンゴ王のンジンガ・ア・ンクウはカトリックに改宗し、名前をジョアン一世に変えた。その後、ムバンザはサンサルバドルと改名した。ポルトガル人のおかげでコンゴ人は車輪や鋤について知った。一四九一年から一五一二年にかけて、ポルトガル人は農業を広める使命を帯びて、そうした技術の導入を奨励さえした。だが、これらの指導はすべて失敗に終わった。とはいえ、コンゴ人がおしなべて近代的テクノロジーを嫌っていたわけではない。彼らは西洋のあるすばらしいイノヴェーションをまたたくまに取り入れた。すなわち、銃だ。この新しい強力な道具を使って市場のインセンティヴに反応した——つまり、奴隷を捕まえて輸出したのである。ここには、アフリカ的な価値観や文化が新しいテクノロジーや活動の採用を妨げた形跡は見られない。ヨーロッパ人とのかかわりが深まるにつれ、コンゴ人は、読み書き、服装、家のデザインといった西洋のその他の習俗を取り入れた。一九世紀にはアフリカ社会の多くが、産業革命によって生じた増大するビジネス・チャンスを、生産のパターンを変えることによって利用した。西アフリカでは、ヤシ油とグラウンドナッツの輸出を土台に経済が急成長した。アフリカ南部のいたるところで、人々は南アフリカのランドで急拡大する工業・鉱山地帯への輸出を伸ばした。しかし、これらの有望な経済的実験が全滅したのは、アフリカの文化のためでもなければ、アフリカの民衆が私利私欲に走れなかったためでもない。そうではなく、第一にヨーロッパ人の植民地主義、第二に独立後のアフリカ諸政府のせいだったのである。

コンゴ人がすぐれたテクノロジーを取り入れなかった真の理由は、そうするためのインセンティヴがなかったことだ。コンゴ人は、全権を有する王によって――彼がカトリックに改宗していようがいまいが――すべての生産物を没収されたり課税されたりする高いリスクに直面していた。実のところ、危険にさらされていたのは財産だけではない。生存さえ脅かされていたのだ。彼らの多くは捕らえられ、奴隷として売られたのである。こうした環境では、長期的な生産性を高めるための投資が促されることはほとんどない。王にとっても、大々的に鋤を導入したり、農業生産性の向上を主要な優先事項としたりするインセンティヴはなかった。奴隷を輸出するほうがはるかに儲かったからだ。

こんにち、世界のほかの地域の人々と比べ、アフリカ人がおたがいを信頼しないのは事実かもしれない。だがそれは、アフリカの人と財産権を傷つけてきた制度の長い歴史の帰結である。捕まって奴隷として売られるかもしれないという環境が、歴史的に見てアフリカ人がどこまで他人を信じるかに影響を及ぼしたのは疑いない。

マックス・ヴェーバーのプロテスタントの倫理はどうだろうか。オランダやイングランドのようにプロテスタントを主とする国家が、近代において最初の経済的成功を収めたことは事実かもしれない。だが、宗教と経済的成功にはほとんど関係がない。カトリックを主とする国家のフランスは、一九世紀にオランダ人やイングランド人の経済的成果をあっというまに模倣したし、こんにちのイタリアはこれらの国に劣らず繁栄している。さらに東に目を向ければ、東アジアで経済的成功を収めた国々は、どんな形のキリスト教とも無関係だとわかるだろう。したがって、その地域におけるプロテスタンティズムと経済的成功の特別な関係を支持する論拠も多くはないのだ。

文化説の信奉者にとってお気に入りの地域に目を向けてみよう。中東である。中東諸国はおおむねイスラム教を信仰しており、そのなかで非産油国がとても貧しいのはすでに述べたとおりだ。産油国はもっと裕福だが、こうした棚ぼたの富は、サウジアラビアやクウェートに多様な近代経済を生み出す役割をほとんど果たしてこなかった。こうした事実は宗教が重要であることを説得力を持って示すものではないだろうか？　もっともらしくはあるものの、この議論もまた正しくない。たしかにシリアやエジプトといった国は貧しいし、その国民は主としてイスラム教徒である。だが、これらの国はまた、繁栄を実現するためにはるかに重要なその他の点でまったく異なるのだ。一つには、それらの国はすべてオスマン帝国の州だった。オスマン帝国はそれらの国の発展のあり方を、不利な方向に強く決定づけた。オスマン帝国の支配が崩壊したあと、中東はイングランドとフランスの植民地帝国に吸収された。この植民地帝国がまたしても、中東諸国の可能性をつぶした。独立後、それらの国はかつての植民地世界の多くと同じ道をたどった。階層的で独裁的な政治体制を築いてしまったのだ。のちに述べるように、こうした体制は経済的成功の達成に欠かせない政治・経済制度をほとんど持っていない。こうした展開の道筋の大半は、オスマン帝国とヨーロッパ人による支配の歴史を通じてつくられたものだ。中東におけるイスラム教と貧困の関係は大部分が見せかけにすぎないのである。

中東経済の軌跡の形成において、文化的要因よりもむしろこうした歴史的出来事が演じた役割は、次のような事実にも見て取れる。たとえば一八〇五年から一八四八年にかけてムハンマド・アリーが統治したエジプトのように、オスマン帝国やヨーロッパ列強の支配を一時的に脱した地域は、急速な経済的変化の道を歩み出せたのである。ムハンマド・アリーは、ナポレオン・ボナパルトの指揮下でエジプトを占領していたフランス軍の撤退に乗じて権力を奪取した。当時、エジプトの領土を支配していたオスマン帝国の弱点をつき、アリーはみずからの王朝を開いた。この王朝による統治は、どのような形にせよ、一九五二年にナセルがエジプト革命を起こすまで続くことになる。ムハンマド・アリーの改革は、圧政ではあったもののエジプトに成長をもたらした。国家の官僚機構、軍隊、税制は近代化され、農業と工業は成長を遂げたのだ。にもかかわらず、近代化と成長のこうしたプロセスはアリーの死後終わりを告げた。エジプトがヨーロッパの影響下に入ったためだった。

だが、もしかすると、これは文化についての考え方として間違っている可能性もある。重要な文化的要素と結びついているのは、宗教ではなく特定の「国民文化」なのかもしれない。ことによると、イングランド文化の影響こそ重要であり、合衆国、カナダ、オーストラリアといった国々があれほど裕福な理由を説明するのではないだろうか？　この考え方は最初はなるほどと感じられるものの、やはりうまくいかない。カナダや合衆国がイングランドの植民地だったのは確かだが、シエラレオネやナイジェリアもそうだった。イングランドの旧植民地内における繁栄の差異は、世界全体におけるそれに劣らず大きい。イングランドの遺産は北米の成功の理由ではないのである。

それでもまだ、文化説のもう一つのバージョンがある。ことによると、重要なのはイングランドと非イングランドの違いではなく、ヨーロッパと非ヨーロッパの違いではないかというのだ。ヨーロッパ人がどういうわけかすぐれているのは、労働倫理、人生観、ユダヤ・キリスト教的な価値観、あるいはローマの伝統のためではないだろうか？　西欧と北米が主としてヨーロッパ人の子孫によって占められており、世界で最も繁栄した地域であるのは事実だ。もしかすると、繁栄の根底にあるのは——また、文化説の最後の逃げ場は——すぐれたヨーロッパの文化的遺産かもしれない。悲しいかな、このバージョンの文化説もほかのバージョンと同じくほとんど説得力がない。アルゼンチンやウルグアイの住民に占めるヨーロッパ人の子孫の割合は、カナダや合衆国と比べても大きいが、アルゼンチンやウルグアイの経済的成果はまだまだ不十分だ。日本やシンガポールにヨーロッパ人の子孫はごく少ないものの、それでも両国は西欧の多くの地域に劣らず繁栄している。

中国は、政治経済システムに多くの欠陥を抱えているにもかかわらず、過去三〇年で最も急速に成長してきた国だ。毛沢東が世を去るまでの中国の貧困は、その国の文化とは無関係だった。毛沢東による経済構築、政治指導のあり方が悲惨だったせいなのだ。一九五〇年代、毛沢東は「大躍進」を推し進めた。この徹底した工業化政策は、大規模な食糧不足と飢饉をもたらした。一九六〇年代には「文化大革命」を拡大させ、知識人や教養人——党への忠誠心を疑われたすべての人——の大迫害を招いた。これがまたしても、恐怖政治および社会的な才能と資源の莫大な浪費につながった。同じように、昨今の中国の成長はその国の価値観とも文化の変化とも無関係である。それは、鄧小平《とうしょうへい》と盟友が実行した改革によって生じた経済的変化のプロセスの帰結なのだ。毛沢東の死後、鄧小平らは社会主義的な経済政策と制度を、まず農業で、次に工業で、少しずつ捨て去ったのである。

地理説と同じように、文化説もまた、現代のわれわれを取り巻く情勢の別の側面を説明する助けとはならない。合衆国とラテンアメリカのあいだに、信念、文化的態度、価値観の違いがあるのは言うまでもない。だが、アリゾナ州ノガレスとソノラ州ノガレス、あるいは北朝鮮と韓国のあいだの違いと同じように、それらの違いは二つの場所の異なる制度や制度史の違いの帰結なのだ。「ヒスパニック」あるいは「ラテン」の文化がスペイン帝国をいかにして形成したかを際立たせる文化的要因は、ラテンアメリカ内部の違いを説明できない。たとえば、アルゼンチンやチリがペルーやボリビアより繁栄しているのはなぜだろうか。文化に依拠するほかのタイプの議論——たとえば、現代の土着文化を強調するもの——も同様にうまくいかない。ペルーやボリビアと比べると、アルゼンチンやチリには先住民がほとんどいない。それは事実だが、土着文化は説明としてはやはり役に立たない。コロンビア、エクアドル、ペルーは似たような所得レベルにあるが、こんにちコロンビアには先住民がほとんどいないのに対し、エクアドルとペルーにはたくさんいるのだ。最後に、概してゆっくりと変化する文化的態度は、東アジアや中国の奇跡の成長をそれだけで説明するものではなさそうだ。のちに見るように、制度もまた持続的ではあるものの、一定の状況があれば急速に変化するのである。

無知説

貧しい国もあれば裕福な国もある理由を説明する理論として、よく知られている最後のものが無知説だ。それによると、世界に不平等が存在するのは、われわれや統治者が貧しい国を裕福にする方法を知らないからだという。これは大半の経済学者が抱いている考え方でもある。彼らはイギリスの経済学者、ライオネル・ロビンズが一九三五年に提示した有名な定義からヒントを得ている。「経済学とは、さまざまな目的と、ほかの目的にも使える希少な手段との折り合いをつけようとする人間の行動を研究する学問である」というのがそれだ。

そこから小さな一歩を踏み出せば、次のような結論に至る。経済学という学問は、社会的目的を満たすために希少な手段を最もうまく使う方法に焦点を合わせるべきだ、と。実際、経済学における最も有名な理論的成果である、いわゆる厚生経済学の第一定理は、「市場経済」における資源の配分が経済的観点から社会にとって望ましい状況を明らかにするものだ。市場経済とは理論上の概念であり、すべての個人と企業がみずからの望む製品やサービスを自由に生産し、購入し、販売できる状態を表現するためにある。こうした状況が存在しなければ、「市場の失敗」となる。この種の失敗は世界の不平等をめぐる理論に基盤を与える。市場の失敗が放置されればされるほど、国は貧しくなる可能性が高いからだ。無知説によれば、貧しい国が貧しいのは、多くの市場の失敗をしでかしながら、経済学者や政策立案者がその克服法を知らず、過去に誤ったアドバイスに耳を傾けてきたからだというのだ。裕福な国が裕福なのは、より良い政策を理解しており、そうした失敗をうまく排除してきたからなのである。

無知説は世界の不平等を説明できるだろうか。アフリカ諸国が世界のほかの国々より貧しいのは、指導者が自国の運営法について同じ思い違いをし、貧困に向かってしまうからであり、一方で西欧の指導者はより広い見識を持ち、より良いアドバイスを受けており、そのおかげで相対的に成功を収めているというのだが、そんなことがありえるだろうか。リーダーが悲惨な政策を採用するのは、そうした政策の帰結を誤解していたからだという有名な例がいくつか存在するものの、無知はせいぜい世界の貧困のごく一部を説明できるにすぎない。

イギリスからの独立後まもなくガーナで起こった経済の長期的衰退は、一見したところ、無知を原因としているようだった。イギリス人経済学者で、当時クワメ・エンクルマ政権の顧問を務めていたトニー・キリックは、多くの問題をきわめて詳細に記録した。エンクルマの政策は国営産業の発展に焦点を合わせていたが、それは実に効率が悪かった。キリックはこう回想している。

履き物工場は……南部への（五〇〇マイル［約八〇〇キロメートル］あまりの）皮革の輸送を通じて、北部の精肉工場を（いまは見捨てられた）なめし革工場と結びつけていたはずだ。なめし革はクマシの履き物工場へと取って返さなければならなかった。履き物工場は国の中央、なめし革工場から約二〇〇マイル北にあったからだ。履き物の主要な市場はアクラの大都市圏にあるから、靴はそれからさらに二〇〇マイルを南へ逆戻りするしかなかった。

キリックはいくぶん控えめにこう述べている。これは「ひどい立地によって可能性を台無しにされた」事業だった、と。この履き物工場はこうした多くのプロジェクトの一つだった。別の例としては、ガーナのとある場所に位置するマンゴーの缶詰工場が挙げられる。この地域ではマンゴーが育たなかったうえ、工場の生産量は製品に対する全世界の需要を上回ってしまう見込みだったのだ。経済的に不合理なこうした開発が際限なく続いた原因は、エンクルマや彼の顧問が見識に欠けていたり、正しい経済政策を知らなかったりしたという事実ではない。彼らはキリックのような人々を雇っていたし、ノーベル賞受賞者のアーサー・ルイス卿から助言を受けてさえいたのだ。ルイス卿は政策が良くないことを知っていた。経済政策の形を決めたのは次のような事実だった。エンクルマは、経済政策を利用して政治的支持を買い、非民主的な政権を維持する必要があったのである。

独立後のガーナの期待はずれの実績も、その他の数え切れない明らかな経済政策の失敗例も、単純に無知のせいにできるものではない。結局のところ、無知が問題だったとすれば、善意ある指導者たちはどんな政策が国民の所得と福利を向上させるかをすぐに学び、そうした政策に魅せられたはずである。

合衆国とメキシコの異なる進路について考えてみよう。この違いを両国の指導者の無知のせいにするのは、ひいき目に見てもきわめて信じがたい。植民地時代の相違の種をまいたのは、ジョン・スミスとコルテスの知識や意図の違いではなかった。また一九世紀の末から二〇世紀の初めにかけて、メキシコが社会のほかの人々を犠牲にしてエリートを裕福にする経済制度を選んだのは、テディー・ローズヴェルトやウッドロー・ウィルソン――彼らはメキシコとは反対のことをした――といったのちの合衆国大統領とポルフィリオ・ディアスの知識の違いのせいではなかった。そうではなく、両国の大統領やエリート層が直面していた制度的な制約の違いのせいだったのだ。同様に、最近の半世紀のあいだ、不安定な財産権と経済制度のもとで衰退し、国民の大半が貧しくなったアフリカ諸国の指導者は、それを良い経済状態だと考えていたからそのままにしておいたわけではない。彼らがそうしたのは、罰せられることもなく、ほかの人々の犠牲のもとに裕福になれるからであり、あるいは、重要な集団つまりエリート層の支持を買うことで権力を維持する方法として、良い政策だと考えていたからなのだ。

ガーナ首相のコフィ・ブシアが一九七一年に経験した出来事は、無知説がどれほど人を誤らせるかを明らかにしている。ブシアは深刻な経済危機に直面していた。一九六九年に政権を取って以降、前任者のエンクルマと同じく、ブシアは維持できない拡張的な経済政策を推進し、販売委員会と過大評価された為替レートを通じて各種の価格支配を続けた。ブシアはエンクルマの政敵で、民主的な政府を率いていたにもかかわらず、多くの同じ政治的制約に直面した。エンクルマの場合と同様、ブシアの経済政策が採用されたのは、彼が「無知」であったために、それらの政策が経済的にすぐれている、あるいは国を発展させる理想的な方法であると信じていたからではなかった。それらの政策が選ばれたのは、政治的にすぐれていたからなのだ。つまり、ブシアはその政策のおかげで、満足させつづける必要のある、たとえば都市部の政治権力を握っているグループに資源を移すことができたのである。価格支配を通じて農業を抑圧することによって、都会の有権者に安価な食料を届け、政府支出をまかなう歳入を生み出したのだ。しかし、こうした価格支配は維持できなかった。ガーナはまもなく一連の国際収支危機と外貨不足に苦しむようになった。一九七一年一二月二七日、これらのジレンマに直面したブシアは、大幅な通貨切り下げを含む、国際通貨基金（ＩＭＦ）との協定に署名した。

ＩＭＦ、世界銀行、国際社会全体が、協定に定められた改革を実行するようブシアに圧力をかけた。これらの国際機関はおめでたくも気づいていなかったが、ブシアは自分が政治上の大ばくちを打っていることを知っていた。通貨切り下げの直接の帰結は、ガーナの首都アクラにおける暴動であり、手に負えないまでに高まった不満だった。ついに、ブシアはアチャンポン中佐の率いる軍によって追放され、アチャンポンはすぐさま切り下げられた通貨を元に戻した。

無知説が地理説や文化説と違うのは、貧困問題の「解決」策をただちに提示するところだ。われわれが無知のせいでこの場所へ連れてこられたとすれば、賢明かつ博識な統治者や政策立案者ならわれわれを連れ出せるし、われわれは正しい助言を与えたり、すぐれた経済政策を政治家に納得させたりすることによって、世界中の繁栄を「設計」できるはずだ。しかし、ブシアの経験によって強調されるのは次のような事実である。すなわち、市場の失敗を減らして経済成長を促す政策の採用を主に妨げるのは、政治家の無知ではなく、社会の政治・経済制度のせいで彼らが直面するインセンティヴと制約なのである。

無知説は依然として、ほとんどの経済学者や欧米の政策立案グループのあいだできわめて支配的だ。ほかの仮説はほぼそっちのけで、いかに繁栄を設計するかに焦点が合わせられている。にもかかわらず、それは役に立たないもう一つの仮説にすぎない。無知説は、世界各地の繁栄の起源も、われわれを取り囲む情勢も説明しない――たとえば、合衆国やイギリスではなくメキシコやペルーといった一部の国々が、国民の大部分を貧困に追いやる制度や政策を採用するのはなぜか、あるいはサハラ以南のアフリカや中米のほとんどの国々が、西欧や東アジアよりもはるかに貧しいのはなぜか。

国家がみずからを貧困に追いやる制度的パターンから脱し、経済成長への道を歩み出すとすれば、それは無知な指導者が突如として見識を深めたり、利己的でなくなったりしたためではないし、より優秀な経済学者から助言を受けたためでもない。たとえば中国は、貧困をもたらして数百万人を飢餓に陥れた経済政策から、経済成長を促す政策に転換した国の一つだ。しかし、のちにより詳しく論じるように、それは中国共産党が農地や産業の集団所有が最悪の経済的インセンティヴを生み出すことをやっと理解したためではなかった。そうではなく、鄧小平と盟友――彼らはライバルに劣らず利己的だったが、異なる利害関係や政治的目的を持っていた――が共産党の手強い政敵を打ち破り、ある種の政治革命を主導して、党の指導体制や方針を根本的に変えたのである。彼らの経済改革は、まず農業で、次いで工業で市場的インセンティヴを生み出すものだったが、それが成し遂げられたのは、この政治改革に続いてのことだった。中国において共産主義から市場的インセンティヴへの転換を決定したのは政治であり、経済の動きに関するより良い助言でも理解でもなかったのである。

われわれはこう主張する。世界の不平等を理解するには、一部の社会がきわめて非効率かつ社会的に望ましくない仕方で構築されるのはなぜかを理解しなければならない、と。国家は時として効率的な制度を採用し、繁栄を達成するものの、悲しいかな、それは稀なケースだ。大半の経済学者や政策立案者は「正しく行なう」ことに焦点を合わせてきたが、本当に必要なのは貧しい国が「間違いを犯す」理由を説明することである。間違いを犯すことは、無知や文化とはほとんど関係がない。のちほど述べるように、貧しい国が貧しいのは、権力を握っている人々が貧困を生み出す選択をするからなのだ。彼らが間違いを犯すのは、誤解や無知のせいではなく、故意なのである。これを理解するには、経済学や、最善策に関する専門家の助言を乗り越え、代わりに、現実に決定がいかになされるか、決定に携わるのは誰か、その人たちがそうすると決めるのはなぜかを研究しなければならない。これは、政治と政治的プロセスの研究である。伝統的に、経済学は政治を無視してきたが、政治を理解することは、世界の不平等を説明するのにきわめて重要である。経済学者のアバ・ラーナーは一九七〇年代にこう述べている。「経済学は、解決済みの政治問題をみずからの専門領域として選ぶことによって、社会科学の女王の称号を得てきた」

繁栄を達成するにはいくつかの基本的な政治問題を解決する必要がある。経済学が世界の不平等について納得のいく説明を考え出せなかった理由は、まさに、政治問題は解決済みだと想定してきたところにある。世界の不平等を説明するには、依然として経済学が必要である。各種の政策や社会の仕組みが経済的なインセンティヴや行動にどう影響するかを理解するためだ。だが、それにはまた政治学も必要なのである。

第三章

繁栄と貧困の形成過程

三八度線の経済学

一九四五年の夏、第二次世界大戦が終わりに近づいていたころ、朝鮮における日本の植民地は崩壊しはじめていた。八月一五日に日本が無条件降伏して一ヵ月足らずのち、朝鮮は三八度線で二つの勢力圏に分けられた。南は合衆国によって、北はソ連によって管理された。冷戦下の不安定な平和が破られたのは、一九五〇年の六月、北朝鮮軍が南に攻め込んだときのことだった。当初、北朝鮮は南側の奥深くまで侵入し、首都ソウルを占領したものの、秋までには全面撤退した。ホワン・ピョンウォンが兄と離ればなれになったのはそのときだった。ホワン・ピョンウォンはどうにか身を隠して北朝鮮軍による徴兵を免れると、南にとどまって薬剤師として働いた。兄はソウルで働く医師で、韓国軍の負傷兵の治療に当たっていたのだが、北朝鮮軍が退却する際に連れ去られてしまった。一九五〇年に引き離された二人は、二〇〇〇年にソウルで五〇年ぶりに再会した。両国政府が、家族再統合の限定的なプログラムを始めることにようやく合意したあとのことだった。

ホワン・ピョンウォンの兄は、最終的には医師として空軍に勤務した。軍事独裁国では悪い仕事ではない。だが、北朝鮮では特権階級の人々でさえ羽振りがいいとは言いがたい。兄と対面したとき、ホワン・ピョンウォンは三八度線の北の暮らし向きについてたずねてみた。兄は自動車を持っていたが、兄は持っていなかった。「電話はある?」と聞くと、「いや」と兄は言った。「外務省に勤めている娘が電話を持っているが、暗号を知らないとかけられないんだ」。ホワン・ピョンウォンは家族と再会した北の人々が、みな金《かね》を求めていることを思い出し、なにがしかの金を差し出した。だが、兄はこう言った。「金を持ち帰れば、政府は『それをよこせ』と言うだろう。だから、持っていなさい」。ホワン・ピョンウォンは、兄のコートがすり切れているのに気づき、「それを脱いで置いていって。帰りはこれを着ていくといいよ」と勧めた。「それはできない」と兄は答えた。「これはここへ来るために、政府から借りただけなんだ」。ホワン・ピョンウォンは、別れ際、兄が落ち着かない様子で、誰かに聞かれてでもいるかのようにたえずびくびくしていたことを覚えている。兄はホワン・ピョンウォンが想像していたよりも貧しかった。本人は裕福に暮らしていると言っていたが、ホワン・ピョンウォンは、兄はひどい身なりだし痩せこけていると思った。

韓国の人々の生活水準は、ポルトガルやスペインと同じくらいだ。北の、いわゆる朝鮮民主主義人民共和国、すなわち北朝鮮では、生活水準はサハラ以南のアフリカに近く、韓国の平均的水準の約一〇分の一である。北朝鮮の人々の健康状態はさらに悪い。三八度線の南の兄弟分よりも寿命が一〇年短いと予測されているのだ。次ページの地図7は、朝鮮人のあい

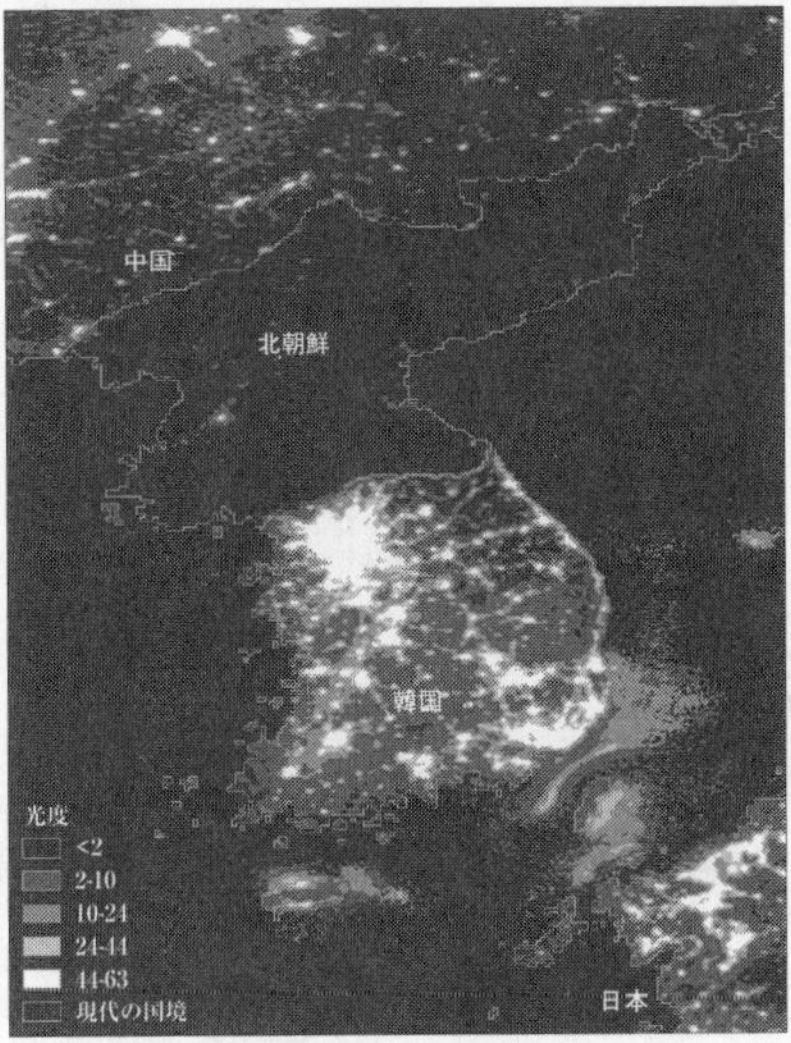

地図７　韓国の光と北朝鮮の闇

だの経済格差を如実に示している。これは衛星写真から得られた、夜間の光の明るさに関するデータを描いたものだ。北朝鮮は電力不足のためにほぼ真っ暗だが、韓国は光り輝いている。

　こうした著しい違いは昔からのものではない。実のところ、第二次世界大戦の終結以前には存在しなかった。ところが、一九四五年以降、南北の別々の政府は経済を構築するのにまったく異なる手法をとった。韓国を導き、初期の政治・経済制度を形づくったのは、ハーバード大学とプリンストン大学で学んだ筋金入りの反共産主義者、李承晩《イ・スンマン》だった。李承晩は合衆国から相当な支援を受けており、一九四八年に大統領に選ばれた。朝鮮戦争の前夜、三八度線以南への共産主義の拡大という脅威にあらがって建国した韓国は、民主主義国ではなかった。李承晩と、同じく有名な後継者の朴正熙《パク・チョンヒ》将軍は、独裁的な大統領として歴史に刻まれている。だが、両者とも市場経済を推進し、私有財産を認めた。一九六一年以降は朴正熙が国家の力を有効に投じ、成功している会社に信用貸しや助成金を認めることによって、急速な経済成長を後押しした。

　三八度線の北側の状況は異なっていた。第二次世界大戦中、共産主義者による抗日パルチザンのリーダーだった金日成《キム・イルソン》は、一九四七年までに独裁者としての地位を築くと、ソ連の助けを借りて、いわゆる主体《チュチェ》体制の一環として厳格な中央計画経済を導入した。私有財産は法的に認められず、市場は禁止された。市場のみならず、人々の生活のあらゆる領域において自由が奪われた。例外は、たまたま金日成の――のちには彼の息子にして後継者である金正日《キム・ジョンイル》の――取り巻きのごくわずかな支配層エリートの一員となった人たちだけだった。

　韓国と北朝鮮の経済的運命がくっきりと分かれたことは、驚くに値しない。金日成の計画経済とチュチェ体制はまもなく大失敗に終わった。控えめに言っても秘密主義の国である北朝鮮から、詳細な統計を入手することはできない。にもかかわらず、入手可能な証拠によって、繰り返される飢饉からうかがい知れる状況が立証されている。つまり、工業生産が軌道に乗りそこねただけでなく、実のところ北朝鮮は農業生産性の急落を経験したのである。私有財産を持てないせいで、生産性増進のため、あるいは維持のためにすら、投資や努力をするインセンティヴを持つ人はほとんどいなかった。息の詰まるような抑圧的な政治制度は、イノヴェーションを起こしたり新しいテクノロジーを取り入れたりするには不向きだった。だが、金日成、金正日、さらに彼らの取り巻きは、体制を改革したり、私有財産、市場、私的契約を導入したり、政治・経済制度を変えたりするつもりはなかった。北朝鮮の経済は停滞しつづけた。

一方韓国では、経済制度によって投資と通商が促進された。韓国の政治家は教育に投資し、高い識字率と通学率を達成した。韓国企業はすぐに、以下のようなものを利用するようになった。まずは比較的教育水準の高い人材。次に、投資を奨励したり、工業化、輸出、技術移転を促進したりする政策。韓国はあっというまに東アジアの「奇跡の経済」に仲間入りし、世界で最も速く成長する国の一つになった。

わずか半世紀ほどを経た一九九〇年代末までに、韓国の成長と北朝鮮の停滞は、かつては一つだった国を二分した両国のあいだに一〇倍の格差を生み出した——二世紀後にはどれほどの違いになるかを想像してほしい。韓国の経済的成功と対置すると、数百万人を飢餓に陥れた北朝鮮の経済的崩壊は際立っている。文化も、地理も、無知も、北朝鮮と韓国の分岐した進路を説明できない。答えを出すには制度に目を向けねばならないのである。

収奪的な経済制度と包括的な経済制度

国によって経済的成功の度合いが異なるのは、制度、経済の動きを左右するルール、人々を動機づけるインセンティヴが異なるためだ。北朝鮮と韓国のティーンエイジャーと、彼らが人生に期待するものを想像してみよう。北朝鮮のティーンエイジャーは貧困のなかで育つ。起業家精神に触れることもなければ、創造性を身につけることも、熟練を要する仕事につくための十分な教育を受けることもない。学校教育のほとんどは純粋なプロパガンダであり、政権の正統性を強化することを目的としている。本はほとんどなく、ましてコンピューターなどあるはずもない。学校を卒業すると、全員が一〇年間兵役に服さねばならない。こうしたティーンエイジャーは次のことを知っている。将来自分の財産は持てないし、事業を始めることもできないし、生計を立てるために多くの人が民間の経済活動に不法に携わったとしても、裕福にはなれない。合法的に市場を利用できないため、自分の技術や稼ぎを利用して、必要なものや欲しいものを購入することもできない。彼らは、自分がどんな人権を持つことになるのかさえ確信できないのである。

韓国のティーンエイジャーはすぐれた教育を受けるし、努力して、みずから選んだ職業で秀でるよう促すインセンティヴにさらされもする。韓国は私有財産を土台とする市場経済の国だ。韓国のティーンエイジャーは、起業家や勤労者として成功すれば、いつの日か投資や努力の成果を味わえることを知っている。生活水準を向上させ、自動車、家、医療サービスを購入できるのである。

韓国では国家が経済活動を支援している。それゆえ、起業家は銀行や金融市場で資金を借りられるし、外国企業は韓国企業と提携できるし、個人はローンを組んで家を買える。韓国では一般に、やりたい事業を自由に始められる。北朝鮮では違う。韓国では、従業員を雇い、製品やサービスを販売し、市場で好きなようにお金を使える。北朝鮮では闇市場があるだけだ。これらの異なるルールは、北朝鮮と韓国の人々の暮らしを支配する制度なのである。

韓国や合衆国で採用されている包括的（inclusive）な経済制度は、大多数の人々が経済活動に参加できるし、またそう促す制度である。こうした経済活動を通じて人々は才能や技術を最大限に活用し、個人はみずから望む選択をする。経済制度が包括的であるためには、安全な私有財産、公平な法体系、公共サービスの提供を特徴としなければならない。それによって、人々が取引したり契約したりできる公平な場が生まれるのだ。またそうした経済制度は、新しい企業の参入や、人々が自分のキャリアを選ぶことを可能としなければならない。

韓国と北朝鮮、合衆国とラテンアメリカの著しい相違から、ある一般原則が明らかになる。包括的な経済制度は、経済活動、生産性の向上、経済の繁栄を促すのだ。安全な私有財産権が重要なのは、そうした権利を持つ人しか、投資しようとか生産性を向上させようなどとは思わないからだ。自分の生み出す成果が盗まれたり、没収されたり、すべて税金で取られたりすると予想する実業家は、働くインセンティヴをほとんど持たないし、まして投資やイノヴェーションを企てるインセンティヴなど持つはずがない。だが、そうした権利は社会を構成する大多数の人々のために存在しなければならないのだ。

一六八〇年、イングランド政府はバルバドス島の西インド植民地の人口調査を実施した。

それによって明らかになったのは、島の総人口約六万人のうち、ほぼ三万九〇〇〇人がアフリカ人奴隷であり、彼らは残る三分の一の人々の財産だということだった。実のところ、ほとんどの奴隷は最も大きな一七五の砂糖農園主の財産であり、農園主は大半の土地の所有者でもあった。これらの大規模農園主は、自分の土地ばかりか奴隷に対してさえ、安全にして十分な強制力を伴う財産権を持っていた。ある農園主が別の農園主に奴隷を売りたければ、そうできたし、裁判所がそうした売買をはじめいかなる契約をも強制的に履行してくれるものと期待できた。なぜだろうか。その島の裁判官と治安判事四〇人のうち、二九人が大規模農園主だったのだ。さらに、軍の八人の最高幹部全員が大規模農園主だった。島のエリートに対しては、明確に規定され、安全で、強制力を伴う財産権と契約が保証されていたにもかかわらず、バルバドスに包括的な経済制度があったわけではない。人口の三分の二を占める奴隷は、教育も受けられず、ビジネス・チャンスも得られず、才能や技術を活用する力もインセンティヴも持っていなかったからだ。包括的な経済制度にとって必要なのは、エリートだけでなく社会の幅広い階層の人々に、安全な財産権とビジネス・チャンスが与えられていることなのである。

安全な財産権、法律、公共サービス、契約と取引の自由などはすべて、国家に支えられている。この場合の国家とは、秩序を維持し、窃盗や詐欺を防ぎ、民間の事業者間の契約を履行させる機関だ。社会がうまく機能するためには、その他の公共サービスも必要となる。物品を運ぶための道路と輸送ネットワーク、経済活動を活性化するための公共インフラ、窃盗や不正行為を防ぐためのなんらかの基本的法規などだ。こうした公共サービスの多くを市場と一般市民が提供できるとしても、それを大規模に行なうにはどの程度の調整が必要かということは、中央権力にしかわからない場合が多い。したがって国家は、法と秩序、私有財産、契約を強制する者として、また、しばしば公共サービスの主要提供者として、いやおうなく経済制度と結びつくことになる。包括的な経済制度は国家を必要とし、国家を活用するのである。

北朝鮮あるいは植民地ラテンアメリカの経済制度――以前に述べたミタ、エンコミエンダ、レパルティミエント――はこれらの特性を持っていない。北朝鮮に私有財産は存在しない。植民地ラテンアメリカでは、スペイン人には私有財産が認められていたものの、先住民の財産はきわめて不安定な状況に置かれていた。どちらのタイプの社会でも、圧倒的多数の人々が経済的な決定を思いどおりに下せなかった。彼らは大衆弾圧にさらされていたのだ。どちらのタイプの社会でも、繁栄を促す主要な公共サービスを提供するために国家権力が使われることはなかった。北朝鮮では、国家がプロパガンダを植えつけるための教育システムを築いたが、飢饉を防ぐことはできなかった。植民地ラテンアメリカでは、国家は先住民を支配することに力を注いだ。どちらのタイプの社会でも、均等な機会や公平な法体制は存在しなかった。北朝鮮では法体制が国を支配する共産党の武器だったし、ラテンアメリカでは多くの人々を差別する道具だった。われわれが包括的と呼ぶ制度とは反対の特質を持つこうした制度を、収奪的（extractive）な経済制度と呼ぼう。というのも、社会のなかのある集団から収奪し、別の集団に利益をもたらすために設計されているからだ。

繁栄の原動力

包括的な経済制度は包括的な市場を生み出す。この市場は、自分の才能に最適な天職を追求する自由を人々に与えるだけではない。そうする機会を得られる公平な場をも提供するのだ。良いアイデアを持つ人は事業を始められるし、労働者は生産性を高められる活動に従事するようになる。また、効率の悪い会社は良い会社に取って代わられる。包括的な市場において人々が職業をどう選ぶかを、植民地時代のペルーやボリビアの場合と比べてみよう。後者の場合、ミタ制度のもと、多くの人が自分の技術や希望とは無関係に、銀山や水銀鉱山で働くよう強いられた。包括的な市場はたんなる自由市場ではない。一七世紀のバルバドスにも市場はあった。だが、ごく一部のエリート農園主以外には財産権がなかったように、その市場はとても包括的と言えるものではなかった。実際、奴隷市場をその一部とする経済制度によって、人口の大部分が計画的に支配され、才能の活かし方や職業を選ぶ力を奪われていたのである。

包括的な経済制度はまた、繁栄を呼ぶ別の二つの原動力、すなわちテクノロジーと教育への道を開く。持続的な経済成長には、ほとんどつねにテクノロジーの進歩が伴っている。そのおかげで、人々（労働力）、土地、既存の資本（建物や既存の機械など）の生産性が向上するのだ。祖父母の祖父母について想像してみよう。一世紀ほど前、彼らは飛行機も自動車も使えず、現在では当然と考えられる薬や医療をほとんど利用できなかった。屋内トイレ、エアコン、ショッピングモール、ラジオ、映画などはもちろんなかったし、ましてや、情報技術、ロボット技術、コンピューター制御の機械装置などは夢のまた夢だった。さらに数世代をさかのぼれば、テクノロジー関係のノウハウと生活水準はいっそう後退する。あまりに後退するので、大半の人々がどうやって人生の荒波を乗り切ったかを想像するのが難しいほどだ。これらの進歩は科学の成果であり、またトマス・エディソンのような起業家による成果だ。エディソンは科学を応用して利益のあがる事業を生み出した。イノヴェーションのこうしたプロセスを可能とする経済制度は、次のようなものだ。私有財産を奨励し、契約を擁護し、均等な機会を生み、新たなテクノロジーを生活にもたらす新たな事業者の参入を促し、認めるのである。したがって、トマス・エディソンを生んだのがメキシコやペルーではなく合衆国の社会だったこと、またこんにち、サムスンやヒュンダイのような革新的テクノロジーを持つ企業を生んでいるのが北朝鮮ではなく韓国であることは、驚くに値しないのだ。

テクノロジーと密接につながっているのは、被雇用者集団の教育、スキル、技量、専門知識であり、それらは、学校、家庭、職場において獲得される。われわれの生産性が一世紀前よりもはるかに高いのは、機械に組み込まれたより良いテクノロジーのおかげばかりではない。労働者が所有するより多くの専門知識のおかげでもある。世界中のあらゆるテクノロジーは、その操作法を知っている労働者がいなければ、ほとんど役に立たないだろう。だが、スキルや技量というのは、機械を操作する能力にとどまるものではない。われわれの進歩の土台となる科学的知識を生み、さまざまなビジネスにおいてこれらのテクノロジーの改良と導入を可能とするのが、被雇用者集団の教育やスキルなのである。第一章で見たとおり、たとえばトマス・エディソンをはじめ、産業革命以降のイノヴェーターの多くは高度な教育を受けていたわけではない。だが、当時のイノヴェーションは現代のテクノロジーと比べてはるかに単純だった。こんにちでは、テクノロジーの変化のために、イノヴェーターと労働者の双方に教育が要求される。ここで、均等な機会を提供する経済制度がいかに重要かがわかる。合衆国は、ビル・ゲイツ、スティーヴ・ジョブズ、セルゲイ・ブリン、ラリー・ペイジ、ジェフ・ベゾスといった人々に加え、多くの科学者を輩出し、あるいは外国から引き寄せた。こうした科学者が、情報技術、原子力、バイオテクノロジー、その他の分野で基本的な発見をし、それを土台にしてこれらの起業家が事業を築いたのである。活用すべき才能が現れたのは、合衆国のティーンエイジャーの大半が、望むだけの、あるいは得られるだけの学校教育を受けられるからだ。ここで、異なる社会、たとえばコンゴやハイチを想像してみよう。そうした国では住民の大部分が学校に通う手段を持っていない。あるいは、どうにか学校に通っても、授業の質は悲しむべきものだ。教師はやってこないし、やってきても本は一冊もないかもしれないのである。

貧しい国の教育水準が低い原因は、親が子に教育を受けさせるインセンティヴを生み出せない経済制度であり、親子の希望や学校をサポートしたり、財政面で助成したり、支援したりするよう政府を誘導できない政治制度である。こうした国は、国民の教育程度の低さと包括的市場の不在のために高い代償を支払う。生まれようとしている才能を結集できないのだ。こうした国の多くに、将来のビル・ゲイツや、ことによると一人や二人のアルベルト・アインシュタインがいるかもしれない。だが、彼らはいまのところ、貧しく教育のない農夫として働いていたり、やりたくないことを強制されていたり、陸軍に徴兵されていたりする。というのも、天職を実現する機会を一度も持ったことがないからだ。

包括的市場の潜在能力を活かし、技術革新を促し、人々に投資し、大勢の個人の才能とスキルを結集するという経済制度の能力は、経済成長にとってきわめて重大だ。多くの経済制度がこれらの単純な目標を達成できない理由を説明することが、本書の中心的テーマである。

収奪的な政治制度と包括的な政治制度

あらゆる経済制度は社会によってつくられる。たとえば北朝鮮の経済制度は、一九四〇年代に国を掌握した共産主義者によって国民に強制された。一方、植民地ラテンアメリカの経済制度は、スペイン人のコンキスタドールによって押しつけられたものだ。韓国が北朝鮮とまるで異なる経済制度をとるに至ったのは、異なる利害と目的を持つ異なる人々が、社会をどう構築するかについて決定を下したからだ。言い換えれば、韓国の政治が異なっていたのである。

政治とは、社会がみずからを統治するルールを選ぶプロセスである。政治が制度に結びつく理由は単純だ。包括的な制度が国家の経済的繁栄に有益である一方、北朝鮮の共産党や植民地バルバドスの砂糖農園主のように、収奪的な制度を設けることではるかに裕福になれる人やグループもあるということなのだ。制度をめぐって対立があるとき、どうなるかは、どの人やどのグループが政治というゲームを勝ち抜くか——誰がより多くの支持を集め、追加的な資源を獲得し、より有効な同盟を結ぶか——にかかっている。要するに、誰が勝つかは、社会における政治権力の配分にかかっているのである。

社会が採用する政治制度は、こうしたゲームの結果を決める主要因だ。それは、政治におけるインセンティヴを支配するルールなのだ。政治制度によって決まるのは、政府がどう選ばれるかということであり、政府のどの部分に何をする権限があるかということだ。また、社会のなかで誰が権力を持ち、それをどんな目的に使えるかということでもある。権力の配分が狭い範囲に集中し、何の制約も受けないなら、その政治制度は絶対主義的である。歴史の大半のあいだ世界中を支配していた絶対君主制がその例だ。北朝鮮や植民地ラテンアメリカのような絶対主義的な政治制度のもとでは、こうした権力を振るえる人々は、社会を犠牲にして私腹を肥やしたり権力を増したりするために、経済制度を構築できる。対照的に、権力を社会に広く配分し、制約のもとに置く政治制度は多元的である。政治権力は、一人の個人や小さなグループに与えられる代わりに、広範な連合や多数のグループに託される。

社会の多元性と包括的な経済制度のあいだに密接な関係があるのは明らかだ。だが、韓国や合衆国が包括的な経済制度を持つわけを理解する鍵は、多元的な政治制度だけではなく、十分に中央集権化された強力な国家にもある。格好の対照事例となるのが、ソマリアという東アフリカの国だ。本書でのちに見るように、ソマリアの政治権力はかなり以前から広く――ほとんど多元的に――配分されていた。事実、誰かの行動を支配したり罰したりする実質的な権威は存在しないのだ。社会は相互に支配できない深く対立する派閥に分かれている。ある派閥の権力を制約するのは、ほかの派閥の銃だけだ。こうした権力の配分が招くのは、包括的な制度ではなく混沌である。その原因は、このソマリ族の国に政治の中央集権、あるいは国家の中央集権が欠けていることであり、経済活動、交易、国民の基本的安全を支える最小限の法と秩序さえ強制できないことなのだ。

前章で取り上げたマックス・ヴェーバーは、最も有名で広く受け入れられた国家の定義を提示した。国家の本質とは、社会における「合法的な暴力の独占」だというのだ。こうした独占および、それに必要とされる程度の中央集権が存在しなければ、国家は法と秩序の強制者という役割を果たせないし、ましてや、公共サービスの提供や経済活動の規制などできるはずもない。国家がなんらかの形で政治的な中央集権を実現できないと、社会は遅かれ早かれ、ソマリアと同じように混沌に陥ってしまう。

十分に中央集権化された多元的な政治制度を包括的な政治制度と呼ぶことにしよう。そして、これらの条件がそろわなければ、収奪的な政治制度と呼ぶことにしよう。

経済制度と政治制度のあいだには強い相乗作用《シナジー》がある。収奪的な政治制度は、限られたエリートの手に権力を集中させ、その権力の行使にほとんど制約を課さない。すると往々にして、このエリートたちが、社会の残りの人々から資源を収奪するために経済制度を構築することになる。したがって、収奪的な経済制度に収奪的な政治制度が伴うのは当然のことだ。実際、収奪的な経済制度が生き延びられるのは、本質的に収奪的な政治制度のおかげである。包括的な政治制度は権力を広く付与するため、ごくわずかな人々の利益のために多くの人々の資源を奪い、参入障壁を築き、市場の機能を抑圧するような経済制度を根絶する傾向があるからだ。

たとえばバルバドスでは、奴隷の搾取を土台とするプランテーション・システムは、奴隷を抑圧し、政治的プロセスから締め出す政治制度がなければ生き残れなかったはずだ。北朝鮮の限られたエリート共産主義者の利益のために数百万人を貧しくする経済システムも、共産党による完全な政治支配がなければ考えられないだろう。

収奪的な経済制度と政治制度のこうした相乗関係は、強力なフィードバック・ループを生む。まず、政治制度のおかげで、政治権力を握っているエリート層が、制約や敵対勢力のほとんどない経済制度を選べるようになる。エリート層はまた、将来の政治制度を構築し、その発展を左右することもできる。続いて、収奪的な経済制度のおかげで同じエリート層が裕福になり、経済的な富と権力を通じて政治支配が強化される。たとえばバルバドスやラテンアメリカでは、入植者は政治権力を利用して、ほかの住民の犠牲のもとに莫大な財産を築かせてくれる一連の経済制度を課すことができた。こうした経済制度が生み出す資源のおかげで、これらのエリートは軍隊を創設し、治安部隊によって政治権力の絶対的独占を守れたのだ。こうした過程からわかるのは、収奪的な政治制度と経済制度は相互に支え合い、存続しやすくなるということである。

実は、収奪的な経済制度と政治制度のあいだの相乗作用にはまだ先がある。収奪的な政治制度のもとで既存のエリートが挑戦を受け、新参者が勝利を収めると、新参者もまたわずかな制約に服すにすぎない。したがって彼らは、そうした政治制度を維持し、似たような一連の経済制度を設けるインセンティヴを持つことになる。一九世紀末のメキシコで、ポルフィリオ・ディアスと取り巻きのエリートたちのしたことがそれだった。

一方、包括的な経済制度は包括的な政治制度が築く土台のうえにつくられる。こうした政治制度は権力を社会に広く分散し、その恣意的な行使を抑制する。また、ほかの誰かが権力を奪取し、包括的制度の土台を揺るがすことを難しくする。政治権力を握っている人々といえども、その権力を利用して、私腹を肥やすために収奪的な経済制度を設けることは容易ではない。すると今度は、包括的な経済制度のおかげで資源がさらに平等に配分され、包括的な政治制度の存続が促されることになる。

一六一八年、ヴァージニア会社は土地に加え、過酷な契約からの自由を、以前は支配しようとしていた入植者に与えた。すると翌年、一般議会は入植者が自治を始めることを認めたが、これは偶然の出来事ではない。政治的権利の伴わない経済的権利は、入植者に信頼されなかったはずだ。彼らはヴァージニア会社がたえず自分たちを支配しようとしてきた様子を見てきたからだ。こうした経済は、安定もせず長続きもしなかったことだろう。実際、収奪的な制度と包括的な制度の組み合わせは、不安定なのがふつうだ。包括的な政治制度のもとで収奪的な経済制度が長く続く可能性は低い。それは、バルバドスをめぐるわれわれの議論が示すところである。

同じように、包括的な経済制度が収奪的な政治制度を支持したり、それに支持されたりすることはない。包括的な経済制度は、権力を握る一部の利害関係者の利益のために収奪的な経済制度に変化するか、あるいはそれ自体が生み出す経済的活力が収奪的な政治制度を揺さぶり、包括的な政治制度の出現に道を開くかのどちらかなのだ。包括的な経済制度はまた、エリート層が収奪的な政治制度の支配によって手にできる利益を減らす傾向がある。収奪的な経済制度は市場での競争に直面するし、社会の残りの人々の契約や財産権によって制約されるからだ。

必ずしも繁栄が選ばれないのはなぜか

政治制度と経済制度は、結局のところ社会によって選ばれるものだ。それらが包括的で経済成長を促す場合もあれば、収奪的で経済成長の妨げとなることもある。国家が衰退するのは、収奪的な政治制度に支えられた収奪的な経済制度を持つときだ。収奪的な政治制度は経済成長を鈍らせ、妨害さえするからである。だが、そうだとすれば、制度の選択――すなわち制度の政治学――こそ、国家の成功と失敗の理由を理解しようとするわれわれの探究の中心課題だということになる。われわれが理解しなければならないのは、一部の社会の政治が経済成長を促す包括的制度に至る一方で、歴史上の大多数の社会における政治が、経済成長を妨げる収奪的な制度に至った、そしていまなお至るのはなぜかということだ。

誰もが繁栄をもたらすタイプの経済制度の創出に関心を持つのは明らかだ、と思えるかもしれない。あらゆる市民、政治家、さらには強欲な独裁者でさえ、自分の国をできるかぎり裕福にしたいと願うものではないだろうか？

先に論じたコンゴ王国に戻ろう。この王国は一七世紀に衰退したものの、その名前は一九六〇年にベルギーによる植民地支配から脱した現代国家に引き継がれた。独立国家としてのコンゴは、一九六五年から一九九七年にかけて、ジョゼフ・モブツの支配下でほぼたえまない経済の悪化と貧困の拡大を経験した。この経済の悪化はモブツがローラン・カビラに打倒されたあとも続いた。モブツはきわめて収奪的な一連の経済制度を生み出した。国民は貧困化したが、モブツと「大きな野菜」として知られる取り巻きのエリートたちは、途方もない富を手に入れた。モブツは国の北部の出生地にバドリテなる宮殿を建設した。この宮殿には、超音速ジェット旅客機のコンコルドが着陸できる広さの空港があった。モブツはしばしばエール・フランスからコンコルドを借りて、ヨーロッパへ旅行したのだ。ヨーロッパでは城を買ったり、ベルギーの首都ブリュッセルに広大な土地を所有したりした。

モブツは、コンゴ人の貧困を深刻化させるより、彼らの富を増大させる経済制度を設けたればいいのではないだろうか？ モブツがどうにかして自国に繁栄をもたらしていれば、さらに多くの金をくすね、コンコルドを借りるのではなく買い、より多くの城や大邸宅を所有し、ことによるとより大きく強力な軍隊を持てたのではないだろうか？ 多くの国の国民にとっては残念なことに、答えはノーだ。経済発展へのインセンティヴを生み出す経済制度は同時に、権力を握る強欲な独裁者やその他の人々の懐具合を寂しくするような仕方で、収入や権力を再配分するかもしれないからだ。

根本的な問題は、経済制度をめぐっては論争と対立が避けられないということだ。異なる制度は、国家の繁栄、その繁栄をどう配分するか、誰が権力を握るかについて、異なる帰結を生む。制度によって起こる経済成長は勝者と敗者をつくる。これがはっきりしたのは、現代の富裕国に見られる繁栄の礎を築いた産業革命が、イングランドで進んだ際のことだった。産業革命は、蒸気動力、輸送、繊維生産における一連の革新的な技術上の変化を中心とするものだった。機械化は総収入を著しく増加させ、最終的には現代の工業社会の土台となったにもかかわらず、多くの人から激しい反発を受けた。無知や先見の明のなさのためではない。事態はまったく逆だった。経済成長へのそうした反発は、残念ながらそれ自体の首尾一貫した論理を持っているのだ。経済成長と技術的変化には、偉大な経済学者であるヨーゼフ・シュンペーターが創造的破壊と呼んだものが伴う。それらは古いものを新しいものに置き換える。新しい分野が古い分野から資源を引き寄せる。新興企業が老舗企業から仕事を奪う。新しいテクノロジーが既存のスキルや機械を時代遅れにする。経済成長のプロセスとその土台となる包括的制度は、政治の舞台でも経済市場でも勝者とともに敗者を生み出す。創造的破壊への恐怖は往々にして、包括的な経済制度や政治制度への反発の原因となるのだ。

ヨーロッパの歴史が、創造的破壊による帰結の生々しい実例を提供してくれる。一八世紀の産業革命の直前、大半のヨーロッパ諸国の政府は貴族階級と昔からのエリートに牛耳られていた。彼らの収入の主な源泉は、土地所有、あるいは君主によって認められた独占と参入障壁のおかげで手にした商業特権だった。創造的破壊という考え方に示されるとおり、産業、工場、町の拡大によって、土地は資源を奪われ、地代は下がり、地主が労働者に支払う賃金は増えた。エリート層はまた、自分たちの商業特権を破壊する新しい実業家や商人の出現を目の当たりにした。全体として、彼らが産業化による経済的敗者なのは明らかだった。また、都市化および社会意識の高い中産・労働者階級の出現のせいで、土地を所有する貴族階級による政治の独占も攻撃されることになった。したがって、産業革命の拡大に伴い、貴族階級は経済的敗者となっただけではなかった。政治的敗者となり、政治権力の支配を失うリスクにさらされてもいたのだ。経済的・政治的権力の危機に直面し、これらのエリートは産業化に強く反対することが多かった。

産業化の敗者は貴族階級だけではなかった。手先の技術が機械に取って代わられつつあった職人も、同じく工業の拡大に反対した。多くの職人が抵抗運動を組織し、暴動を起こし、機械を自分たちの生活の悪化の元凶と見なして破壊した。彼らこそあのラッダイトだった。この言葉はこんにち、技術的変化への抵抗と同義語になっている。一七三三年に、機織りの機械化における最初の重要な前進の一つである「飛び杼《ひ》」を発明したイングランド人のジョン・ケイは、一七五三年にラッダイトによって自宅を焼き払われた。紡績を補完的かつ画期的に改良した「ジェニー紡績機」の発明者であるジェームズ・ハーグリーヴズも、同じような目に遭った。

とはいえ、職人による工業化への反対運動は、地主やエリート層によるものと比べるとはるかに効率が悪かった。ラッダイトは、土地を所有する貴族階級のような政治権力――ほかのグループの希望に反して政治的帰結を左右する能力――を持っていなかったのだ。イングランドでは、ラッダイトの反対にもかかわらず工業化は前進を続けた。貴族階級による反対は実際にあったものの、尻すぼみになったからだ。オーストリア・ハンガリー帝国とロシア帝国では、絶対君主や貴族階級の失うものははるかに多かったため、産業化が阻まれた。その結果、オーストリア・ハンガリー帝国とロシアの経済は失速した。両国は一九世紀に経済成長を始めたヨーロッパ諸国に後れを取ることになった。

特定のグループの成功や失敗にかかわらず、明らかな教訓が一つある。権力を握るグループは往々にして、経済の発展にも繁栄の原動力にも抵抗するのである。経済成長とは、機械の増加と性能向上、教育を受けた人々の増加と技能向上のプロセスというだけではない。広範な創造的破壊とかかわりながら、変化を生んで状況を不安定にするプロセスでもあるのだ。したがって成長が進むのは、みずからの経済特権の喪失を心配する経済的敗者によって、またみずからの政治権力の毀損を恐れる政治的敗者によって、成長が阻止されない場合に限られるのである。

希少な資源、収入、権力をめぐる争いは、ゲームのルール、つまり経済制度をめぐる争いに至る。この制度次第で、経済活動とそこから誰が利益を得るかが決まる。争いがある場合、当事者全員の希望が同時にかなうことはありえない。敗れて落胆する人もいれば、首尾よく望みどおりの成果を手にする人もいる。この争いの勝者が誰になるかによって、国家の経済の道筋は根本的に左右される。経済成長に反対するグループが勝てば、彼らはまんまと経済成長を阻止し、経済は停滞することになる。

権力を握っている人々が、経済的成功を促す経済制度の創設を必ずしも望まないわけを説明する論理は、政治制度の選択へと容易に拡張される。絶対主義政権においては、一部のエリートが権力を振るって都合のいいように経済制度を設定できる。彼らは政治制度をより多元的に変えることに興味があるだろうか？　一般的に言えば、ない。そんなことをしても権力が弱まるだけであり、自分自身の利益を増やすために経済制度を構築することが難しくなるし、場合によっては不可能になってしまうからだ。ここでまたしても、争いの元が準備されているのがわかる。収奪的な経済制度に苦しむ人々は、絶対主義的な支配者が自発的に政治制度を変え、社会における権力を再配分するとは期待できない。こうした政治制度を変えるには、もっと多元的な制度をつくるようエリート層に強制するしかないのである。

政治制度が自動的に多元的になる理由はないのと同じように、政治の中央集権化へ向かう自然な傾向があるわけでもない。どんな社会にも、より中央集権化した国家制度を生み出すことへのインセンティヴがあるのは間違いない。その種の中央集権がいっさいない社会であればなおさらだ。たとえばソマリアで、ある一族が中央集権国家をつくって国土に秩序をもたらせるとすれば、それは経済的利益につながるし、その一族はより裕福になれるはずだ。これを阻止するものは何だろうか。政治の中央集権化に対する主要な障害は、またしても、変化に対する一種の不安である。つまり、国家の権力を集中させようとするいかなる一族、グループ、政治家も、自分自身の手に権力を集中させようとするだろう。だが、こうした試みは、そのプロセスにおいて政治的敗者となる別の一族、グループ、個人の怒りを買う可能性が高い。政治における中央集権の欠如が意味するのは、領土の大部分に法と秩序が存在しないということだけではない。物事を阻止したり中断させたりできる力を持つ多くの行為者が存在するということでもある。そして、彼らの反発と暴力的反応への恐れから、中央集権化を図る多くの人々が思いとどまるのだ。政治の中央集権化が進む可能性が高いのは、一つのグループがほかのグループよりも力を持っており、しかもその力が国家を建設できるほどのものである場合に限られる。ソマリアでは、権力は均等に分散してバランスがとれており、どの一族もほかの一族に意思を押しつけることはできない。したがって、政治における中央集権はいつになっても出現しないのである。

コンゴの長い苦悩

収奪的な制度のもとで経済の繁栄がめったに見られない理由を論理的に説明する実例、あるいは、収奪的な経済制度と政治制度の相乗作用を明らかにする実例として、コンゴほどふさわしく、また憂鬱にさせられるものはない。一五世紀から一六世紀にかけてコンゴを訪れたポルトガル人やオランダ人は、その地の「悲惨な貧困」に言及している。ヨーロッパの基準からするとテクノロジーは未熟で、コンゴ人は文字も、車輪も、鋤も持っていなかった。こうした貧困と、コンゴの農夫がよりすぐれたテクノロジーを知ったあともその導入を渋った理由は、既存の史料から明らかだ。それは、コンゴの経済制度の収奪的な本性のせいだったのである。

すでに述べたように、コンゴ王国を統治していた王は首都ムバンザ、のちのサンサルバドルにいた。首都から離れた地域を支配していたのは、王国の各地で知事の役割を担っていたエリートだった。このエリートの財産を支えていたのが、サンサルバドル周辺の奴隷制プランテーションと、それ以外の地域から取り立てられる税金だった。奴隷制度は経済の中心であり、それを利用したのは、自身のプランテーションに奴隷を供給する必要のあったエリート層と、海岸沿いにいたヨーロッパ人だった。税金の取り立ては恣意的で、王のベレー帽が脱げ落ちるたびに徴収される税金すらあった。コンゴの人々がもっと裕福になるには、貯蓄し、投資しなければならなかったはずだ——たとえば鋤を買うことによって。だが、そんなことをしても無駄だった。すぐれたテクノロジーを使って生産を増やしても、王とエリートに取り上げられてしまうからだ。生産性向上のために投資し、生産物を市場で販売する代わりに、コンゴの人々は村を市場から遠くに移動させた。略奪の被害を減らし、奴隷商人の手を逃れるため、できるだけ通りから離れようとしていたのだ。

したがってコンゴの貧困は、繁栄のあらゆる原動力を阻害するばかりか、逆転すらさせてしまう収奪的な経済制度の帰結だったのだ。コンゴ政府は、国民に対して公共サービスを——安全な財産権、法と秩序といった基本的なものさえ——ほとんど提供しなかった。それどころか、政府自身が臣民の財産権と人権の最大の脅威だったのだ。奴隷制度が意味したのは、何にも増して基本的な市場、つまり包括的な労働市場——人々は繁栄する経済にとって不可欠なやり方で職業や仕事を選べる——が存在しないということだった。そのうえ、遠隔地貿易と商業活動は王に支配されており、王とかかわりのある人しか携われなかった。ポルトガル人が文字を紹介すると、エリート層はすぐさま読み書きができるようになったが、王はその能力を大多数の国民に広めようとはしなかった。

にもかかわらず、「悲惨な貧困」が広がっていたとはいえ、コンゴの収奪的制度にはそれ自体の完璧な論理があった。つまり、そうした制度は政治権力を握る少数の大金持ちを生み出したのだ。一六世紀、コンゴの王と貴族階級は、ヨーロッパの贅沢品を輸入できたし、召し使いと奴隷に囲まれていたのである。

コンゴ社会の経済制度のルーツは、社会における政治権力の配分に、したがって政治制度の本質にあった。王が人々の財産や肉体を奪うことを阻止するものは、反乱の脅威しかなかった。それは現実的な脅威だったものの、人々やその財産の安全を確保するには不十分だった。コンゴの政治制度はまさに絶対主義的で、王とエリートは事実上何の制約も受けていなかったし、社会を構築する方法について国民にはいっさい発言権がなかった。

言うまでもないが、コンゴの政治制度が、権力が制約を受け、広く配分されている包括的な政治制度と著しい対照をなしていることは簡単にわかる。コンゴの絶対主義的制度は軍隊によって維持されていた。一七世紀の中頃、王は五〇〇〇の部隊からなる常備軍を持ち、中核部隊は五〇〇人のマスケット銃兵を擁していた――当時としては恐るべき戦力だ。したがって、王と貴族階級が実に熱心にヨーロッパの銃器を導入した理由は容易に理解できる。

こうした一連の経済制度のもとでは持続的な経済成長の可能性はなかったし、一時的な成長を生み出すインセンティヴさえきわめて限られていた。経済制度を改革して個人の財産権を拡大すれば、コンゴの社会は全体としてもっと繁栄したことだろう。だが、こうした広範な繁栄からエリート層が利益を得たとは考えがたい。第一に、そうした改革によってエリート層は奴隷貿易と奴隷制プランテーションがもたらす富を失い、経済的敗者となったはずだ。第二に、そうした改革が可能となるのは、王とエリート層の政治権力が削減された場合だけだったろう。たとえば、王が五〇〇〇人のマスケット銃兵の指揮を執りつづけていたとすれば、奴隷制が廃止されたという布告を誰が信じるだろうか？　あとになって王の気が変わらないようにするにはどうすればいいのだろうか？　唯一の現実的な保証は、国民が対抗できる政治権力を手にし、課税やマスケット銃兵の行動について発言権を持つように政治制度を変革することだったはずだ。だが、そうなれば、王とエリート層の消費量やライフスタイルの維持が、国民にとって優先順位の高い問題だとは思えない。このシナリオでは、社会にとってより良い経済制度を生み出す変革によって、王と貴族階級は、経済的敗者のみならず政治的敗者ともなったはずなのである。

五〇〇年前の経済制度と政治制度の相互作用は、現代のコンゴがいまだに悲惨なほど貧しいのはなぜかを理解するために依然として意味がある。一九世紀末の「アフリカ分割」の時代に、この地域およびコンゴ川流域の奥深くまでヨーロッパ人が支配するようになると、人権と財産権は植民地化以前のコンゴと比べても目に余るほど不安定な状態に陥った。加えて、大半の人々を犠牲にして少数の人々に権力と富をもたらす収奪的制度と絶対主義政治というパターンが再現された。もっとも、今回その少数者はベルギー人入植者であり、なかでも有名なのが国王のレオポルド二世だったのだが。

一九六〇年のコンゴ独立の際にも、経済制度、インセンティヴ、生産力において同じパターンが繰り返された。コンゴのこうした収奪的な経済制度を支えていたのは、またしても、きわめて収奪的な政治制度だった。その状況はいっそう悪化していた。というのも、ヨーロッパ人の植民地政策によって生まれたコンゴという国家は、植民地化以前の多くの州や社会から成っていたのに、キンシャサから運営される国民国家はそれらの州や社会をほとんど支配できなかったからだ。モブツ大統領は自分と取り巻きが裕福になるために国家を利用した——たとえば一九七三年のザイール化政策を通じて、外国から得られる経済的利益を大量に着服した——にもかかわらず、国の大半についてほとんど実権のない非中央集権的な国家を率いていたため、カタンガやカサイといった州が一九六〇年代に分離しようとした際には、それを阻止するために外国の援助を求めざるをえなかった。政治の中央集権化のこうした欠如は、国家の全面的な崩壊の域にまで達しつつあったが、これはコンゴとサハラ以南のアフリカに共通する特徴である。

現代のコンゴ民主共和国は依然として貧しい。それは、社会を繁栄させる基本的インセンティヴを生み出す経済制度が、国民にとっていまだに欠けているからだ。コンゴを貧しいままにしているのは、地理でも、文化でも、国民や政治家の無知でもなく、収奪的な経済制度である。遠い昔から数世紀を経た現在でさえ、こうした制度が残存しているのは、政治権力がなお一部のエリートの手に集中しているからだ。こうしたエリートにとって、人々の財産権を強化したり、生活の質を改善する基本的な公共サービスを提供したり、経済発展を促したりするインセンティヴはほとんどない。むしろ、収入を搾り取り、権力を維持することに関心があるのだ。彼らがこの権力を使って中央集権国家を建設することはなかった。そんなことをすれば、反発を買ったり政治的挑戦を受けたりといった問題をつくりだしてしまうからだ。これは、経済成長を促すことによって生じるのと同じ問題である。そのうえ、サハラ以南のアフリカにおけるほかの大半の地域と同じように、収奪的制度の支配をもくろむ敵対グループが起こした内紛によって、存在したかもしれない中央集権化への流れが断たれてしまったのである。

コンゴ王国の歴史、またもっと最近のコンゴの歴史が鮮明に描き出すのは、政治制度が経済制度をいかにして決定し、それらの経済制度を通じて経済的インセンティヴや経済成長の限界をいかにして決定するかということだ。さらに、多くの人々を犠牲にして少数の人々に権力と富をもたらす経済制度と絶対主義政治との共生関係を明らかにしてもいるのである。

収奪的な政治制度のもとでの成長

こんにちのコンゴは極端な例だ。法は守られず、財産権はきわめて不安定である。だが、ほとんどの場合、こうした極端な状況がエリート層に利益をもたらすことはない。あらゆる経済的インセンティヴが破壊され、収奪すべき資源がほとんど生み出されないからだ。本書の中心的主張は、経済的な成長や繁栄は包括的な経済制度・政治制度と結びついており、収奪的な制度は概して停滞と貧困につながるというものである。だがその意味は、収奪的制度は決して成長を生まないということでも、あらゆる収奪的な制度が同じように生み出されるということでもない。

収奪的な政治制度のもとで成長が生じるケースには、別個ながら補完的な二つのタイプがある。第一に、経済制度が収奪的であっても、エリートがみずから支配する生産性の高い活動に資源を直接配分できれば、成長は可能だ。収奪的な制度のもとでこのタイプの成長が生じた顕著な事例が、一六世紀から一八世紀にかけてのカリブ海諸島だった。ほとんどの住民は奴隷で、プランテーションのぞっとするような条件のもとで働き、最低の生活水準で暮らしていた。栄養失調や極度の疲労で多くの人が死んだ。一七世紀から一八世紀にかけて、バルバドス、キューバ、ハイチ、ジャマイカでは、ごく少数の農園主エリートがあらゆる政治権力を支配し、全奴隷を含むあらゆる資産を所有していた。大多数の住民が何の権利も持っていなかった一方で、農園主エリートの財産や資産は十分に保護されていた。大半の住民を残酷に搾取する収奪的な経済制度だったにもかかわらず、これらの島々は世界で最も裕福な地域の一つだった。というのも、砂糖を生産して世界市場で販売できたからだ。島々の経済が停滞したのは、新しい経済活動への移行が必要となってようやくのことであり、この新しい経済活動は農園主エリートの収入と政治的権力をともに脅かすものだった。

もう一つの事例は、一九二八年の第一次五ヵ年計画から一九七〇年代にかけてのソ連の経済成長と工業化である。政治制度と経済制度はきわめて収奪的であり、市場は厳しく制約されていた。それにもかかわらずソ連が急速な経済成長を遂げられたのは、国家権力を使って、きわめて効率の悪かった農業から工業へと資源を移動させたからだった。

収奪的な政治制度のもとで第二のタイプの成長が生じるのは、完全ではなくともいくぶん包括的な経済制度の発展が可能な場合だ。収奪的な政治制度を持つ多くの社会が包括的な経済制度を避けるのは、創造的破壊への恐怖のためだ。だが、エリート層による権力の独占の程度は社会によって異なる。一部の社会ではエリート層の地位が十分に安定しているため、政治権力を脅かされることはないと彼らが確信すれば、包括的な経済制度への動きを容認するかもしれない。あるいはまた、歴史的な状況が原因で、収奪的な政治体制のもとでエリート層がやや包括的な経済制度を阻止しないことに決める場合もある。これらが、収奪的な政治制度のもとで成長が起こる第二の形である。

朴正煕将軍の統治する韓国が急速に工業化したのがいい例だ。朴正煕は一九六一年の軍事クーデターによって権力の座に就いた。だが、彼がそうした行動をとったとき、韓国社会は合衆国の強い支援を受けていたし、経済制度は本質的に包括的だった。朴正煕の政権は独裁的だったものの、経済成長を促すのに十分安定しているという感触を得ており、実際きわめて積極的にそうしたのだ。ことによると、この政権が収奪的な経済制度によって直接支えられていなかったことも理由の一つかもしれない。ソ連をはじめ、収奪的制度のもとで成長を成し遂げたほかの大半の事例とは異なり、韓国は一九八〇年代に収奪的な政治制度から包括的な政治制度へと移行した。この移行がうまくいったのは、さまざまな要因が重なったおかげだった。

一九七〇年代には韓国の経済制度が十分に包括的になっていたため、収奪的な政治制度を擁護する強力な根拠の一つが消滅してしまった――経済的エリートにとって、彼ら自身あるいは軍隊が政治を支配していても、手に入るものはほとんどなかったのだ。さらに、韓国では収入が比較的平等だったこともあって、エリート層は多元主義や民主主義に対して比較的恐れを抱かなかった。合衆国の影響力が大きかったことからしても、とくに北朝鮮の脅威を考えれば、軍事独裁に反対する強力な民主化運動が長期にわたって抑圧されることはありえなかった。一九七九年に朴正煕将軍が暗殺されると、全斗煥《チョン・ドファン》が次の軍事クーデターを起こしたものの、全斗煥の後継者に選ばれた盧泰愚《ノ・テウ》は政治改革のプロセスに手をつけ、これが一九九二年以降の多元的民主主義の深化につながった。ソ連でこうした移行が起こらなかったことは言うまでもない。その結果、ソ連の成長は停滞し、一九八〇年代に経済が衰退しはじめ、その後一九九〇年代にすっかり崩壊したのである。

こんにちの中国の経済成長も、ソ連や韓国の経験といくつかの共通点を持っている。中国の成長の初期段階を先導したのが農業部門における急進的な市場改革だったのに対し、工業部門の改革はもっと控えめだった。現在でさえ、国家と共産党が中心となって、どの部門やどの企業が追加資本を受け取り、発展するか――そして、その過程で財をなしたり失ったりするか――を決めている。絶頂期のソ連のように、中国は急成長を遂げているが、依然として収奪的な制度、国家の支配のもとでの成長であり、包括的な政治制度への移行の兆しはほとんど見られない。中国の経済制度が十分包括的だとは依然としてとても言えない事実からして、韓国のような移行はもちろん不可能ではないにせよ、その見込みは薄そうだ。

収奪的な政治制度のもとで成長が起こるどちらのケースでも、政治の中央集権化が鍵となることは特筆に値する。ある程度の政治の中央集権化がなければ、バルバドス、キューバ、ハイチ、ジャマイカの農園主エリートは、法と秩序を維持し、自分自身の財産や資産を守ることはできなかったはずだ。政治の中央集権化がかなり進んだ状況で、政治権力をしっかりと支配していなければ、韓国の軍事的エリートも中国の共産党も、大きな経済改革を起こしても安全であり、権力を掌握していられるとは感じなかったはずだ。また、こうした中央集権化が欠けていれば、ソ連や中国のような国が、経済活動を調整して生産性の高い分野に資源を振り向けることはできなかっただろう。したがって、収奪的な政治制度同士の重要な境界線は、政治の中央集権化の程度なのだ。政治の中央集権化を欠いた国々は、サハラ以南のアフリカの多くの国々のように、限られた成長さえ難しくなってしまうのである。

収奪的な制度がなんらかの成長を生み出せるとしても、持続的な経済成長を生み出すことは通常ないし、創造的破壊を伴うような成長を生み出すことは決してない。政治制度と経済制度がともに収奪的であるなら、そこには創造的破壊や技術的変化へのインセンティヴは存在しない。資源と人材を配分するよう国家が命令することによって、少しのあいだなら急速な経済成長を生み出せるかもしれないが、こうしたプロセスには本質的に限界がある。その限界に達すれば成長が止まってしまうのは、一九七〇年代にソ連で見られたとおりだ。ソ連が急速な経済成長を成し遂げたときでさえ、経済の大半の領域で技術的変化はほとんどなかった。軍事に大量の資源をつぎ込むことによって軍事技術を発達させ、宇宙と原子力の開発競争において一時は合衆国をリードさえできたというのに、である。しかし、創造的破壊も幅広い技術革新も伴わないこうした成長は、持続的なものではなく、突如として終わりを告げたのだった。

加えて、収奪的な政治制度のもとでの経済成長を支える体制は、本質的に脆弱である。収奪的な制度自体から生じる内紛によって容易に崩壊したり破壊されたりするのだ。実のところ、内紛につながる一般的傾向が収奪的な政治制度や経済制度から生じるのは、それらの制度によって富と権力が限られたエリートの手に集中してしまうからだ。このエリートを別のグループが倒し、出し抜き、国を支配できれば、富と権力も自由になる。したがって、後期ローマ帝国やマヤの諸都市の崩壊をめぐるわれわれの議論から明らかなように（二七四―二八四ページおよび二四〇―二四九ページ）、全権を握る国家を支配するための戦いの可能性はつねに潜んでおり、政権を定期的に危機に陥れたり破滅させたりする。そうした戦いが内戦につながることもあれば、ときには国家の完全な没落や崩壊に結びつくこともあるからだ。ここから一つわかるのは、収奪的制度のもとで社会が国家の中央集権化を初めにある程度達成しても、長続きはしないということだ。実際、収奪的制度の支配権を握るための内紛は、往々にして内戦や広範な無法状態につながり、国家の中央集権化の長期的な欠如を招く。サハラ以南のアフリカの多くの国々や、ラテンアメリカと南アジアの一部の国々に見られるとおりである。

最後に、韓国のケースのように、収奪的な政治制度のもとであっても経済制度が包括的側面を持つために成長が起こる場合、経済制度が収奪的になって成長が止まる危険がつねに存在する。政治権力を支配する人々は、やがてこう気づくだろう。経済成長を支援するよりも、自分たちの権力を使って競争を制限し、パイの分け前を増やし、さらには他人から盗んだり略奪したりするほうが利益は多い、と。収奪的な政治制度が包括的な政治制度に移行しないかぎり、権力を行使する力の配分のせいで、最終的には経済的繁栄の土台そのものが揺らぐことになるのだ。

第四章

小さな相違と決定的な岐路
——歴史の重み

ペストが生んだ世界

一三四六年、腺ペストすなわち黒死病が、黒海沿岸はドン川河口の港町、タナに到達した。クマネズミに寄生するノミを介して、シルクロードを旅する商人によって中国から運ばれたのだ。シルクロードはアジアを横断する通商の大動脈だった。ジェノヴァの商人の助けを借りて、クマネズミはノミとペストをタナの町から地中海全域へとまたたくまに広めていった。一三四七年初頭までに、ペストはコンスタンティノープルに達した。一三四八年の春にはフランスと北アフリカに広がり、イタリア南部にまで至った。ペストに襲われた地域では住民の約半数が死亡した。ペストがイタリアのフィレンツェに到達した際の様子をじかに目にしたのが、イタリアの作家、ジョヴァンニ・ボッカッチョだ。ボッカッチョはのちにこう回想している。

ペストの襲撃に遭って、人間の知恵や工夫はいずれも無力だった……ペストは恐るべき尋常ならざる方法で、壊滅的な影響を及ぼしはじめた。その現れ方は東洋の場合とは違っていた。東洋では誰かが鼻から血を流していれば、確実な死の明白な前兆だった。一方、この地での初発症状は足の付け根や脇の下に現れる腫れであり、卵形をしたものや、通常のリンゴほどの大きさのものがあった……その後、病状は変化し、多くの人々が、腕、もも、その他の部位に黒い斑点やあざがあるのに気づきはじめた……これらの病に対して……医師のどんなアドバイスも、薬のどんな効能も無益で無力だった……ほとんどの症例で、以上に述べた症状が現れてから三日以内に死が訪れた。

イングランドの人々は、ペストが自分たちの身に降りかかりつつあることを知っていたし、破滅が迫っていることをはっきりと意識していた。一三四八年八月の半ば、国王エドワード三世はカンタベリー大主教に祈禱《きとう》式の準備をするよう要請した。すると、多くの主教が教会で司祭が読み上げるための書状を書いた。人々が自分たちを襲おうとしている事態に立ち向かう手助けをしようというのだ。バース主教を務めるシュルーズベリーのラルフは、司祭たちにこんな書状を書き送った。

全能の神は、その玉座から発せられる雷、稲妻、その他の攻撃を使って、救いたいと願う息子たちを罰する。よって、東からやってきた破滅的な伝染病が隣国に達しているのだから、われわれがたえまなく熱心に祈らなければ、同じような伝染病がこの王国にまで魔の手を伸ばし、住民を襲い、壊滅させることが大いに心配される。それゆえ、われわれはみな神の存在の前で懺悔《ざんげ》し、賛美歌を朗唱しなければならない。

そんなことをしても何にもならなかった。ペストはイングランドに襲いかかり、人口の約半分を死に追いやった。こうした大惨事は社会の諸制度に甚大な影響を及ぼすことがある。無理からぬことかもしれないが、多くの人々が正気を失った。ボッカッチョはこう記している。「一部にはこんな主張をする者もいた。この恐ろしい災厄を撃退する確実な方法は、大酒を飲み、人生を存分に楽しみ、あちこちで歌っては浮かれ騒ぎ、機会あるごとにあらゆる欲望を満たし、何事も大げさな冗談として笑い飛ばすことだ……これによって、病から回復した女たちがその後はおそらく以前より貞淑でなくなる理由が説明できる」。ところが、ペストによる影響はまた、社会的・経済的・政治的な変化を中世ヨーロッパ社会にもたらしもしたのだ。

一四世紀の初頭、ヨーロッパを支配していたのは封建的な秩序だった。これはローマ帝国の崩壊後に初めて西欧に現れた社会体制である。その土台となるのは、王とその臣下の封建君主という階級関係であり、底辺には農民がいた。王は土地を所有し、軍務と引き換えに封建君主にそれを下賜した。次に封建君主が農民に土地を分け与えると、農民はその見返りに幅広い無給労働に従事し、多くの貢納金と税金を収めなければならなかった。農民は「奴隷の」身分だったために農奴と呼ばれていた。彼らは土地に縛りつけられており、封建君主の許可がなければほかの土地には移れなかった。封建君主は地主であるばかりでなく、判事であり、陪審員であり、警官隊でもあった。こうしたシステムはきわめて収奪的で、富は多くの農民から少数の封建君主へ吸い上げられたのである。

ペストによって生じた大幅な労働力不足のせいで、こうした封建的秩序の土台が揺らぐことになった。それが、農民に状況の変化を求めるよう促したのだ。たとえばエインシャムのアビーでは、農民が貢納金と無給労働の削減を要求し、望むものを手に入れた。彼らの新しい契約はこんな記述で始まっていた。「一三四九年の腺ペストによる大量死の際、荘園にはかろうじて二人の小作人が残った。彼らは、その荘園の当時の僧院長にして封建君主だったアプトンのブラザー・ニコラスが、自分たちと新たな協定を結ばなければ、荘園を去るつもりだと表明した」。ブラザー・ニコラスはそうした。

エインシャムで起こったことが、あらゆる場所で起こった。農民は強制労働と封建君主に対する多くの義務から解放されはじめた。賃金は上昇しはじめた。政府はこうした流れに歯止めをかけようと、一三五一年に労働者規制法を可決した。それは以下のように始まっている。

国民のうちでも、とくに職人や召し使いの大半がいまやあのペストで死んでしまったため、主人の苦境と召し使いの不足を目にした一部の者は、法外な賃金をもらわなければ働こうとしない……われわれは、とくに農夫やそうした労働者の不足が引き起こしかねない重大な不都合を考慮し……こう命じることに決めた。わがイングランド王国のあらゆる男女は……彼らを雇おうという人物に仕えなければならない。彼らが受け取る賃金、仕着せ、報酬あるいは給与は、イングランドの現治世の二〇年目［国王エドワード三世が王位に就いたのが一三二七年一月二五日なので、ここで指定されているのは一三四七年］、あるいはその直前の五—六年の平年に、彼らが仕えようとする場所で習慣的に支払われていたものに限られる。

この法令は、事実上、賃金を黒死病より前の水準に固定しようとするものだった。イングランドのエリートにとってとりわけ厄介だったのは「誘惑」だった。つまり、ある封建君主が別の封建君主の雇っている希少な農民を引き抜こうとすることだ。その解決策は、雇用主の許可なく職場を去れば罰として投獄するというものだった。

誰かに雇われている刈り入れ人や草刈り人、その他の労働者や召し使いが、どんな立場や状況にあろうと、合意した期間の終了前に許可も正当な理由もなく上述した仕事を離れることがあれば、罰として投獄されることになる。さらには、すでに述べたように、習慣的に支払われていた以上の賃金、仕着せ、報酬、給与を、誰にも……支払ってもらえないし、誰に対する支払いであろうと認めてもらえない。

黒死病の影響で生じた制度と賃金の変化を止めようとする、イングランド国家による試みはうまくいかなかった。一三八一年に農民一揆が起こり、ワット・タイラー率いる反乱兵がロンドンの大半を占領するまでになったのだ。彼らは最終的に敗れ、ワット・タイラーは処刑されたものの、労働者規制法を強制しようとする試みは二度となされなかった。封建的な労役は少しずつ減ってなくなり、イングランドに包括的な労働市場が現れはじめ、賃金は上昇した。

ペストは世界の大半を襲ったらしく、あらゆる地域で同程度の割合の住民が死亡した。したがって、東欧の人口への影響もイングランドや西欧の場合と同じだった。舞台に現れる社会的・経済的勢力も同じだった。労働者は希少であり、人々はより大きな自由を要求した。だが、東欧ではより強力な逆方向の論理が働いていた。包括的な労働市場では、人が少なくなれば賃金は高くなるはずだった。ところが、こうした事態は封建君主に、労働市場を収奪的に、農民を奴隷状態に維持しようというインセンティヴを与えることになった。イングランドにもこうした思惑があったのは、労働者規制法に見て取れるとおりだ。だが、労働者は自分たちの意志を通すだけの力を持っていた。東欧では違っていた。ペストのあと、東欧の地主は広大な土地を掌握し、もともと西欧より広かった小作地をさらに拡大しはじめた。都市は弱体化し、人口は減少した。そして、労働者はより自由になるどころか、すでにあった自由を奪われる羽目に陥ったのである。

その影響がとりわけ明白になったのは、一五〇〇年以降のことだった。東欧でつくられる小麦、ライ麦、家畜類といった農産物を、西欧が求めはじめたためだ。アムステルダムに輸入されるライ麦の八〇パーセントは、エルベ川、ヴィスワ川、オーデル川の流域から運ばれていた。まもなく、オランダの急成長する貿易の半分は東欧を相手とするものになった。西側の需要が拡大すると、東側の地主は労働者の支配を徐々に強め、供給を増やした。再版農奴制と呼ばれることになるこの体制は、中世初期の原型とは異なり、さらに過酷なものだった。地主は小作人自身の土地にかける税金を上げ、総生産高の半分を取り立てた。ポーランドのコルチンでは、一五三三年には封建君主のためのあらゆる労働に賃金が支払われていた。ところが、一六〇〇年には半分近くが無給の強制労働になった。ドイツ東部のメクレンブルクの労働者は、一五〇〇年には年間数日の無給労働を義務づけられていたにすぎなかった。それが一五五〇年には週一日に、一六〇〇年には週三日になった。労働者の子供は封建君主のために数年のあいだ無給で働かなければならなかった。ハンガリーでは、一五一四年に地主が土地を全面的に支配し、法律によって各労働者に週一日の無給労働を義務づけた。一五五〇年には、それが週二日になり、この世紀の末には週三日になった。こうしたルールに服する農奴は、この時代までに農村人口の九〇パーセントを占めるに至った。

一三四六年の時点では、政治・経済制度に関して西欧と東欧の違いはほとんどなかったにもかかわらず、一六〇〇年までに両者は別世界になっていた。西欧では、労働者は封建的な税金、貢納金、法規から解放され、成長する市場経済の鍵を握る存在になりつつあった。東欧の労働者もそうした経済にかかわってはいたが、抑圧された農奴として西欧で必要とされる食物や農産物を育てていたにすぎなかった。それは市場経済だったものの、包括的な市場経済ではなかったのだ。制度にかかわるこうした相違が生じる以前、双方の地域の違いは最初は非常に小さく思える状況にあった。つまり東欧では、封建君主は少しばかり組織化されていたし、やや多くの権利と統合された所有地を持っていた。都市は弱体化して縮小し、農民は組織化されていなかった。歴史の大枠において、これらは小さな相違だった。しかし、黒死病によって封建的秩序が揺さぶられたとき、東欧と西欧のこうした小さな相違が、住民の生活にとって、また制度発展の将来の道筋にとって非常に重要なものとなったのである。

黒死病は決定的な岐路――社会における既存の経済的・政治的バランスを崩す大事件あるいはさまざまな要因の重なり合い――の生々しい実例である。決定的な岐路は、国家の軌道を急旋回させる可能性のある両刃の剣だ。一方では、イングランドの場合のように、収奪的制度のサイクルを壊す道を開き、より包括的な制度の出現を可能とする。他方では、東欧における再版農奴制の場合のように、収奪的制度の出現を促すこともある。

歴史および決定的な岐路が、政治・経済制度の道筋をいかに形成するかを理解すれば、貧困と繁栄の相違の起源をめぐる、より完全な理論を手にできる。さらに、現代の情勢を説明できるうえ、包括的な政治・経済制度に移行する国もあれば、しない国もある理由を説明できるのだ。

包括的制度の形成

一七世紀に持続的な経済成長への突破口を開いたとき、イングランドは比類のない国だった。経済の大変化に先立つ政治革命を通じて、一連の独特な政治・経済制度が確立されたのだ。それは、以前のどの社会の制度と比べてもはるかに包括的な制度だった。これらの制度によって、経済的なインセンティヴや繁栄のみならず、誰が繁栄の利益を手にするかについても大きな影響があったはずだ。こうした制度は人々の総意に基づいていたわけではなく、むしろ激しい対立の結果だった。さまざまなグループが権力を求めて争い、他人の権限に異議を唱え、自分に有利な制度を構築しようと試みたからである。一六世紀と一七世紀の制度をめぐる争いのピークは、二つの重大な事件だった。すなわち、一六四二年から一六五一年にかけての清教徒革命、また何よりも一六八八年の名誉革命である。

名誉革命によって王と行政官の権力は制限され、経済制度を決定する権限は議会に移った。同時に、社会の幅広い階層の人々に対して政治体制が開かれ、彼らは国家の動向にかなりの影響力を振るえるようになった。名誉革命は多元的社会を生み出す基盤となり、また政治の中央集権化のプロセスに依存しつつ、それを加速した。こうして、世界で初めて一連の包括的な政治制度を生み出したのだ。

結果として、経済制度もさらに包括的になりはじめた。一七世紀初頭のイングランドには、奴隷制度も、封建中世の農奴制のような厳しい経済的拘束も存在しなかった。それでも、人々が携われる経済活動には多くの制限があった。国内外の経済はともに独占企業によって抑圧されていた。国家は好き勝手に課税し、法制度に手を加えた。大半の土地は旧式の財産権で縛られていたせいで、売却はできず、投資するにもリスクが伴った。

こうした状況が変化したのは、名誉革命後のことだった。政府が採用した一連の経済政策によって、投資、通商、イノヴェーションへのインセンティヴがもたらされたのだ。政府は意を決して財産権を強化した。その一つである特許権によってアイデアへの財産権が認められ、イノヴェーションが大きく刺激されることになった。政府は法と秩序を保護した。歴史上初めて、イングランドの法律がすべての国民に適用された。恣意的な課税は終わりを告げ、独占企業はほぼ完全に廃止された。イングランド国家は商業活動を積極的に後押しし、国内産業を振興するために手を打った。産業活動の拡大に対する障害を排除しただけでなく、イングランド海軍の総力を挙げて商業的利益を守ったのだ。財産権を合理化することによって、政府はインフラ、とりわけ道路、運河、のちには鉄道の建設を促進した。それらは産業の成長にとってきわめて重要なものとなった。

これらの基盤によって人々のインセンティヴは決定的に変化し、繁栄のエンジンがかかった。こうして、産業革命への道が開かれたのである。産業革命は何よりもまず大きな技術的進歩に依存しており、この進歩は過去数世紀にわたってヨーロッパに蓄積された知識基盤を活用していた。産業革命は過去との完全な決別であり、それが可能となったのは、科学研究および多くのすぐれた個人の才能のおかげだった。こうした変革のあらゆる力の源は市場だった。市場は、開発され、応用されるテクノロジーから利益を引き出す機会をもたらしたからだ。人々が自分の才能を適切な職業に向けられるようになったのは、市場の包括的な本性のおかげだった。産業革命は教育と技能にも依存していた。ビジョンを携えた起業家が現れ、新たなテクノロジーを活用して事業を興し、そのテクノロジーを使いこなす技能を持つ労働者を見つけられたのは、少なくとも当時の水準からすれば比較的高度な教育のおかげだった。

産業革命が名誉革命の数十年後にイングランドで始まったのは偶然ではない。ジェームズ・ワット（蒸気機関の完成者）、リチャード・トレヴィシック（世界初の蒸気機関車の製作者）、リチャード・アークライト（紡績機の発明者）、イザンバード・キングダム・ブルネル（数隻の革命的な蒸気船の建造者）といった偉大な発明家は、自分のアイデアから生じた経済的機会をとらえることができたし、自分の財産権が守られることを確信していた。また、自分のイノヴェーションの成果を売ったり使わせたりすることで利益をあげられる市場を利用できた。一七七五年、ジェームズ・ワットは、蒸気機関――ワットはそれを「ファイア・エンジン」と呼んでいた――に関する特許を更新した直後、父親にこんな手紙を書いている。

親愛なる父上、

一連のさまざまな、また乱暴な抵抗のあと、私はついに議会制定法を手にしました。この法律が、今後二五年にわたってイギリスとプランテーションの全域で、私の新しいファイア・エンジンの所有権を私と譲り受け人に帰属させるのです。これによって、私に多くの利益がもたらされることを願っています。エンジンにはすでにかなりの需要がありますから。

この手紙から二つのことが明らかになる。第一に、ワットを動機づけていたのは彼の期待する市場機会、つまり、イギリスとその海外植民地であるプランテーションにおける「かなりの需要」だった。第二に、ワットが望みのものを手に入れるために、議会に影響を与えられたことがわかる。というのも、個人やイノヴェーターの訴えに議会が応答しているからだ。技術の進歩、事業の拡大や投資への意欲、技能や才能の有効利用といったことはすべて、イングランドで発達した包括的な経済制度によって可能となっていた。さらに、そうした経済制度はイングランドの包括的な政治制度のうえに築かれたものだった。

イングランドでこれらの包括的な政治制度が発達したのには、二つの要因があった。第一の要因は中央集権国家をはじめとする政治制度だ。そのおかげでイングランドは、次なる急進的な――実のところ空前の――一歩を踏み出し、名誉革命の開始とともに包括的な制度へと向かったのである。こうした要因はイングランドを大半の世界と区別するものだったとはいえ、フランスやスペインといった西欧諸国との違いを際立たせるほどではなかった。より重要なのは第二の要因だ。名誉革命に至るさまざまな出来事を通じて形成された幅広く強力な連合は、君主と行政官の権力を持続的に制約できたため、君主と行政官はこの連合の要求を受け入れざるをえなかった。このことが多元的な政治制度の基礎を据え、この政治制度がその後、最初の産業革命を支える経済制度の発展を可能としたのである。

小さくとも重要な相違

イギリス、すなわちイングランドの産業革命とともに世界の不平等は劇的に拡大した。というのも、世界のごく一部だけが、アークライトやワット、また彼らに続いた多くの人々が発展させたイノヴェーションや新たなテクノロジーを採用したからだ。こうしたテクノロジーの波に対する各国の反応――それに応じて、その国が貧しいまま衰退するか、持続的な経済成長を達成するかが決まるのだが――の大部分は、国の制度のさまざまな歴史的経路を通じて形成された。一八世紀の半ばには、世界中の政治・経済制度にはすでに顕著な違いが存在していた。だが、これらの違いはどこから来たのだろうか？

　イングランドの政治制度は、フランスやスペインと比べると、一六八八年にははるかに広範な多元主義へ向かっていた。だが、一五八八年へと一〇〇年さかのぼれば、その違いは縮小してほとんどなくなってしまう。三つの国はすべて、かなり絶対主義的な君主、つまりイングランドはエリザベス一世、スペインはフェリペ二世、フランスはアンリ三世によって支配されていた。いずれの君主も、より多くの権利を求め、君主制を支配しようとする国民の議会――イングランドの議会《パーラメント》、スペインの身分制議会《コルテス》、フランスの三部会――と戦っていた。これらの議会はそれぞれ、いくぶん異なった権力と限界を持っていた。たとえば、イングランドとスペインの議会は課税権を手にしていたのに対し、三部会はそうではなかった。

スペインで課税権がほとんど問題にならなかったのは、一四九二年以降、スペイン国王は広大なアメリカ帝国を手に入れ、その地で見つかった金と銀から莫大な利益を得ていたからだ。イングランドでは状況が異なっていた。エリザベス一世は財政面ではるかに小さな独立性しか持たなかったため、税金を上げるよう議会に頼まなければならなかった。議会はその見返りに譲歩を、とりわけ、独占企業を創設するエリザベス女王の権利の制限を要求した。議会はこの争いで徐々に勝利を手中にした。スペインでは、同じような争いで議会が敗れた。通商はたんに独占されただけではなく、スペイン王室によって独占されてしまったのだ。

これらの違いは当初は小さなものに思えたが、一七世紀になるとその重要性が大きく増しはじめた。一四九二年にアメリカ大陸が発見され、一四九八年にヴァスコ・ダ・ガマがアフリカ南端の喜望峰を回ってインドに達したにもかかわらず、世界貿易がとりわけ大西洋で拡大しはじめたのは、一六〇〇年を過ぎてようやくのことだった。一五八五年、イングランドにとって最初の北米の植民地化が、現在のノースカロライナ州ロアノークで始まった。一六〇〇年にはイギリス東インド会社が設立された。一六〇二年にオランダ東インド会社が後に続いた。一六〇七年にはヴァージニア会社によってジェームズタウン植民地が建設された。一六二〇年代までにカリブ海諸島の植民地化が進み、一六二七年にはバルバドスが占領された。フランスもまた大西洋で勢力を広げ、一六〇八年には現在のカナダにニューフランスの首都としてケベック市を建設した。こうした経済的拡大による制度への影響が、イングランドの場合とスペインやフランスの場合とで大きく異なっていたのは、最初の小さな相違のためだった。

エリザベス一世とその後継者はアメリカとの貿易を独占できなかった。ヨーロッパのほかの君主はそれができた。したがってイングランドでは、大西洋貿易と植民地化を通じて、国王とほとんどつながりのない裕福な商人が大勢現れはじめたが、スペインやフランスではそうはならなかった。イングランドの商人は国王の支配に怒り、政治制度の変化と国王の特権の制限を要求した。彼らは清教徒革命と名誉革命において決定的な役割を演じた。同様の争いはあらゆる場所で起こった。たとえば、フランス国王は一六四八年から一六五二年にかけてフロンドの乱に直面した。違うのは、イングランドでは絶対主義に反対する人々が優位に立つ可能性がはるかに高かったことだ。彼らは、スペインやフランスの場合と比べれば裕福で数も多かったからである。

一七世紀にイングランド、フランス、スペインの社会がたどった異なる進路からわかるのは、決定的な岐路に際して、制度の小さな相違の相互作用がいかに重要かということだ。決定的な岐路では、大事件が起きたりさまざまな要因が重なったりすることで、国家の政治的あるいは経済的な権力の既存のバランスが崩れてしまう。その影響は一国だけに限られる場合もある。たとえば、一九七六年の毛沢東主席の死は、当初は共産中国に対してのみ決定的な岐路をもたらした。だが、往々にして、決定的な岐路はさまざまな社会の全体に影響を与える。たとえば、植民地化とその後の解放が地球の大半に影響を及ぼしたように。

こうした決定的な岐路が重要なのは、収奪的な政治制度と経済制度が協働し、相互に支え

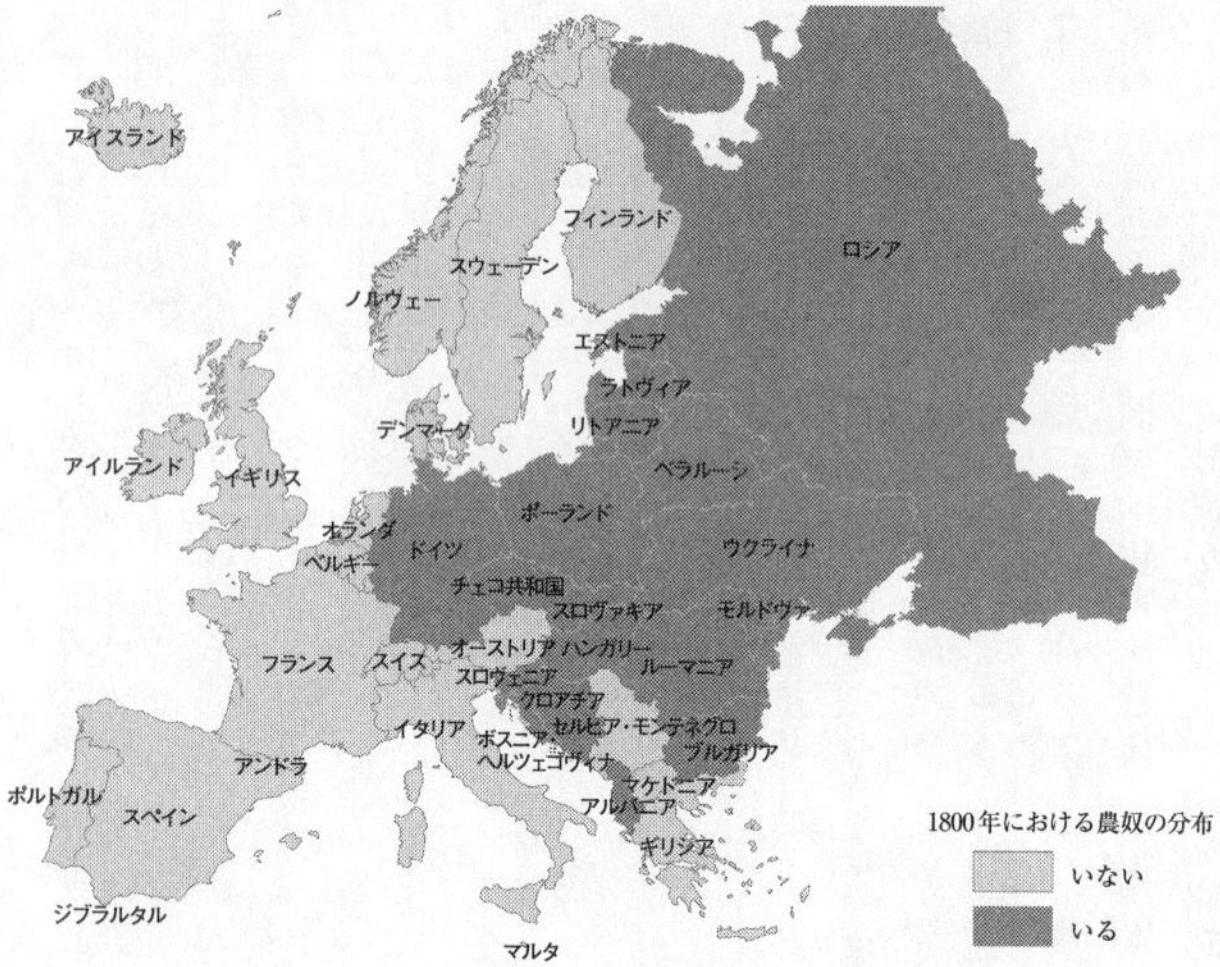

地図8　1800年のヨーロッパにおける農奴

合う結果、着実な改革を強く阻害するからだ。このフィードバック・ループのしつこさが悪循環を引き起こす。現状から利益を得ている人々は裕福で十分に組織されているため、彼らの経済的特権や政治権力を奪う大きな変化と有利に戦うことができる。

　決定的な岐路が現れる場合、小さいながらも重要な相違は当初の制度の相違である。この相違がまったく異なる反応を引き起こすのだ。だからこそ、イングランド、フランス、スペインの比較的小さな制度の相違が、根本的に異なる発展の道筋につながったのである。これらの道筋の発端となった決定的な岐路は、大西洋貿易がヨーロッパ人にもたらした経済的機会から生じたものだった。

決定的な岐路に際して小さな相違がきわめて重要だとしても、制度の相違がすべて小さいとは限らないし、当然ながら、相違が大きければその後の乖離傾向もいっそう大きくなる。一五八八年のイングランドとフランスの制度の相違は小さかったのに対し、西欧と東欧の相違ははるかに大きかった。西欧では、イングランド、フランス、スペインといったかなり中央集権的な国家が、潜在的な立憲機関（パーラメント、三部会、コルテス）を持っていた。また、経済制度には基本的な類似性があった。たとえば農奴がいないといったことだ。

東欧の状況は違っていた。たとえば、ポーランド・リトアニア王国は、シュラフタと呼ばれるエリート階級に支配されていた。シュラフタは王の選挙を導入するほど大きな力を持っていた。これは太陽王ルイ一四世の統治するフランスのような、絶対的な支配ではなかった。だが、エリートによる絶対主義であり、収奪的な政治制度という意味ではまったく同じだった。シュラフタが支配していた農村社会の住人の大半は農奴であり、彼らには移動の自由も経済的機会もなかった。さらに東では、ロシアのピョートル大帝もまた、ルイ一四世ですらはるかに及ばないほど苛烈で収奪的な絶対主義を確固たるものとしていた。前ページの地図8を見れば、一九世紀初頭の西欧と東欧のあいだにどの程度の違いがあったかが簡単にわかる。ここには、一八〇〇年に各国が依然として農奴を保有していたかどうかが示されている。暗く塗られた国は農奴を保有しており、明るく塗られた国は保有していなかった。東欧は暗く、西欧は明るい。

とはいえ、西欧と東欧の制度はつねにそれほど違っていたわけではない。すでに見たように、双方の制度が乖離しはじめたのは、一三四六年に黒死病が来襲した一四世紀のことだった。西欧と東欧の政治・経済制度の違いはわずかなものだった。イングランドとハンガリーは同じ一族、すなわちアンジュー王家のメンバーに支配されていたほどだったのだ。黒死病のあとに現れたより重要な制度の相違から、その後ある状況が生じ、その状況のもとで、一七、一八、一九世紀にわたって東欧と西欧はいっそう乖離することになる。

では、こうした乖離のプロセスの起点となる制度の小さな相違は、最初にどこで発生するのだろうか？　一四世紀に東欧が西欧と異なる政治・経済制度を持っていたのはなぜだろうか？　イングランドにおける君主と議会の権力のバランスが、フランスやスペインと異なっていたのはなぜだろうか？　次章で見るように、現代よりもはるかに単純な社会が生み出す政治・経済制度でさえ、その成員の生活に大きな影響を与える。定住地で農業を営みもしなければ、生活すらしない狩猟採集民族にもそれが言えるのは、現代のボツワナのサン族のような昔ながらの社会集団を見ればわかる。

二つの社会が同じ制度を生み出すことはない。慣習も異なり、財産権制度も異なり、殺した動物や別の集団からの略奪品の分け方も異なるからだ。年長者の権威を認める社会もあれば、認めない社会もあるだろう。早い時期にある程度の中央集権政治を達成する社会もあれば、そうでない社会もあるはずだ。社会はつねに政治・経済上の対立に直面している。その解決法がさまざまなのは、歴史の違い、個人の役割、あるいはたんに偶然の要因のためだ。

これらの違いは最初のうちは小さいことが多いものの、徐々に積み重なって制度的浮動のプロセスを生み出す。微生物の二つの個体群が、遺伝的浮動のプロセスにおいて突然変異の積み重ねを経てゆっくりと隔たっていくように、ほかの面では似ている二つの社会もまた制度に関してゆっくりと隔たっていく。まさに遺伝的浮動と同じように、制度的浮動は事前に決まった道筋を持っていないし、積み重なる必要さえない。それにもかかわらず数世紀のあいだには、認識可能な、ときとして重大な相違につながることがあるのだ。制度的浮動によって生じる相違がとくに重要になるのは、決定的な岐路に際して、経済的あるいは政治的環境の変化に社会がいかに反応するかを左右するからだ。

世界中の経済発展の大いに異なるパターンは、決定的な岐路と制度的浮動の相互作用によって決まる。既存の政治・経済制度は、ときには制度的浮動の長いプロセスによって形成され、ときには先行する決定的な岐路への異なる対応から帰結する。そうした諸制度が台座をつくり、そのうえに未来の変化が構築されるのだ。一六〇〇年以降の黒死病と世界貿易の拡大は、ともにヨーロッパ列強にとって重要な決定的岐路であり、さまざまな初期の制度と相互に作用して大きな相違を生み出した。一三四六年の時点で、東欧と比べて西欧では農民の力が強かった。そのため、西欧では黒死病が封建制の崩壊につながり、東欧では再版農奴制につながった。東欧と西欧の乖離は一四世紀に始まっていたため、一七、一八、一九世紀の新しい経済的機会もまた、ヨーロッパのこれらさまざまな地域に対して根本的に異なる影響を与えることになった。一六〇〇年には、イングランドの王の支配力はフランスやスペインと比べて弱かった。そのため、イングランドでは大西洋貿易によってより大きな多元性を伴う新たな制度の創設に道が開かれたのに対し、フランスとスペインでは君主制が強化されたのである。

歴史の偶発的な道筋

決定的な岐路に際して事件の結果を形づくるのは、歴史の重みだ。たとえば、既存の政治・経済制度によって権力のバランスが形成され、政治的に実現可能なことの境界が定められるというように。とはいえ、こうした結果は歴史的に前もって決まっているわけではなく、偶発的なものだ。これらの時期に制度の発展の正確な道筋を左右するのは、対立する勢力のうちいずれが成功を収めるか、有効な連携を築くのはどのグループか、自分に有利に事件を組み立てられるのはどのリーダーか、といったことだ。

偶発性の役割を明らかにするには、イングランドにおける包括的な政治制度の起源を振り返ってみるといい。一六八八年の名誉革命において、王権の制限やより多元的な制度を求めて争ったグループが勝利を収めた際、あらかじめ決まっていたことはなかった。そればかりか、この政治革命に至る道筋の全体が偶発的な出来事に翻弄されていたのだ。勝者となったグループの勝利は、大西洋貿易の隆盛――それを通じて王と対立する商人が裕福かつ大胆になった――によって生じた決定的な岐路と切っても切れない関係にあった。とはいえ、イングランドが海を支配し、カリブ海諸島と北米の多くを植民地にし、アメリカ大陸や東方との実入りの良い貿易をほぼ独占する力を持つなどということは、一世紀前にはとても考えられなかった。エリザベス一世も、それ以前のテューダー朝の王たちも、統制された強力な海軍をつくったことはなかった。イングランド海軍は私掠船《しりゃく》と民間の商船に頼っており、スペイン艦隊よりもずっと弱かった。それにもかかわらず、大西洋貿易の利益に引き寄せられたこれらの私掠船が、スペインによる海洋の独占に挑んだのだ。一五八八年、スペインは自国の独占に対するこうした挑戦に、また、スペイン領ネーデルラントが独立を求めてスペインと戦った際のイングランドによる干渉に、終止符を打つ決意を固めた。

スペイン国王フェリペ二世は、メディナ・シドニア公の率いる強大な無敵艦隊《アルマダ》を派遣した。多くの人にとって次のことは必然的な帰結に思えた。スペインが間違いなくイングランドを打ち破り、大西洋の独占を強固にし、おそらくエリザベス一世を屈服させ、ことによると最終的にイギリス諸島を手に入れるかもしれない。ところが、待っていたのはまったく異なる展開だった。悪天候とシドニア公の戦略ミス——シドニア公はより経験豊富な司令官の死後に土壇場でその任に就いていた——のせいで、スペインのアルマダは強みを失ってしまったのだ。大方の予想を裏切って、イングランドは強力な敵の艦隊をほとんど撃破した。大西洋の海はいまや、より対等な条件でイングランドに開かれたのだ。イングランドがこうして思いも寄らない勝利を収めなければ、変化を呼ぶ決定的な岐路をもたらし、一六八八年以降のイングランドの際立って多元的な政治制度を生んだ出来事は、決して起こらなかったことだろう。地図9には、アルマダがイギリス諸島周辺で追撃された際のスペインの難破船の航路

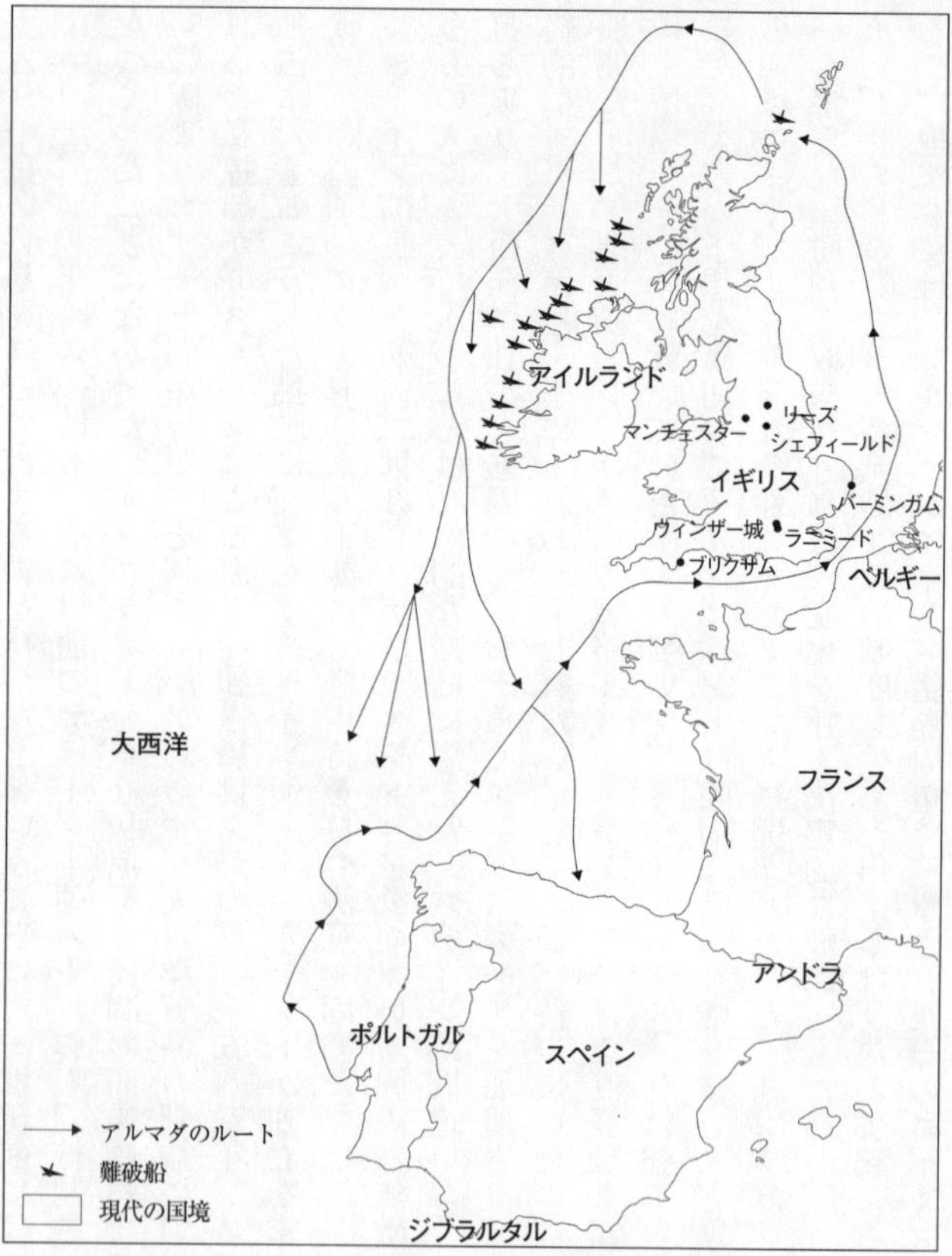

地図９　スペインのアルマダ、難破船、ターニング・ポイントを生んだ重要地点

が示してある。

もちろん、一五八八年の時点では、イングランドの幸運な勝利は誰にも予想できなかった。この出来事が決定的な岐路を生み、それが一世紀後に大きな政治革命につながることを理解していた者は、おそらくほとんどいなかったはずだ。

決定的な岐路がすべて、望ましい政治革命や状況の改善につながると考えてはならない。歴史を振り返れば、一つの暴政が別の暴政に交代するだけの革命や急進的運動の例はいくらでもある。これは、ドイツの社会学者のロベルト・ミヒェルスが寡頭制の鉄則と名づけたパターンであり、とりわけ有害な形の悪循環だ。第二次世界大戦後の数十年のあいだに植民地主義が終焉を迎えたことで、多くの旧植民地に決定的な岐路がもたらされた。しかし、サハラ以南のアフリカのほとんど、またアジアの多くのケースで、独立後の政府はロベルト・ミヒェルスの著書そのままに、前任者の悪習を繰り返し、エスカレートさせた。政治権力の配分を厳しく制限し、自己への制約を取り除き、経済制度が投資や経済発展のために与えるインセンティヴを、もともと不足していたにもかかわらずさらに減らしてしまったのだ。決定的な岐路を利用して、経済成長につながる政治的・経済的変化がスタートしたケースは、ボツワナなどの社会をはじめ、少数にすぎなかった（下巻二四九―二六二ページを参照）。

決定的な岐路がもたらす大きな変化はまた、収奪的な制度から遠ざかるどころか、そこへ向かっていく場合もある。包括的な制度が、たとえそれ自身のフィードバック・ループ、すなわち好循環を伴うものだとしても、決定的な岐路に際しての反発のせいで、逆コースをとって徐々に収奪的制度に変化することもある――こうした事態が生じるかどうかはまたしても偶発的だ。第六章で見るように、中世のヴェネツィア共和国は包括的な政治・経済制度へ向かって大きく前進した。ところが、イングランドでは一六八八年の名誉革命以降にそうした制度が徐々に発展していったのに対し、ヴェネツィアでは、経済的機会と政治権力をともに独占した一部のエリートの支配のもとで、最終的に収奪的な制度へと変質してしまったのである。

情勢を理解する

一八世紀のイングランドにおいて、包括的な制度と持続的な経済成長を基盤とする市場経済が出現したことで、世界中に波紋が広がった。というのも、イングランドが世界中の多くの地域を植民地化できた原因は、とりわけそこにあったからだ。だが、イングランドの経済成長の影響が世界中に広がったのは間違いないとしても、それを生み出した政治・経済制度が自動的に世界中に広がることはなかった。産業革命の伝播《でんぱ》によって世界が被った影響がさまざまだったのは、黒死病が西欧と東欧に異なる影響を与えたのと同じことであり、大西洋貿易の拡大がイングランドとスペインに異なる影響を与えたのと同じことだった。影響を左右したのは世界のさまざまな地域ごとに存在した制度であり、これらの制度はまったく異なっていた――小さな相違がそれに先立つ決定的な岐路によって時とともに増幅されていたのだ。こうした制度の違いとその影響は、悪循環と好循環のせいで不完全ながらも現在まで持続する傾向があり、世界の不平等はいかにして出現するのか、われわれを取り囲む情勢の本質とは何かを理解する鍵となっている。

世界には、イングランドに非常に近い制度をかなり異なるルートで発展させた地域があった。それがとくに当てはまるのがヨーロッパ人の「定住植民地」、つまりオーストラリア、カナダ、合衆国といった国々である。とはいえ、産業革命が軌道に乗りつつあったとき、こうした植民地の制度はまさに形成の途上にあったのだが。第一章で見たように、一六〇七年のジェームズタウン建設とともにスタートし、独立戦争と合衆国憲法の制定において頂点に達したプロセスは、イングランドにおける議会と君主の長い苦闘と同じ特徴を多く共有していた。というのも、このプロセスはまた多元的な政治制度を持つ中央集権国家につながったからだ。産業革命はその後、こうした国々に急速に広がったのである。

西欧諸国は同じ歴史的プロセスを多く経験していたため、産業革命の当時、イングランドと似たような制度を持っていた。イングランドとそれ以外のヨーロッパ諸国とのあいだには、小さいが重大な違いがあった。産業革命がフランスではなくイングランドで起こった理由はここにある。その後この革命から生じたのが、ヨーロッパの政治体制にとってまったく新たな状況および大きく異なる一連の課題であり、それが今度は、フランス革命で頂点に達する一連の新たな対立を引き起こしたのだ。フランス革命は次なる決定的な岐路であり、西欧の制度をイングランドの制度に収斂《しゅうれん》するよう導いたのに対し、東欧はさらに離れていったのである。

世界の残りの地域は、制度をめぐってさまざまな道を進んでいった。ヨーロッパ人による植民地化は、アメリカ大陸の制度が分岐するお膳立てとなった。合衆国とカナダで包括的制度が発展したのとは対照的に、ラテンアメリカでは収奪的な制度が現れた。これによって、アメリカ大陸に見られる不平等のパターンが説明できる。ラテンアメリカでは、スペインのコンキスタドールの収奪的な政治・経済制度が継続され、その地域の多くに貧困が押しつけられてきた。とはいえ、アルゼンチンとチリはほかの大半の国よりもうまくやってきた。この両地域には先住民がほとんど住んでおらず、鉱物資源もほぼ存在しなかったため、「放置」されたのに対し、アステカ、マヤ、インカの各文明に領有されていた土地にはスペイン人が押しかけたからだ。アルゼンチンの最貧地域が北西部であるのは偶然ではない。アルゼンチンで唯一、スペインの植民地経済に組み込まれたのが北西部だったのだ。その地域の持続的な貧困は収奪的制度の遺産であり、ボリビアのポトシにあったミタやペルーで生み出された貧困と同質のものである（五二―五七ページ）。

世界のなかでアフリカという地域の持つ制度は、産業革命のおかげで手に入った好機を活用するのに最も適さないものだった。少なくともこの一〇〇〇年のあいだ、一部の地域と限られた期間を除き、アフリカは、テクノロジー、政治の発展、繁栄に関して世界のほかの地域に後れを取っていた。世界のなかでアフリカは、中央集権国家の形成が非常に遅く、非常に未熟だった地域である。中央集権国家が形成された場合でも、それらはコンゴと同様きわめて絶対主義的である場合が多く、往々にして短命で、たいていは崩壊した。国家の中央集権化の欠如というアフリカが歩んだこの道筋は、アフガニスタン、ハイチ、ネパールといった国々と共通のものだった。これらの国々もまた、自国の領土に秩序を課せず、わずかな経済発展を達成するための安定さえ生み出せなかった。世界のなかでまったく異なる地域に位置しているにもかかわらず、アフガニスタン、ハイチ、ネパールは、サハラ以南のアフリカの大半の国々と制度的な共通点を多く持っており、それゆえに現代世界の最貧国に数えられるのだ。

アフリカの制度がいかにして現在の収奪的な形に発展したかを見れば、決定的な岐路の点在する制度的浮動のプロセスがまたしても明らかになる。だが、この場合はきわめて邪悪な帰結が伴うことが多い。とりわけ、大西洋の奴隷貿易が拡大した際はそうだ。コンゴ王国にとって新たなビジネス・チャンスが現れたのは、ヨーロッパの商人がやってきたときのことだった。ヨーロッパを変えた遠距離貿易はコンゴ王国も変えたのだが、またしても問題となったのは当初の制度上の相違だった。コンゴの絶対主義は変貌を遂げた。国民の農業生産物をすべて取り上げる収奪的な経済制度によって社会を完全に支配していたのが、人々をまとめて奴隷にし、コンゴのエリート層向けの銃や贅沢品と引き換えにポルトガル人に売り飛ばすようになったのである。

イングランドとコンゴの当初の相違は次のような事態に帰着した。新たな遠距離貿易の機会を通じて、イングランドでは多元的な政治制度につながる決定的な岐路が生まれたのに対し、コンゴでは絶対主義を覆す希望が失われてしまったのだ。アフリカの大半の地域で、奴隷売買から得られる相当な利益のために、それがいっそう盛んになり、国民の財産権がさらに不安定になったばかりでなく、激しい闘争が繰り広げられ、多くの既存制度が破壊されることにもなった。数世紀のうちに、国家の中央集権化のプロセスはすっかり逆向きになり、アフリカ諸国の多くがほぼ崩壊した。新しい、ときに強力な国家が奴隷貿易を利用するためにいくつか形成されたものの、そうした国家は闘争と略奪を基盤としていた。アメリカ大陸の発見という決定的な岐路は、イングランドが包括的な制度を発展させる一助となったが、アフリカの制度をさらに収奪的にしてしまったのだ。

一八〇七年以降、奴隷貿易はほぼ終わったにもかかわらず、その後のヨーロッパの植民地政策によって、アフリカ南西部で始まりかけていた経済の近代化は後退し、現地の制度改革の可能性は断たれてしまった。その結果、コンゴ、マダガスカル、ナミビア、タンザニアといった地域――略奪、大量破壊、さらには大量殺人すら起こる地域――以外であっても、アフリカが制度の進路を変えるチャンスはほとんどなかった。

さらに悪いことに、植民地支配の構造がアフリカに残したのは、植民地時代の初期と比べてより複雑で有害な、一九六〇年代における制度的遺産だった。多くのアフリカ植民地において政治・経済制度が発達した結果、各植民地の制度の改善に向けた決定的な岐路が生まれることはなく、独立によってむしろ、不謹慎な指導者たちがヨーロッパの植民地主義者による収奪を踏襲・強化する道が開かれた。こうした構造から生じた政治的インセンティヴが、不安定で非効率な財産権という歴史的パターンを再生産する政治に結びついた。こうした財産権の背景にあったのは、強い絶対主義的傾向を持ちながら、それにもかかわらず領土全体に及ぶ中央集権的権威を欠いた国家だった。

産業革命がいまだにアフリカに広がっていないのは、収奪的な政治・経済制度の持続と再形成という悪循環が、この大陸で長く繰り返されてきたからだ。あとで述べるように（下巻二四九―二六二ページ）、一九世紀にカーマ王――ボツワナ独立の際に初代首相となったセレツェ・カーマの祖父――は、部族の持つ政治・経済制度を近代化する制度改革に着手した。めったにないことだが、この変革は植民地時代にもつぶされなかった。その理由の一つは、カーマをはじめとする首長たちの植民地政府に対する巧みな抵抗が功を奏したことだった。こうした抵抗と、植民地支配からの独立によって生じた決定的な岐路との相互作用が、ボツワナの経済的・政治的成功の礎《いしずえ》を築いたのだ。これは、小さいながら重要な歴史的相違のもう一つの例だった。

歴史的出来事は、根深い力の避けがたい帰結と見なされやすい。われわれは、政治・経済制度が悪循環や好循環をいかにして生み出すかを重視している。一方で、イングランドの諸制度の発展に照らして強調してきたように、偶発性はつねに重要な要因となりうる。セレツェ・カーマは一九四〇年代にイングランドで学び、白人女性のルース・ウィリアムズと恋に落ちた。すると、南アフリカの人種差別的なアパルトヘイト政権がイギリス政府に働きかけ、当時はベチュアナランドと呼ばれていた保護国（その政権は南アフリカ高等弁務官の指揮下にあった）からカーマを締め出し、カーマは王位を退いた。反植民地闘争を率いるために帰国した際、カーマは伝統的な制度を揺るぎないものとするのではなく、現代の世界に適合させるつもりで事に当たった。カーマは並外れた人物で、個人の富には興味を示さず、自国の建設に献身した。ほかのアフリカ諸国の大半はそれほど幸運ではなかった。次の二つの点がともに大事だった。一つはボツワナの制度の歴史的発展、もう一つは偶発的要素だ。この偶発的要素が、ほかのアフリカ諸国のように制度を崩壊させたりゆがめたりするのではなく、制度を構築する土台となったのである。

一九世紀、アジアの大半では、アフリカや東欧と大差のない絶対主義のせいで産業化への道が閉ざされていた。中国では国家がきわめて絶対主義的だったため、独立した都市、商人、実業家は存在しないか、非常に弱い政治力しか持たないかのどちらかだった。中国は強大な海軍国であり、ヨーロッパ人より数世紀早く遠距離貿易に活発に携わっていた。ところが、中国は実に悪いタイミングで海洋に背を向けてしまった。一四世紀末から一五世紀初頭にかけて、明の皇帝は、拡大する遠距離貿易とそれがもたらす創造的破壊が自分たちの支配を脅かしかねないと判断したのである。

インドでは制度的浮動が異なる働きをし、類を見ないほど厳格な世襲的カースト制度が発達した。この制度は中世ヨーロッパの封建的秩序よりもはるかに厳しく、市場の機能や職業をまたぐ労働配分を制限した。また、ムガール人の統治下で別の形の強力な絶対主義を支えもした。ヨーロッパ諸国の大半は、中世に似たような体制をとっていた。ベイカー、クーパー、スミスといった現代のアングロ・サクソン人の姓は、先祖代々の職業区分を直に反映するものだ。ベイカー（パン職人）はパンを焼き、クーパー（樽《たる》職人）は樽をつくり、スミス（鍛冶屋）は金属を鍛錬していたのである。だが、これらの区分は決してインドのカーストほど厳格ではなく、人の職業を予測する指標としての意味を徐々に失った。インドの商人はインド洋のいたるところで商売をし、大規模な繊維産業が発達したにもかかわらず、カースト制度とムガール人の絶対主義は、包括的な経済制度の発展にとって深刻な障害だった。一九世紀までに、インドはイングランドに収奪される植民地になっていたため、状況は産業化にとってさらに不都合だった。中国が正式にヨーロッパ列強の植民地になったことは一度もなかったが、一八三九年から一八四二年にかけて、また一八五六年から一八六〇年にかけて、イングランドがアヘン戦争で中国の打倒に成功して以降、中国は一連の屈辱的な条約に署名し、ヨーロッパからの輸入を認めざるをえなかった。中国やインドをはじめとする国々が商業的・工業的機会を利用しそこねたため、日本を除くアジアは、西欧が前進を続けているあいだに後れをとってしまったのだ。

一九世紀に日本がたどった制度発展の道筋からまたも明らかになるのは、決定的な岐路と、制度的浮動の生む小さな相違との相互作用だ。日本は中国と同じく絶対主義に支配されていた。徳川家はやはり国際貿易を禁じる封建体制を一七世紀初頭に引き継ぎ、維持していた。

日本もまた、西洋の干渉によって生じた決定的な岐路に直面した。一八五三年七月、マシュー・C・ペリー率いる四隻のアメリカ軍艦が江戸湾に入港し、アヘン戦争の際にイングランドが中国から勝ち取ったような貿易特権を要求した。だが、この決定的な岐路は日本ではまったく異なる役割を演じた。日本と中国は距離的に近く、頻繁な交流があったにもかかわらず、一九世紀までに両国の制度はすでに隔たっていたのだ。

日本における徳川家の統治は絶対主義的で収奪的だったが、有力な藩主に対する支配力はわずかしかなく、挑戦を受けやすかった。中国では、農民の反乱や内戦があったにせよ、絶対主義はもっと強力だったし、敵対勢力の組織化や自治の程度は低かった。中国には藩主に当たる存在、つまり皇帝の絶対主義的支配に挑戦し、代わりとなる制度を推進できる者はいなかった。こうした制度上の相違は、中国や日本を西欧と分かつ相違と比べれば、多くの面で小さなものだった。しかし、イングランドや合衆国の武力を伴う出現によって生じた決定的な岐路に際しては、きわめて重要な影響力を持っていた。中国がアヘン戦争のあとも絶対主義の道を歩みつづけたのに対し、日本では合衆国の脅威のせいで徳川家の統治に対する反対勢力が結束し、第一〇章で述べるように、明治維新という政治革命を引き起こしたのだ。こうした政治革命のおかげで、日本では包括的な政治制度とさらに包括的な経済制度の発展が可能となり、その後の急速な成長の礎が築かれた。一方、中国は絶対主義のもとで衰退していったのである。

日本は根本的な制度改革のプロセスを始めることで、合衆国の軍艦による脅威に立ち向かった。このことが、われわれを取り巻く情勢のもう一つの側面、つまり停滞から急成長への移行の理解を助けてくれる。韓国、台湾、最後に中国が、第二次世界大戦後に日本と同じような道をたどって猛スピードで経済成長を成し遂げた。これらのケースのいずれにおいても、成長に先立って各国の経済制度に歴史的な変化が起こっていたのだ――もっとも、中国のケースで際立つように、必ずしも政治制度は変化しなかったのだが。

急成長の期間が突如として終わりを告げ、逆に衰退が始まるのはどうしてだろうか。そのメカニズムも重要だ。包括的制度への決定的なステップが急速な経済成長に火をつけるのと同じように、包括的制度からの急な離反は経済の停滞につながることがある。だが、急成長の行き詰まりは、アルゼンチンやソ連のケースのように、収奪的な制度のもとでの成長が終わった結果であることが多い。すでに見たように、これが起こる理由は次のどちらかだ。収奪の成果をめぐる内輪もめが政権の崩壊を招くこと、あるいは、収奪的制度のもとではイノヴェーションと創造的破壊が本質的に欠けているため、持続的な成長に限界があること。ソ連がこうした限界にぶつかった様子については、次章でより詳細に論じることにしよう。

過去五〇〇年にわたるラテンアメリカの政治・経済制度がスペインの植民地政策によって形成されたとすれば、中東のそれを形成したのはオスマン帝国の植民地政策だった。一四五三年、第七代スルタンのメフメト二世率いるオスマン帝国はコンスタンティノープルを占領し、自国の首都とした。その世紀の末までに、オスマン帝国はバルカン諸国とトルコの残りの地域の大半を征服した。一六世紀の前半には、オスマン帝国の支配は中東と北アフリカ全域に広がった。「壮麗王」として知られる第一〇代スルタンのスレイマン一世が一五六六年に世を去ったとき、オスマン帝国は、東はチュニジアからエジプトを経て遠くアラビア半島のメッカへ、さらには現代のイラクにまで広がっていた。オスマン帝国は絶対主義的で、スルタンはほぼ誰にも説明責任を負っておらず、誰とも権力を共有していなかった。オスマン帝国が課した経済制度はきわめて収奪的だった。私有財産としての土地は存在せず、正式にはすべて国家のものだった。戦利品と並んで土地への課税と農産物が、政府の主な収入源だった。だが、オスマン帝国による中東支配の状況は、アナトリア中心部の支配の状況とは違っていたし、スペインによるラテンアメリカ社会の支配にさえ及ばなかった。オスマン帝国はたえず、アラビア半島のベドウィンをはじめとする有力部族から挑戦を受けていた。オスマン帝国には、中東の大部分に安定した秩序をもたらす能力ばかりか、徴税する行政能力も欠けていた。そのため、徴税を個人に「委託」し、どんな手段を使ってでも徴税する権利を売却した。こうした徴税権保有者は自治を強め、力をつけていった。中東の税率はきわめて高く、農夫の生産物の二分の一から三分の二に及んでいた。この収入の大半が徴税権保有者の懐に入った。オスマン帝国はこうした地域に安定した秩序を確立できなかったため、財産権は実に不安定で、無法な行為が横行し、山賊が武装集団として地元の支配権を奪い合っていた。たとえばパレスチナでは、状況はきわめて悲惨だったため、一六世紀の末以降、農民は肥沃な土地の大半を捨てて山岳地帯に移り住んだ。そこでなら、山賊から身を守りやすかったからだ。

オスマン帝国の都市部における収奪的な経済制度は、やはり重苦しいものだった。商業は国家の支配のもとに置かれ、職業は同業組合《ギルド》と独占企業によって厳しく制限されていた。結果として、産業革命当時の中東の経済制度は収奪的だった。その地域は経済的に停滞することになった。

一八四〇年代までには、オスマン帝国も制度改革を試みるようになっていた——たとえば、租税徴収の委託をやめたり、地域ごとに自治権を持つ集団を支配下に置いたりすることによって。だが、絶対主義は第一次世界大戦まで続き、例によって創造的破壊への恐れと、経済的・政治的に敗者となるのではないかというエリート層の不安のせいで、改革への努力は徒労に終わった。オスマン帝国の改革推進派は、農業生産性を向上させるため、土地に私的所有権を認めることを検討した。だが、政治的支配と税収を手放したくないとの気持ちが強く、状況は変わらなかった。オスマン帝国による植民地化の後を受け、一九一八年以降はヨーロッパ人が植民地化を進めた。ヨーロッパ人の支配が終わると、サハラ以南のアフリカの例ですでに見たのと同様の力学が働き、収奪的な植民地制度は独立したエリートによって引き継がれた。ヨルダンの君主制のような一部のケースでは、こうしたエリートは宗主国の手によってつくられたものだったが、のちに見るように、これもまたアフリカではよくあることだった。石油資源を持たない中東諸国の収入レベルは、こんにち、ラテンアメリカ諸国と同程度である。これらの国々は、奴隷貿易のような悲惨な暴力に苦しむことはなかったし、ヨーロッパからのテクノロジーの移入によって恩恵を被った期間のほうが長い。中世には、世界から見ても中東自体が比較的経済の発展した地域だった。こんにち、中東はアフリカほど貧しくはないものの、国民の多くは依然として貧困のうちに暮らしている。

これまで、地理や、文化や、無知に基づく説は、われわれを取り巻く情勢を説明する助けにならないことを見てきた。それらは、世界の不平等の顕著なパターンに対して満足のいく説明を提供しない。すなわち、経済的な乖離のプロセスが一八世紀から一九世紀にかけてイングランドの産業革命とともに始まり、その後西欧およびヨーロッパ人の定住植民地に広がったという事実、アメリカ大陸の異なる地域の違いがいつまでもなくならないこと、アフリカや中東の貧困、東欧と西欧の違い、停滞から成長への移行と急成長の突然の終わり、などだ。われわれの制度説はそれらを説明する。

残りの章で、この制度説がどう機能するかをさらに詳細に論じ、それが説明できる広範な現象を明らかにする。それらの現象が新石器革命の起源からいくつかの文明の崩壊にまで及ぶのは、収奪的な制度のもとでの成長に本質的な限界があるため、あるいは、わずかなステップで包括性が反転してしまうためだ。

われわれが検討するのは、イングランドの名誉革命の際、いかにして、なぜ、包括的な政治制度への決定的ステップがとられたのかということだ。より具体的に言えば、以下のことを考察する。

●大西洋貿易によって生じた決定的な岐路と、イングランドの既存制度の本性との相互作用から、いかにして包括的な制度が現れたのか。

●一部は好循環のおかげ、一部は偶発性の幸運な巡り合わせのおかげで、これらの制度がいかにして持続し、確固たるものとなって、産業革命の基礎を築いたのか。

●絶対主義的・収奪的制度を支配する多くの政権は、産業革命によって解き放たれた新しいテクノロジーの広がりに、いかにして断固抵抗したのか。

●ヨーロッパ人自身は、自分たちが征服した世界各地における経済成長の可能性をいかにしてつぶしたのか。

●悪循環や寡頭制の鉄則は、収奪的な制度が持続する強い傾向をいかにして生み出してきたのか。そのせいで、当初は産業革命が広がらなかった地域が比較的貧しいままなのはどうしてか。

●現代の世界において、産業革命やその他のテクノロジーが、国家における最低限の中央集権が実現していない地域には広がっておらず、広がりそうにないのはなぜか。

われわれの議論はまた次のことを明らかにする。フランスや日本のように、制度をより包括的な方向に変更できた一部の地域、あるいは合衆国やオーストラリアのように、収奪的な制度の確立を防いだ地域は、産業革命の広がりへの受容力がより高く、ほかの国々の先を行ったのである。イングランドの場合、これは必ずしもスムーズなプロセスではなかった。その途上で包括的な制度に対する多くの挑戦が退けられたのは、ときには好循環の力学のためであり、ときには歴史の偶発的な進展のおかげだった。

最後に、われわれはまた以下のような問題についても論じる。すなわち、現代の国家の失敗が、各国の制度の歴史によってどれほど深く影響されているか、いかに多くの政策的助言が誤った仮説に基づいており、人を誤らせる恐れがあるか、国家がいまなお決定的な岐路をとらえ、旧来の型を破ることによって、制度を改革し、より大きな繁栄の道を歩み出すにはどうすればいいか、といった問題である。

第五章

「私は未来を見た。うまくいっている未来を」

——収奪的制度のもとでの成長

私は未来を見た

制度の相違は、過去から現在に至る経済成長を説明するのに重要な役割を果たす。だが、歴史上の大半の社会が収奪的な政治・経済制度を土台にしているとすれば、成長は決して起こらないことになるのだろうか？　もちろん、そうではない。収奪的制度は、まさにその仕組みのために、収奪すべき富を生み出さなければならない。政治権力を独占し、中央集権国家を支配する統治者は、ある程度の法と秩序、なんらかの規則体系を整え、経済活動を刺激することができる。

だが、収奪的制度のもとでの成長は、包括的制度によって生じる成長とはまったく異なる。最も重要なのは、それが技術の変化を必要とする持続的な成長ではなく、既存の技術を基にした成長だということだ。ソ連の経済が描いた軌跡は、国家の与える権限とインセンティヴがいかにして収奪的制度のもとで急速な経済成長を引っ張るか、そして最終的にはこのタイプの成長がいかにして終わりを迎え、破綻するかをはっきりと教えてくれる。

第一次世界大戦が終わると、勝者側の大国が、和平の条件を決めるためにパリ郊外のヴェルサイユ宮殿に集った。出席者のなかで目立った存在は、合衆国大統領のウッドロー・ウィルソンだった。注目に値するのは、ロシアからは一人の代表も出ていないことだった。帝政ロシアは一九一七年一〇月にボリシェヴィキによって打倒された。その後、赤軍（ボリシェヴィキ）と白軍のあいだで激しい内戦が続いた。イギリス、フランス、アメリカは、遠征軍を送ってボリシェヴィキと戦った。若き外交官のウィリアム・ブリット率いる使節団と、老練な知識人でジャーナリストのリンカーン・ステフェンズが、レーニンと会うためにモスクワに派遣された。その目的は、ボリシェヴィキの思惑を見極め、彼らと折り合いをつけるにはどうすべきかを知ることだった。ステフェンズは、因習打破主義者、汚職を暴くジャーナリストとして名をなした人物で、合衆国における資本主義の弊害をたえず糾弾していた。革命当時はロシアに滞在したこともあった。彼が同行したのは、使節団は信頼できる相手であり、敵意はないと思わせようとの意図からだった。一行は、新たに創設されたソヴィエト連邦との和平条件に関するレーニンの申し出の概要を携えて帰国した。ステフェンズはソヴィエト政権に大きな可能性を見いだし、ひどく驚いた。

一九三一年の自伝で、彼はこう回想している。「ソヴィエト・ロシアは革命政権であり、発展的な計画を持っていた。貧困と富、汚職、特権、暴政、戦争といった悪徳を、直接行動によって根絶するのではなく、その原因を見つけ出して取り除くという計画だ。彼らが打ち立てた独裁政権は、ごくわずかの訓練された少数者によって支えられており、その目的は、数世代のあいだに経済的諸力を科学的に再整理し、維持することだった。結果として、最初に経済的民主主義が、最後に政治的民主主義が実現することになっていた」

　外交使節の任務から帰ると、ステフェンズは旧友の彫刻家、ジョー・デーヴィッドソンに会いに行った。すると、デーヴィッドソンは裕福な資本家のバーナード・バルークの胸像を制作していた。「では、あなたはロシアに行ってきたのですね」と、バルークは言った。ステフェンズは答えた。「私は未来に行ってきたのです。うまくいっている未来に」。彼はこの台詞《せりふ》を歴史に残る形に仕立てた。「私は未来を見た。うまくいっている未来を」

　一九八〇年代初頭に至ってもなお、欧米人の多くがソ連に未来を見ており、その国はうまくいっていると信じていた。ある意味でソ連はうまくいっていた、あるいは、少なくとも一時的にはうまくいった。一九二四年にレーニンが世を去ると、一九二七年までにヨシフ・スターリンが国家の支配権を握った。スターリンは政敵を追放し、国を急速に工業化すべく手を打ちはじめた。その遂行に当たったのが、一九二一年に創設された国家計画委員会《ゴスプラン》だった。ゴスプランが作成した第一次五カ年計画は、一九二八年から一九三三年にかけて実施された。スターリン式の経済成長は至ってシンプルだった。政府の命令によって工業を育成し、そのために必要な資源を、農業に高率の税を課すことによって調達するのだ。この共産主義国家の税制は効率が悪かったため、スターリンは代わりに農業を「集産化」した。このプロセスを通じて、土地の私的所有権は廃止され、地方に住むすべての人々が、共産党の運営する巨大な集団農場へ徴集された。おかげで、スターリンが農産物を奪い取り、それを使って、新しい工場を建設して操業するすべての人々を養うことがずっと容易になった。地方の住民にとって、こうした事態は悲惨な帰結をもたらした。集団農場には人々が懸命に働くインセンティヴが完全に欠けていたため、生産量は急激に減少した。生産物の多くが搾取されたため、食べる物にも事欠く有り様だった。人々は飢えで命を落とすようになった。結局、強制的に集産化が進められるあいだに、おそらく六〇〇万人が餓死するとともに、それ以外の数十万人が殺されたりシベリアへ流刑にされたりした。

新たに生み出された工業も、集産化された農場も、ソ連の保有する資源を最も有効に活用するという意味では、経済効率が悪かった。だとすれば、経済の完全な崩壊には至らないにしても、破綻や停滞は免れないように思える。ところが、ソ連は急速に成長した。その理由を理解するのは難しくない。市場を通じてみずから決断を下すことを人々に認めるのが、社会が資源を有効に活用する最善の方法だ。そうする代わりに、国家や一部のエリートがあらゆる資源を支配すれば、適切なインセンティヴは生まれないし、人々の技能や才能が効率的に配分されることもない。だが、場合によっては、ある部門や活動——たとえばソ連の重工業——における労働と資本の生産性がきわめて高いため、収奪的制度のもとでその部門に資源を配分するトップダウンのプロセスですら、成長を生み出すことがある。第三章で見たように、バルバドス、キューバ、ハイチ、ジャマイカといったカリブ海諸島における収奪的制度が比較的高いレベルの収入を実現できたのは、世界中が欲しがっていた商品、つまり砂糖の生産に資源を配分したからだった。奴隷の集団を基盤とした砂糖生産が「効率的」でないのは間違いないし、これらの社会には技術的変化も創造的破壊も存在しなかった。だが、そのために、収奪的制度のもとにおける一定の成長が妨げられることはなかったのだ。こうした状況はソ連でも同じであり、カリブ海諸島における砂糖の役割を演じたのが工業だった。ソ連において工業の成長が容易になったのは、この国の技術が欧米で利用できるものと比べてかなり遅れていたため、工業部門に資源を再配分することによって大きな利益が得られたからだ――たとえそのすべてが非効率かつ強制的に行なわれたとしても。

一九二八年以前、ほとんどのロシア人は地方で暮らしていた。農民が利用していた技術は原始的なもので、生産性を高めるインセンティヴはほとんどなかった。実のところ、ロシアの封建制の残滓《ざんし》が消え去ったのは、第一次世界大戦の直前になってようやくのことだったのだ。したがって、こうした労働力を農業から工業へと再配分すれば、多大な経済的潜在能力が発揮されるはずだった。スターリンによる工業化は、この潜在能力を解き放つ一つの暴力的な方法だった。スターリンはほとんど使われていないこの資源を、より生産的に活用できる工業へと命令によって移動させたのだ。もっとも、工業そのものがかなり非効率な体制になっており、本来であればもっと多くのことを達成できたはずなのだが。実際のところ、一九二八年から一九六〇年にかけて、国民所得は年に六パーセント成長した。これは、それまでの歴史においておそらく最もめざましい経済成長だったはずだ。この急速な経済成長を実現したのは、技術的変化ではなかった。そうではなく、労働力の再配分および、新しい工作機械や工場の新設による資本蓄積だったのだ。

成長はきわめて速かったため、リンカーン・ステフェンズのみならず、数世代にわたる欧米人がだまされた。合衆国のCIAもだまされた。ソ連自身の指導者すらだまされた。たとえば、一九五六年にニキータ・フルシチョフが、欧米の外交官を前にしたスピーチでこう自慢したことはよく知られている。「わが国は諸君［西側諸国］を葬り去るだろう」。一九七七年になってもまだ、イギリスの経済学者が書いた一流の教科書でこんな主張がなされていた。経済成長、完全雇用と物価安定の実現、さらには人々に利他的なモチヴェーションを与えるという点においてさえ、ソヴィエト式の経済は資本主義経済よりもすぐれている、と。西側の粗悪で時代遅れの資本主義がすぐれているのは、政治的自由を与えてくれることだけだった。実際、ノーベル賞受賞者のポール・サミュエルソンの手になる最も広く使われた大学の経済学教科書では、ソ連の来るべき経済支配が繰り返し予言されていた。一九六一年版で、サミュエルソンはソ連の国民所得は、一九八四年までに合衆国のそれを上回る可能性があり、おそらく一九九七年までには上回るだろうと予言している。一九八〇年版でもこの分析にほとんど変化はなかったものの、二つの日付は二〇〇二年と二〇一二年に延期されていた。

スターリンと彼に続く指導者たちの政策は、急速な経済成長をもたらした。だが、その成長は持続するものではなかった。一九七〇年代には、成長はほぼ止まってしまったのだ。この事例の最も重要な教訓は、収奪的な経済制度のもとで技術的変化が続かない理由は二つあるということだ。すなわち、経済的インセンティヴの欠如とエリートによる抵抗である。加えて、きわめて非効率に使われていた資源がいったん工業に再配分されてしまうと、命令によって得られる経済的利益はほとんど残らなかった。その後、ソ連の体制が壁にぶつかったのは、イノヴェーションの欠如と経済的インセンティヴの不足によってそれ以上の進歩が妨げられたせいだ。ソ連がなんらかのイノヴェーションを維持した唯一の分野は、軍事・航空技術に関する大変な努力によるものだった。結果として、彼らはライカという犬を動物として初めて、ユーリー・ガガーリンを人類として初めて、宇宙へ送り出した。また、突撃銃のAK47を遺産の一つとして世界に残したのである。

ゴスプランは全権を有するとされる計画機関で、ソ連経済の中央計画を任されていた。ゴスプランが作成・実施する五カ年計画には継続性があることから、そのメリットの一つは、合理的な投資とイノヴェーションに必要な長期的展望だと考えられていた。ところが、ソ連の工業部門で実際に行なわれたことは、五カ年計画とはほとんど関係がなかった。五カ年計画は往々にして、変更や改訂が施されたり、まったく無視されたりしたのだ。工業の発展の土台となったのは、スターリンと共産党中央委員会政治局の命令だったが、彼らは頻繁に考えを変えたし、以前の決定をすっかり覆すことも多かった。計画はすべて「草案」あるいは「準備」に分類されていた。「最終版」とされたものはこれまで一つ――一九三九年につくられた軽工業の計画――しか見つかっていない。スターリン自身、一九三七年にこう語っている。「計画の完成によって立案作業が終わると考えているのは官僚だけだ。完成は始まりにすぎない。計画の本当の方向性は、計画がまとまったあとでようやく固まっていくのだ」。スターリンは、政治的に自分に忠実な者やグループに褒美を与え、そうではない者に罰を与えるため、みずからの裁量権を極力大きくしようとした。ゴスプランに関して言えば、その主要な役割はスターリンに情報を提供し、彼の友人や政敵を監視しやすくすることだった。実のところ、ゴスプランは決定を下すのを避けようとしていた。決定が悪い結果を招けば、銃殺されるかもしれなかったからだ。あらゆる責任を避けるのが身のためだったのだ。

一九三七年に行なわれたソ連の国勢調査の一件が教えてくれるのは、共産党が望むことを斟酌《しんしゃく》せずに、自分の仕事を馬鹿正直にとらえるとどんな目に遭うかということだ。調査への回答が戻ってきたとき、人口は約一億六二〇〇万人という結果になることが判明した。スターリンが予想していた一億八〇〇〇万人よりもはるかに少ないばかりか、一九三四年にスターリン自身が発表した一億六八〇〇万人という数字をも下回っていたのだ。一九三七年の国勢調査は、一九二六年以来初めて実施されたものだった。したがって、一九三〇年代初頭の大飢饉と粛正のあとで初めての調査だった。正確な人口はこれらの事件を反映していたわけだ。スターリンの反応は、国勢調査に当たった人々を逮捕し、シベリアへ送るか銃殺するというものだった。彼は国勢調査のやり直しを命じ、それは一九三九年に実施された。このときの調査担当者は状況を正しく理解していた。彼らが明らかにしたところによると、人口はなんと一億七一〇〇万人だったのである。

スターリンは、ソ連の経済には人々が懸命に働くインセンティヴがほとんどないことを理解していた。当然の対応は、そうしたインセンティヴを取り入れることだったはずだし、スターリンはときにそうして、事態の改善に報いようとしている――たとえば、生産性が落ちた地域に食糧を供給することによって。そのうえ、早くも一九三一年に、スターリンは金銭的インセンティヴがなくても働く「社会主義者の男女」をつくるというアイデアを放棄している。ある有名な演説で「平等を売り物にすること」を批判したのだ。その後、異なる職業には異なる賃金が支払われただけでなく、ボーナス制度も導入されたのだった。こうした施策がどう機能したかを理解すれば、得るところは大きい。例によって、中央計画のもとにある企業は、設定された産出目標を達成しなければならなかった。もっとも、その種の計画はしばしば再調整され、改訂されたのだが。一九三〇年代以降は、産出水準を達成すると労働者はボーナスをもらえた。このボーナスはかなり高いこともあった――たとえば、経営陣や上級エンジニアには賃金の三七パーセントが支払われた。だが、そうしたボーナスを支払うことが、技術的変化に対するあらゆる種類の意欲阻害要因《ディスインセンティヴ》を生み出してしまった。第一に、イノヴェーションによって現在の生産物から資源が奪われれば、産出目標が達成できず、ボーナスがもらえない危険があった。第二に、産出目標は以前の生産水準をもとに決めるのがふつうだったため、産出を決して拡大しないことへのきわめて大きなインセンティヴが生じた。産出を拡大すれば、将来の目標が「吊り上げ」られ、さらに多くを生産する必要が出てくるにすぎないからだ。目標を達成してボーナスを手にするには、業績不振がつねに最善の方法だったわけだ。また、月に一度ボーナスがもらえるという現実のせいで、誰もが現在のことしか頭になかったが、イノヴェーションとは今日を犠牲にして明日の取り分を増やすことにかかわっているのだ。

ボーナスやインセンティヴが行動を変化させるのに有効だったときでさえ、往々にしてほかの問題が起こった。一八世紀の偉大な経済学者であるアダム・スミスが市場の「見えざる手」と呼んだものに、中央計画が取って代わるのは、かなり難しかった。鋼板のトン数について計画が立てられたときには、鋼板が重くなりすぎた。鋼板の面積について計画が立てられたときには、鋼板が薄くなりすぎた。シャンデリアの計画がトン単位で立てられたときには、シャンデリアがあまりにも重くなり、天井からはとてもつるせなかった。

一九四〇年代までに、ソ連の指導者たちはこれらの無意味なインセンティヴをはっきりと認識していた――彼らを賛美する西側の人々は別として。ソ連の指導者たちは、そうしたインセンティヴが生じる原因は技術的問題であり、解決可能であるかのように行動した。たとえば、彼らは産出目標に基づいてボーナスを支給するのをやめ、企業がボーナスの支払いのために利益の一部を取っておくことを認めた。だが、産出目標と同じく、「利潤動機」がイノヴェーションを促すことはなかった。利益の計算に使われる価格システムは、新たなイノヴェーションやテクノロジーの価値とはほぼ完全に切り離されていたからだ。市場経済とは違い、ソ連における価格は政府によって設定されていたため、価値とはほとんど無関係だった。イノヴェーションのためのインセンティヴをもっと明確に生み出すべく、ソ連は一九四六年にそのものずばりイノヴェーション・ボーナスを導入した。早くも一九一八年には、イノヴェーターは自分の起こしたイノヴェーションに対して金銭的報酬を受け取るべきだという原則が認められていた。しかし、報酬は少額に設定されており、新たなテクノロジーの価値とは関連していなかった。これが変わったのは一九五六年になってようやくのことだった。ボーナスはイノヴェーションの生産性に比例すべきだと規定されたのである。ところが、既存の価格システムによって測られた経済的利益に応じて生産性が計算されたため、これはまたしてもイノヴェーションへの大きなインセンティヴとはならなかった。これらの構想から生じた無意味なインセンティヴの例を挙げれば、いくらページがあっても足りないくらいだ。たとえば、イノヴェーション・ボーナスの資金額は企業の賃金総額によって制限されていたため、労働を節約するイノヴェーションを創出したり採用したりするインセンティヴはてきめんに低下してしまったのである。

さまざまな規則やボーナスの仕組みに焦点を合わせると、この体制に固有の問題を見逃してしまいやすい。政治的な権威と権力を共産党が握っているかぎり、人々が直面する基本的インセンティヴ——ボーナスが出るか出ないか——を完全に変えることは不可能だった。結党以来、共産党はアメだけではなくムチを、それも巨大なムチを使ってやりたいことをやってきたが、経済の生産性はまったく変わらなかった。ありとあらゆる法律によって、仕事を怠けていると見なされる労働者に対する犯罪がつくりだされた。たとえば一九四〇年六月、ある法律によって計画的欠勤——許可のない二〇分間の不在あるいは怠業と定義される——が犯罪とされ、六カ月の重労働と二五パーセントの賃金カットという罰則が設けられた。あらんかぎりの似たような刑罰が導入され、驚くべき頻度で執行された。一九四〇年から一九五五年にかけて、成人人口の約三分の一に当たる三六〇〇万人の人々が、その種の犯罪で有罪になった。そのうちの一五〇〇万人が投獄され、二五万人が銃殺された。どの年にも、一〇〇万人の成人が労働法違反で服役していた。スターリンがシベリアの強制労働収容所に送り込んだ二五〇〇万人も、もちろんここに含まれている。それでも、こうした方法は機能しなかった。撃ち殺すと脅すことによって、ある人を工場へ行かせることはできても、良いアイデアを考え、思いつくよう強制することはできない。こうした威圧によってバルバドスやジャマイカで砂糖の生産量を増やすことは可能だったかもしれないが、現代の産業経済においてインセンティヴの欠如を補完することはできなかったのだ。

真に有効なインセンティヴを中央計画経済に組み込めなかったという事実は、ボーナスの枠組みにおける技術的ミスが原因ではなかった。そうではなく、収奪的な制度のもとで成長を達成した手法の全体に内在していたのだ。この成長は政府の指揮によるものであり、おかげで一部の基本的な経済問題は解決された。しかし、持続的な経済成長を促すには、個々人が才能やアイデアを活用する必要があったのに、ソ連式の経済システムによってそれを実現することは決してできなかったのだ。ソ連の支配者は収奪的な経済制度を捨てなければならなかったはずだが、そんなことをすれば自分たちの政治権力を危険にさらすことになっただろう。実際、一九八七年以降にミハイル・ゴルバチョフが収奪的な経済制度からの脱却をはじめると、共産党は力を失い、それと同時にソ連は崩壊したのである。

ソ連が収奪的な経済制度のもとでも急速な経済成長を達成できたのは、ボリシェヴィキが強力な中央集権国家を築き、それを利用して資源を工業に配分したからだった。だが、収奪的な制度のもとでの成長がすべてそうであるように、この出来事は技術的変化を特徴としていなかったため、長続きしなかった。成長はまず速度が落ち、その後完全に止まってしまったのだ。このタイプの成長は短命ながら、収奪的な制度がいかにして経済活動を刺激するかを明らかにしてくれる。

歴史を通じて、ほとんどの社会は収奪的な制度によって支配されてきた。これらの制度はある程度の秩序を国に課し、一定の成長を生み出すことができた——こうした収奪的社会のどれ一つとして持続的な成長を実現しなかったとしても。実際、歴史上のいくつかの大きな転機を特徴づける制度上のイノヴェーションは、収奪的制度を強固にし、一つのグループが法と秩序を課して収奪的利益を得るための権力を増すものだったのだ。本章の残りのページで、われわれはまず、国家の中央集権化をある程度達成し、収奪的制度のもとでの成長を可能とする制度的イノヴェーションの本質について論じる。次に、こうした考え方が、農耕への重大な転換点である新石器革命の理解を助けてくれることを示す。この転換点は現代文明を多くの面で支えている。最後に、マヤの都市国家を例に、次のことを明らかにする。収奪的制度のもとでの成長に限界がある理由は、技術的発展の欠如だけではなく、国家とそれがもたらす収奪物の支配を望むグループ同士の内紛が促されることにもあるのだ。

カサイ川のほとりで

コンゴ川の大きな支流の一つであるカサイ川は、アンゴラに源を発して北へ流れ、現在のコンゴ民主共和国の首都キンシャサの北東でコンゴ川に合流する。コンゴ民主共和国は世界のほかの地域と比べて貧しいにもかかわらず、国内のさまざまなグループの繁栄の度合いにはつねに相当な違いがあった。カサイ川はこうしたグループのうちの二つを隔てる境界だ。西岸に沿ってコンゴに入ると、すぐにレレ族が目に入る。東岸にはブショング族がいる（一一六ページ、地図6を参照）。表面的には、繁栄に関して両グループのあいだにほとんど違いはないはずだ。彼らは一本の川で隔てられているだけであり、双方ともボートでその川を渡ることができる。この異なる二つの部族は共通の起源と同系の言語を持っている。そのうえ、彼らがつくるものの多くは、家、衣服、船を含めて様式が似ているのだ。

ところが、一九五〇年代に人類学者のメアリ・ダグラスと歴史家のジャン・ヴァンシナが二つのグループについて調査したところ、両者のあいだにいくつかの驚くべき違いが発見された。ダグラスはこう書いている。「レレ族は貧しいのに、ブショング族は裕福だ……レレ族が持っている、あるいはすることのできるあらゆる物事を、ブショング族はより多く持ち、よりよくできる」。この格差を簡潔に説明するのはたやすいことだ。ある一つの違いが、ペルーにおいてポトシのミタに属していた地域と属していなかった地域の違いを思い起こさせる。つまり、レレ族が生活の糧を得るために生産していたのに対し、ブジョング族は市場で交換するために生産していたのである。ダグラスとヴァンシナはまた、レレ族が劣った技術を使っているとも指摘している。たとえば、狩猟に網を使えば生産性が大幅に向上するにもかかわらず、彼らは使っていなかった。ダグラスはこう述べている。「網の不使用は、長期的設備に時間と労働を投資しないというレレ族の一般的な傾向に合致している」

農業の技術と体制にも重要な違いがあった。ブジョング族は洗練された形の混合農業を実践していた。二年の輪作制によって五種の作物を順番に栽培していたのだ。ヤムイモ、サツマイモ、マニオク（キャッサバ）、豆類を育て、年に二度、ときには三度、トウモロコシを収穫した。レレ族はそうしたシステムを持っておらず、年に一度トウモロコシを収穫するだけだった。

法と秩序にも著しい違いがあった。レレ族は要塞化した村々に分散して暮らしており、村同士はたえず対立していた。二つの村のあいだを移動したり、食料を集めに森に入ったりする者は、襲撃や誘拐に遭うことが多かった。ブジョング族の国では、そんなことは――仮に起こるとして――めったに起こらなかった。

生産のパターン、農業技術、秩序の浸透に関するこうした違いの背景には何があるのだろうか。狩猟や農業の劣った技術を使うようレレ族を導いたのが、地理でなかったのは明らかだ。彼らはブジョング族が使っている道具を知っていたから、無知でなかったのも間違いない。代わりとなる説明は文化かもしれない。レレ族が持っていた文化のせいで、彼らは狩猟用の網やもっと頑丈で造りのいい家に投資しなかったのではないだろうか。だが、これもまた事実とは思えない。コンゴの人々と同じように、レレ族は銃の購入に大いに興味を持っていた。ダグラスはこうまで述べている。「彼らが小火器の購入を熱望していることからわかるのは……長期的な協力も努力も必要ないからといって、文化のせいで彼らが劣った技術にしがみついているわけではないということだ」。こうして、技術への文化的嫌悪も、無知も、地理も、レレ族と比べてブショング族が繁栄していることをうまく説明できないのだ。

これら二つの部族のあいだに違いがある理由は、ブショング族とレレ族の領土に現れた異なる政治制度にある。すでに述べたように、レレ族は統一された政治機構に属さない要塞化した村に住んでいた。カサイ川の向こう側では事情が違っていた。一六二〇年ごろ、シャームという人物が主導する政治革命が起こったのだ。シャームはクバ王国（一一六ページ、地図6を参照）を建設した。その中心にいたのがブショング族であり、シャームはみずから王となった。この時期より以前、ブショング族とレレ族のあいだにおそらく違いはほとんどなかったはずだ。シャームが川の東側の社会を再編成した結果、違いが生じたのである。彼は国家を建設し、政治制度のピラミッドを築いた。それは以前よりも大幅に中央集権化されていただけでなく、きわめて高度な構造を持っていた。シャームとその後継者たちは、増税のために官僚制度を整え、法を執行するために法律制度と警官隊をつくった。指導者たちは評議会のチェックを受けた。決定を下す前に評議会に相談しなければならなかったのだ。陪審員による裁判さえあった。ヨーロッパ人による植民地化以前のサハラ以南のアフリカでは、どうやら類のない出来事だったようだ。とはいうものの、シャームが建設した中央集権国家は、収奪ときわめて絶対主義的な政策の道具だった。彼に票を投じた者はいなかったし、国家政策は住民参加によって決まるのではなく、トップから頭ごなしに押しつけられたのである。

クバ王国を中央集権化して法と秩序をもたらした政治革命が、今度は経済革命につながった。農業は再編され、生産性を高めるために新技術が導入された。以前に主要産物だった作物は、アメリカ大陸からやってきた新しくより多産な作物（とりわけトウモロコシ、キャッサバ、チリペッパー）に取って代わられた。混合農業のめまぐるしいサイクルが導入されたのはこのときであり、一人当たりの食糧生産高は倍増した。これらの作物を移植し、農業サイクルを再編するには、より多くの人手が畑に必要だった。そのため結婚年齢が二〇歳に下がり、男は従来より若いうちから農業に従事するようになった。レレ族との相違は明白だ。レレ族の男は三五歳で結婚し、それからようやく畑で働くことが多かった。それまでは戦いと襲撃に明け暮れていたのだ。

政治革命と経済革命のつながりは単純だった。シャーム王とその支持者たちは、国民から税と富を収奪したがっていた。そのため、国民は自分たちで消費する以上のものを余分に生産しなければならなかった。シャームと家臣はカサイ川の東岸に包括的制度を導入したわけではないが、収奪的制度のもとで一定の中央集権化が実現され、法と秩序が課される場合、ある程度の経済的繁栄が約束されている。経済活動の促進がシャームと家臣の利益にかなっていたことは言うまでもない。さもなくば、収奪すべきものが存在しなかったからだ。スターリンと同じように、シャームは命令によって、この体制を支えるのに必要な富を生む一連の制度をつくりあげた。カサイ川の対岸では全体を律する法と秩序が完全に欠如していたのに比べると、かなりの経済的繁栄が実現したのだ——その大半がシャームとエリート層に収奪される可能性が高かったとしても。だが、この繁栄には必然的に限界があった。ソ連の場合とまったく同じように、クバ王国に創造的破壊は起こらなかったし、こうした当初の変革のあとは技術革新も生じなかった。一九世紀の末にベルギーの植民地行政官が王国に初めてやってくるまで、こうした状況はおおむね変わらなかった。

シャーム王の業績から明らかになるのは、収奪的制度を通じて、ある程度までの経済的成功がいかにして達成されるかということだ。こうした成長を生むには、中央集権国家が求められる。国家を中央集権化するには、政治革命が必要となることが多い。こうした国家をいったんつくってしまえば、シャームはみずからの権力を利用して経済を再編し、農業生産性を高め、それから税金を徴収すればよかったのだ。

政治革命を起こしたのがレレ族ではなくブション族だったのはなぜだろうか。レレ族がみずからのシャーム王を持つことはできたのだろうか。シャームが成し遂げたことは制度のイノヴェーションであり、地理、文化、無知との決定的な結びつきは存在しなかった。レレ族はそうした革命を起こせたかもしれないし、制度を同じように変えられたかもしれない。

だが、彼らはそうしなかった。もしかすると、そこにはわれわれが理解していない理由があるのかもしれない。彼らの社会について、現在のわれわれは限られた知識しか持っていないからだ。とはいえ、十中八九、それは歴史の偶発的本性のためだろう。一万二〇〇〇年前の中東で、一部の社会がさらに徹底した一連の制度的イノヴェーションに着手した際にも、おそらく同じ偶発性が働いていたはずだ。以下で論じるように、このイノヴェーションが定住社会を生み、その後、動植物の飼育・栽培につながったのである。

長い夏

紀元前一万五〇〇〇年ごろ、地球の気候が温暖化し、氷河時代は終わりを告げた。グリーンランドの氷床コアから得られた証拠によると、平均気温は短期間に摂氏一五度も上昇したのだ。この温暖化と同時に人類が急増したらしい。地球温暖化の結果、動物の数が増大し、野生植物や食べ物がはるかに容易に手に入るようになったためだ。このプロセスが急転したのは紀元前一万四〇〇〇年ごろのことだった。新ドリアス期と呼ばれる寒冷期に入ったのだ。しかし、紀元前九六〇〇年を過ぎると世界の気温はふたたび上昇に転じ、一〇年弱のあいだに摂氏七度ほど上がると、それ以降は高い状態が続いている。考古学者のブライアン・フェイガンはそれを「長い夏」と呼んでいる。この気候温暖化は重大な決定的岐路だった。新石器革命の背景を形成し、この革命を通じて人間社会は、定住生活、農耕、牧畜へ移行したのだ。これ以降の人類の歴史は、この「長い夏」の日光浴を楽しんできたのである。

農耕・牧畜と狩猟・採集のあいだには根本的な違いがある。前者は動植物種の飼育・栽培を基盤とし、そのライフサイクルへ積極的に介入する。遺伝子を変化させて、それらの種を人間にとってより有用にするためだ。飼育・栽培は技術的な変革であり、それによって、人間は入手可能な動植物からずっと多くの食べ物を生産できるようになる。たとえばトウモロコシの栽培が始まった当時、人間はその祖先に当たるブタモロコシという野生作物を採集していた。ブタモロコシの穂軸は小さく、数センチしかない。現代のトウモロコシと比べるとちっぽけに見える。それでも徐々に、穂の大きなブタモロコシを選ぶことによって、また、穂が割れず軸に残ったまま収穫できる個体を選ぶことによって、人間は現代のトウモロコシを、つまり同じ区画の土地からはるかに多くの食物を供給する作物を生み出したのだ。

農耕、牧畜、動植物の飼育・栽培に関する最古の証拠は、中東、とりわけヒリー・フランクスとして知られる地域に見られる。現代のイスラエル南部から、パレスチナとヨルダン川西岸を縦断し、シリアを抜けてトルコ南東部に入り、イラク北部、イラン西部にまで広がる地域だ。紀元前九五〇〇年ごろ、最初の栽培植物であるエンマー小麦と二条大麦が、パレスチナはヨルダン川西岸に面したイェリコで発見され、エンマー、エンドウ、ヒラマメが、シリアのさらに北部のテル・アスワドで見つかった。ともに、いわゆるナトゥフ文化が栄えた土地であり、大きな村を抱えていた。その当時、イェリコの村の人口はおそらく五〇〇人ほどになっていたはずだ。

最初の農村がこの地に現れ、ほかの土地に現れなかったのはなぜだろうか。エンドゥやヒラメを栽培したのがナトゥフ人であり、ほかの人々でなかったのはなぜだろうか。彼らは運が良かったのであり、栽培すべき植物の有力候補が多くある場所にたまたま住んでいただけなのだろうか。それは事実だが、ほかにも多くの人が同じ植物種に囲まれて生活していながら、栽培することはなかったのだ。第二章の地図4と5（一一一、一一二ページ）で見たように、現代の家畜と栽培植物の祖先の分布を突き止めようとする人類学者と考古学者の研究から、その多くはきわめて広大な領域——数百万平方キロメートル——に広がっていたことが明らかになっている。家畜化された動物種の野生原種はユーラシア大陸全体に分布していた。ヒリー・フランクスは野生の作物種にとりわけ恵まれていたが、それらでさえ決して希少な種ではなかった。ナトゥフ人が特別な存在となったのは、ずば抜けて野生種に恵まれた地域に住んでいたためではなかった。動植物を飼育・栽培しはじめる前に定住していたためなのだ。ガゼルの歯が一つの証拠となる。ガゼルの歯はセメント質、つまり硬骨性結締組織でできており、層をなして成長する。セメント質が最も急速に成長する春と夏の層は、冬に形成される層と色が違う。一本の歯をスライスすれば、ガゼルが死ぬ前にできた最後の層の色が見られる。このテクニックを利用することで、ガゼルが死んだのが夏か冬かを特定できる。ナトゥフ人の遺跡では、殺されたガゼルが四季を通じて見つかるため、彼らがその地で通年暮らしていたことがわかる。ユーフラテス川のほとりのアブ・フレイラの村は、ナトゥフ人の定住地のなかでも最も徹底して調査された場所の一つだ。ほぼ四〇年にわたり、考古学者たちはその村の地層を調べてきた。こうして、農耕へ移行する前後の定住生活の十分に立証された実例が提示されている。定住が始まったのは、紀元前九五〇〇年ごろだったようだ。その後、定住者は狩猟・採集の生活様式をさらに五〇〇年続けたあとで、農業へと転換した。考古学者の推定によれば、農耕以前の村の人口は一〇〇人から三〇〇人だったとされている。

定住することが社会にとって有利な理由はいくらでも挙げられる。住まいを転々と変えるにはコストがかかる。子供や老人を連れていかねばならないし、移動中の不毛な時間に食料を蓄えることはできないからだ。そのうえ、砥石や鎌といった道具は、野生の食べ物を加工するのに有用だったが、運ぶには重い。移動性の狩猟・採集民でさえ、洞窟などの選ばれた場所に食料を貯蔵していた証拠がある。トウモロコシの一つの魅力は非常に貯蔵しやすいことだ。だからこそ、アメリカ大陸でトウモロコシが集中的に栽培されるようになったのである。定住という生活様式を取り入れることへの主なインセンティヴは、より効率的に貯蔵し、食料を蓄える能力にあったにちがいない。

定住することが集団にとって望ましいとしても、だからといって、それが必ず実現するとはかぎらない。移動しながら暮らす狩猟・採集民のグループは、全員が定住に合意するか、さもなくば誰かがそうするよう強制しなければならなかっただろう。一部の考古学者によれば、人口密度の上昇と生活水準の低下が、定住生活が始まった主要因だという。そのせいで、移動しながら暮らす人々は一カ所にとどまらざるをえなくなったというのだ。しかし、ナトゥフ人の遺跡の人口密度は、それ以前のグループよりも高くはなかった。よって、人口密度が上昇したという証拠はないようだ。骨格や歯から得られる証拠も、健康状態の悪化を示していない。たとえば、食料が不足すると歯のエナメル質に細い線ができやすくなる。形成不全と呼ばれる異常だ。実は、こうした線はのちの農民よりもナトゥフ人のほうが少なかったのである。

さらに重要なのは、定住生活にはプラスの面もあった一方、マイナスの面もあったことだ。紛争の解決はおそらく、定住するグループにとってのほうがはるかに難しかったはずだ。立ち去ってしまえば済む人々やグループと比べ、意見の対立を解決するのが容易ではないからだ。いったん耐久性のある建物をつくったり、運べないほどの資産を所有したりすれば、立ち去るという選択肢の魅力はずっと低くなる。そのため、村は対立を解決するためのより有効な方法を、また、より精密な財産の概念を必要とした。村の近くの土地を手に入れられるのは誰か、あるいは、森のなかのどの木から誰が果物をもぎ、川のどこで誰が魚をとるのかについて、決定を下さざるをえなかったはずだ。ルールを構築しなければならなかったし、ルールを定めて強制する制度を念入りにつくらなければならなかった。

したがって、定住生活が始まるためにありそうな事態は、以下のようなものではないかと思われる。狩猟・採集民は定住を余儀なくされたが、それに先立って、あるグループの手に権力を集中させる制度的イノヴェーションが起こらねばならなかった。このグループが政治的エリートとなり、財産権を主張し、秩序を維持し、さらには自分たちの地位を利用して、社会のほかの人々から資源を収奪することで利益を手にしたのだろう。実際、シャーム王が起こした政治革命に似たものが、規模はもっと小さかったにせよ、定住生活につながる突破口だった可能性が高い。

実のところ、考古学的証拠から、ナトゥフ人は農民になるかなり前に複雑な社会を発展させていたことがわかる。その社会の特徴は、階級制、秩序、不平等だった――われわれが収奪的制度と見なすものの始まりだ。そうした階級制や不平等の一つの有力な証拠が、ナトゥフ人の墓から見つかっている。一部の人々は、カルメル山近くの地中海沿岸から運ばれた大量の黒曜石やツノガイとともに埋葬されていた。別のタイプの装飾品としては、ネックレス、ガーター、ブレスレットなどがあった。それらの材料に使われていたのは、貝殻をはじめ、犬歯や鹿の指骨《しこつ》などだった。ほかの人々は、こうしたものはいっさいなしに埋葬されていた。貝殻や黒曜石は取引されており、この取引を支配することが、権力の蓄積や不平等の源だったのは間違いなさそうだ。政治・経済的不平等のさらなる証拠が見つかるのが、ガリラヤ湖のすぐ北にあるアイン・マラッハというナトゥフ人の遺跡である。貯蔵のために使われたのが明らかな、約五〇に及ぶ円形の小屋と多くの穴に囲まれて、中心部の空き地の近くに、厚くしっくいの塗られた大きな建物がある。族長の家であることはほぼ間違いない。遺跡の墓所のなかには飛び抜けて精巧なものがあり、さらには髑髏《どくろ》崇拝の証拠も存在する。ことによると祖先への尊敬の念を示しているのかもしれない。こうした崇拝の証拠はナトゥフ人のいくつもの遺跡で広く見られるが、とりわけイェリコで著しい。ナトゥフ人の遺跡で見つかる圧倒的多数の証拠からわかるのは、それらの社会にはおそらくすでに、エリートの地位継承を確定的にする複雑な制度があったということだ。エリートたちは遠隔地との貿易に携わり、揺籃《ようらん》期の宗教と政治的階級制を手にしていたのだ。

政治的エリートの出現を契機として、おそらく、まずは定住生活への、続いて農耕への移行が起こったはずだ。ナトゥフ人の遺跡からわかるように、定住生活が必ずしも農耕や牧畜に結びつくとはかぎらなかった。人々は定住する一方で、依然として狩猟・採集で生計を立てられたのだ。なんと言っても、「長い夏」のおかげで野生の作物は豊富だったし、狩猟・採集のほうが魅力があったようだ。大半の人々は、多くの努力を要しない狩猟・採集を土台とした生活に十分満足していたのかもしれない。技術革新でさえ、必ずしも農業生産の増大につながるわけではない。実際、次の話はよく知られている。イル・ヨロントというオーストラリアのアボリジニーの集団が、大きな技術革新、つまり鉄の斧を使いはじめたとき、生産量が急増することはなく、睡眠時間が長くなったのだ。イノヴェーションのおかげで、生存に必要なものが以前より簡単に手に入るようになったため、もっと多くを得ようと働くインセンティヴはほとんどなかったからだ。

新石器革命に対する、地理に基づく従来の説明――第二章で論じたジャレド・ダイアモンドの議論が代表例――によれば、その革命を進める力は、飼育・栽培しやすい多くの動植物種の偶発的な入手のしやすさにあるという。それが農耕や牧畜を魅力的なものとし、定住生活の呼び水となったのである。定住が一般化し、農耕が始まると、社会は政治的階級制、宗教、かなり複雑な制度を発展させるようになった。従来のこうした説明は広く受け入れられているにもかかわらず、原因と結果を取り違えていることが、ナトゥフ人の遺跡に見られる証拠から明らかになる。制度の変化が起こったのは、社会が農耕へ移行するかなり前だったのであり、それはおそらく、制度の変化を強化する定住生活への移行と、それに続く新石器革命の原因だったのである。こうしたパターンは、徹底的に調査されたヒリー・フランクスに見られる証拠だけでなく、アメリカ大陸、サハラ以南のアフリカ、東アジアにおける圧倒的多数の証拠によっても示されているのだ。

農耕への移行が農業生産性の向上をもたらし、人口の大幅な拡大を可能としたのは間違いない。たとえば、イェリコやアブ・フレイラといった遺跡を見ると、初期の農村は農耕以前の村よりもずっと大きいことがわかる。一般的に言って、農耕への移行が起こると村は二～六倍も成長した。さらに、従来、農耕への移行によって生じるとされてきた結果の多くが、実際に起こったことも疑いない。職業の専門化が進み、技術が急速な進歩を遂げ、そしておそらく、いっそう複雑で、もしかするといっそう不平等な政治制度が発展したのだ。だが、こうした事態がある特定の場所で起こるかどうかを決めたのは、動植物種の入手のしやすさではなかった。そうではなく、社会において、定住生活とその後の農耕の出現を可能とするタイプの制度的・社会的・政治的イノヴェーションが生じた結果として、それが起こったのだ。

こうした事態が起こったのは、「長い夏」と、作物や動物種が存在したおかげだった。とはいえ、気候が温暖化したあと、いつどこで起こるかまでがそれらによって厳密に決定されたわけではない。むしろ、決定的な岐路、つまり「長い夏」と、小さいながら重要な制度的相違との相互作用が決めたのである。気候が温暖化すると、ナトゥフ人をはじめとする一部の社会は、現代の国民国家のそれと比べればきわめて小規模なものではあるが、中央集権的な制度と階級制の要素を発展させた。シャームの支配するブジョング族のケースのように、社会が再編を選んだのは、ありあまる野生の動植物が生み出すいっそうの好機を利用するためだった。こうした新たな好機と政治における中央集権化のプロセスの主要な受益者が、政治的エリートだったのは疑いない。政治制度が少しばかり異なっていただけのほかの地域は、政治的エリートがこうした岐路を同じように利用するのを許さなかった。そのため、政治の中央集権化のプロセスと、定住して農業を営むいっそう複雑な社会の構築に後れを取ることになった。こうした状況が、まさにわれわれが以前に見たタイプの次なる相違へと道を開いた。いったんこれらの違いが生じると、それはある場所には広がり、ある場所には広がらなかった。たとえば、農耕は紀元前六五〇〇年ごろ以降に中東からヨーロッパへと広がった。そのほとんどは農民の移住の結果だった。ヨーロッパでは、さまざまな制度がアフリカをはじめとする世界各地から乖離していった。世界のほかの地域では、当初の制度が異なっていたし、中東の「長い夏」によって始まったイノヴェーションが起きたのは、はるかあとになってようやくのことだった。また、そのときでさえイノヴェーションの形は異なっていたのだ。

ナトゥフ人の制度的イノヴェーションは、おそらく新石器革命を支えたにもかかわらず、世界史につましい遺産を遺すこともなければ、現代のイスラエル、パレスチナ、シリアにあたる彼らの祖国に確固たる長期的繁栄をもたらすこともなかった。シリアとパレスチナは現代の世界で比較的貧しい地域だし、イスラエルの繁栄の大部分は、第二次世界大戦後のユダヤ人の移住と、彼らの高い教育レベルおよび利用しやすい先進技術によって生み出されたものだ。ナトゥフ人の当初の成長が持続しなかった理由は、ソ連の成長が尻すぼみに終わった理由と同じである。当時としてはきわめて重要で、革命的でさえあったにもかかわらず、それは収奪的制度のもとでの成長だったのだ。ナトゥフ人の社会ではまた、この種の成長によって深い対立が生じる可能性も高かった。つまり、制度およびそれが可能とする収奪を誰が支配するかをめぐる対立である。収奪から利益を得るエリートのそれぞれに対して、彼らに取って代わることを熱望する非エリートが存在する。ときには、内紛によってあるエリートが別のエリートに単純に置き換えられることもある。ときには、国家と社会の崩壊のプロセスが解き放たれ、収奪的社会全体が破滅に向かうこともある。たとえば、一〇〇〇年以上前にマヤの都市国家が築いた壮麗な文明が、そうした経過をたどったのである。

不安定な収奪

農耕は世界中のいくつかの場所で独自に始まった。現在はメキシコとなっている地域で、国家やコミュニティーを構築するいくつかの社会が現れ、農業へと移行した。中東におけるナトゥフ人と同じように、これらの社会もある程度の経済成長を達成した。実際、メキシコ南部、ベリーズ、グアテマラ、西ホンジュラスといった地域のマヤ族の都市国家は、独自の収奪的制度のもとにかなり高度な文明を築いたのだ。マヤ族の経験が明らかにするのは、収奪的制度のもとでの成長の可能性だけでなく、このタイプの成長のもう一つの根本的限界である。すなわち、さまざまな集団や人々が収奪者になろうと争うことで生じ、最終的には社会と国家をともに崩壊に導く政治の不安定性だ。

マヤ族の都市が最初に発展しはじめたのは、紀元前五〇〇年ごろのことだった。こうした初期の都市はやがて、紀元一世紀のどこかの時点で消滅してしまった。その後、新しい政治モデルが現れ、二五〇年から九〇〇年にかけて古典期の基礎を築いた。この時期はマヤ族の文化と文明の最盛期に当たる。だが、より高度なこの文明もまた、それ以降の六〇〇年のあいだに消滅した。一六世紀初頭にスペイン人のコンキスタドールがやってきたときには、ティカル、パレンケ、カラクムールといったマヤ族の都市の巨大な寺院や宮殿は、森に飲み込まれており、一九世紀になるまで再発見されることはなかったのだ。

一部の都市はほかの都市に従属していたものの、マヤ族の都市が一つの帝国に統一されたことはなかった。だが、とりわけ戦時には各都市が力を合わせることが多かったようだ。この地域の都市国家――そのうちの五〇はそれぞれが使っていた独自の象形文字によって見分けられる――のあいだの主なつながりは、それらの都市の住民が、異なりつつも近い関係にある約三一のマヤ語を話していた点にある。マヤ族は書記体系を発展させ、少なくとも一万五〇〇〇の碑文を残した。そこには、エリート層の生活、文化、宗教の多くの特徴が記されている。彼らはまた、長期暦として知られる高度なカレンダーを持っていた。それは、特定の日から年の積み重ねを数え、すべてのマヤ族の都市で使用されていたという点で、現代のカレンダーにとてもよく似ている。長期暦は紀元前三一一四年に始まっている。マヤ族がこの日付にどんな意味を結びつけていたかはわからないが、マヤ族の社会に似たものが現れるかなり前だ。

マヤ族は建築に熟練しており、独自にセメントを発明したほどだった。彼らの手になる建築物と碑文は、マヤ族の都市がたどった道筋について重要な情報を提供してくれる。彼らはしばしば、長期暦に従って日付とともに出来事を記録したからだ。おかげで、考古学者たちはマヤのすべての都市を見て回り、ある年に建物がいくつ完成したかを数えられる。五〇〇年ごろには、日付のつく重要遺物《モニュメント》はほとんどない。たとえば、五一四年に対応する長期暦の日付は一〇しか記録されていない。その後は着実に増え、六七二年には二〇、八世紀半ばには四〇に達している。これ以降、日付のつくモニュメントの数は激減する。九世紀には年に一〇まで減り、一〇世紀にはとうとうゼロになった。日付のあるこれらの碑文のおかげで、われわれは、マヤ族の都市の拡大と八世紀末以降の縮小を明確にイメージできるのだ。

日付に関するこうした分析は、記録に残されたマヤ族の王のリストを検討することによって補完できる。現在のホンジュラス西部にあるコパンというマヤ族の都市に、祭壇Qという有名なモニュメントがある。祭壇Qにはすべての王の名前が記録されている。最初に登場するのは、王朝の創始者であるキニチ・ヤシュ・クック・モ、すなわち「偉大な太陽王、初代ケツァル・コンゴウインコ」だ。この名前の由来は、太陽に加えて、中米の森に住む二種の色鮮やかな鳥にある。マヤ族はこれらの鳥の羽根を珍重していた。キニチ・ヤシュ・クック・モが四二六年にコパンで権力の座についたことは、祭壇Qの長期暦の日付からわかる。彼が創始した王朝は四〇〇年にわたって権勢を振るうことになった。キニチ・ヤシュの後継者のなかには、同じように絵画的な名前を持つ者もいた。一三番目の支配者を示す象形文字は「一八ウサギ」と訳せるし、次の王は「煙猿」、そのあとは七六三年に死んだ「煙貝殻」だ。祭壇Qの最後に現れる名前はヤシュ・パサフ・チャン・ヨアート、すなわち「最初の夜明けの空、雷神」だ。彼はこの系統の一六代目の支配者で、煙貝殻の死によって即位した。ヤシュ・パサフ・チャン・ヨアートのあとには、われわれが知っている王はもう一人、ウキト・トーク（火打ち石のパトロン）しかいない。この名前は祭壇の断片からわかったものだ。ヤシュ・パサフのあと、建物や碑文はつくられなくなり、王朝はまもなく転覆したようだ。ウキト・トークはおそらく、真の王位要求者でさえなく、詐称者だったのだろう。

コパンに存在するこうした証拠を検討する最後の方法は、考古学者のアンコリン・フレター、ナンシー・ゴンリン、デーヴィッド・ウェブスターによって開発されたものだ。これらの研究者は、四〇〇年から一二五〇年にかけての八五〇年間におけるコパン・ヴァレーでの定住地の広がりを調べることによって、コパンの盛衰を正確に描き出した。その際に使われたのが、黒曜石が採掘された日の水分含有量を計算する、黒曜石水和《すいわ》層年代測定法というテクニックだ。黒曜石がいったん採掘されると、水分の含有量は既知の比率で下がっていくため、考古学者は採掘された日付を算定できる。こうして、フレター、ゴンリン、ウェブスターは、日付を割り出したそれぞれの黒曜石が、コパン・ヴァレーのどこで採掘されたかを地図に記入していった。こうして、コパンがどう拡大し、その後どう縮小したかを追跡したのだ。ある特定の地域の家屋と建物の数は合理的に推定できるため、町の総人口を見積もることができる。四〇〇年から四四九年の期間、人口は取るに足りないもので、約六〇〇人と推定された。人口は着実に増加し、七五〇年から七九九年にかけてピークを迎え、二万八〇〇〇人となった。現代の都市の基準からすると多いとは思えないが、当時としては大変な数だった。この数字から考えて、その期間、コパンの人口はロンドンやパリより多かったのである。ティカルやカラクムールといったほかのマヤの都市が、はるかに多くの人口を抱えていたことは疑いない。長期暦の日付による証拠に従えば、コパンの人口がピークに達したのは八〇〇年のことだった。その後人口は減りはじめ、九〇〇年までに約一万五〇〇〇人となった。以降も減少は続き、一二〇〇年には八〇〇年前の人口に戻ってしまったのである。

マヤ古典期の経済発展の基盤は、ブション族やナトゥフ人にとってのそれと同じだった。つまり、ある程度の中央集権化を伴う収奪的制度の創設である。これらの制度にはいくつかの重要な要素があった。一〇〇年ごろ、グアテマラのティカルの町に新しいタイプの王朝が

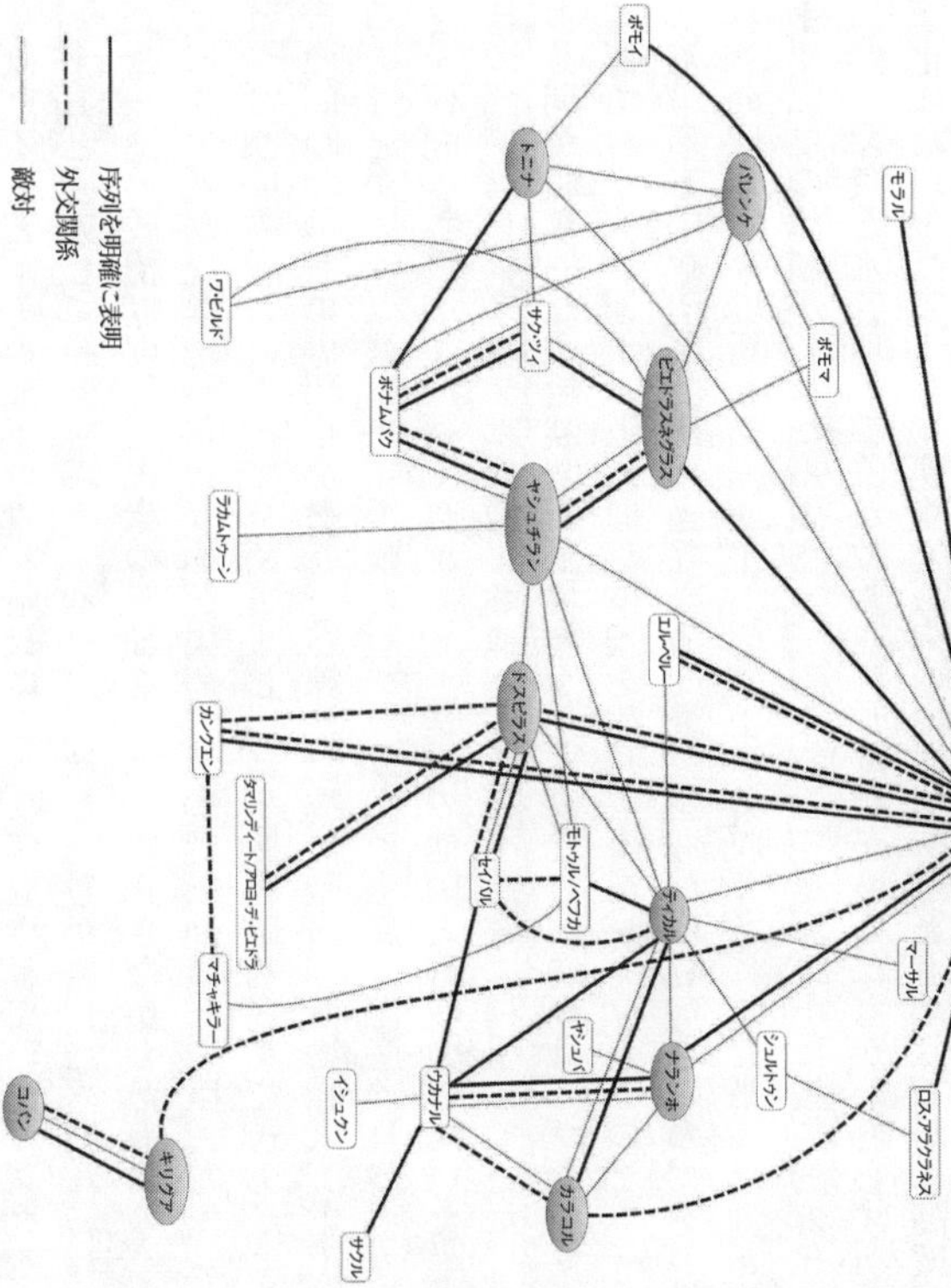

地図 10　マヤ族の都市国家および、都市間の交流と対立

現れた。アハウ（君主あるいは支配者）を土台とする支配階級は、クフル・アハウ（神聖君主）と呼ばれる王と、その配下の貴族階級によって確立されていた。われわれの知るかぎり、クフル・アハウはこれらのエリートと協力して社会を構築する一方、神々とも交信した。クフル・アハウは農民から貢ぎ物を集め、労働者を動員して巨大なモニュメントを築いた。この新たな一連の政治制度は、民衆の参加をいっさい許さなかったものの、安定をもたらした。これらの制度の融合によって、めざましい経済拡大の基礎ができあがった。マヤ人の経済の土台は広範な職業の専門化であり、熟練した陶器職人、織物職人、木工職人、工具・装飾品製造者などがいた。彼らは、黒曜石、ジャガーの毛皮、海産の貝殻、カカオ、塩、鳥の羽根などを仲間うちで、また遠く離れたメキシコの他国とも取引していた。彼らはおそらく貨幣も持っていたし、アステカ族のようにカカオ豆を通貨に利用していた。

マヤ古典期が収奪的な政治制度の出現のうえに成立した過程は、ブショング族の状況にとてもよく似ており、シャーム王に似た役割を演じたのが、ティカルのヤシュ・エーブ・ショークだった。新しい政治制度は相当な経済的繁栄をもたらしたものの、その後、大半がクフル・アハウの取り巻きの新しいエリート層によって収奪されてしまった。ところが、三〇〇年ごろまでにこの体制がいったん固まってしまうと、それ以上の技術的変化はほとんど起こらなかった。灌漑と水管理の手法が改善された証拠があるにもかかわらず、農業技術は原始的で、変化はなかったようだ。建築と芸術の技法は時とともにはるかに高度になったのだが、全体としてはイノヴェーションはほとんど起こらなかったのだ。

創造的破壊はなかった。だが、別の形の破壊はあった。収奪的制度を通じてクフル・アハウとマヤ族のエリート層のために生み出された富をめぐって、たえまない闘争が生じ、時とともに激化したからだ。次々に起こる争いが、特別な象形文字によってマヤ族の碑文に記録されている。そこには、長期暦のある特定の日に戦争が起こったことが示されている。金星は天上に輝く戦争の支援者であり、マヤ族は金星の軌道の一定の段階を、遂行中の戦争にとってとりわけ吉兆だと見なしていた。考古学者のあいだで「スター・ウォーズ」として知られる、闘争を表す象形文字が表しているのは、水か血のような液体を地球に降らせる星だ。これらの碑文から、同盟と敵対のパターンも明らかになる。ティカル、カラクムール、コパン、パレンケといった大国同士が長いこと権力闘争を続け、征服された小国は従属的な地位に陥った。こうした事態を示す証拠が、王の即位を表す文字列に見られる。この時代にそれらの文字列が示すようになるのは、小さな国家がいまや、外部の別の統治者に支配されつつあるということだった。

二四五ページの地図10には、マヤ族の主要都市とそれらの関係のさまざまなパターンが描かれている。考古学者のニコライ・グルーベとサイモン・マーティンによって再現されたものだ。これらのパターンからわかるのは、カラクムール、ドスピラス、ピエドラスネグラス、ヤシュチランといった大都市は、広範な外交関係を持っていたにもかかわらず、一部の国はしばしばほかの国に支配され、またそれらの国々がたがいに戦ったということだ。

マヤ文明の崩壊に関する重要な事実は、それがクフル・アハウに基づく政治モデルの転覆と同時に起こったということだ。すでに述べたように、コパンでは八一〇年にヤシュ・パサフが死んだあと、もはや王は存在しなかった。この前後に王宮は放棄された。コパンの二〇マイル（約三二キロメートル）北に位置するキリグアという都市では、最後の王となる「翡翠空」が、七九五年から八〇〇年のあいだに王位に就いた。日付のつく最後のモニュメントは、長期暦によると八一〇年のもので、ヤシュ・パサフの没年と同じである。その直後にキリグアは放棄された。マヤ族の領土全体を通じて、物語は同じである。商業、農業、人口が拡大する状況を整えた政治制度が消滅してしまったのだ。宮廷の行事は行なわれず、モニュメントや寺院には彫刻が施されず、宮殿は空になった。国家の中央集権化のプロセスが逆転して、政治・社会制度が破綻したとき、経済は収縮し、人口は減少したのだ。

中核的施設が広範な暴力行為によって崩壊したケースもあった。のちに巨大な寺院が破壊され、長い防護壁をつくるためにその石が使われたグアテマラのペテシュバトゥン地区は、一つの生々しい例を提供してくれる。次章で見るように、それはローマ帝国末期の出来事とそっくりだったのだ。その後、崩壊時の暴力行為の痕跡が少ないコパンのような場所でさえ、多くのモニュメントが外観を損なわれたり破壊されたりした。初めにクフル・アハウが打倒されたあとも、エリート層が存続した地域もあった。コパンでは、少なくともさらに二〇〇年にわたり、エリート層が新しい建物をつくりつづけた証拠がある。やがて、彼らもまた姿を消した。それ以外の地域では、エリート層はクフル・アハウと同時にいなくなったようだ。クフル・アハウとその取り巻きのエリート層が打倒され、マヤ古典期を生み出した制度が崩壊したのはなぜだろうか。現存する考古学的証拠からは、確定的な結論を引き出すことはできない。こうした事態が起きた背景には、都市間の戦争の激化があったことがわかっている。また、都市の内部における抗争や反乱——それを主導したのはおそらく別の派閥のエリート層だろう——によって、制度が覆されてしまったようだ。マヤ族がつくりだした収奪的制度が十分な富を生んだおかげで、都市は繁栄し、エリート層は裕福になり、偉大な芸術や記念碑的な建造物がつくられたものの、その体制は安定していなかった。こうした一握りのエリート層が支配の基盤とした収奪的制度は、大きな不平等を生み、したがって民衆から収奪した富を懐にする人々のあいだに内紛の火種をまいた。こうした紛争が結局はマヤ文明の破滅につながったのである。

何が悪いのか？

収奪的制度が歴史上よく見られるのは、それが強力な論理を持っているからだ。すなわち、収奪的制度はある程度の繁栄を達成できるものの、同時に、少数のエリートの手にそれを渡してしまうのだ。こうした成長が起こるには、政治の中央集権化が必要となる。いったんそれが実現すると、国家は——あるいは国家を支配するエリートは——たいてい次のようなインセンティヴを持つことになる。つまり、投資によって富を生み出し、国家が資源を収奪できるよう人々に投資を促し、さらに、通常は包括的な経済制度や市場によって推進されるプロセスの一部を模倣さえするインセンティヴだ。カリブ海諸島のプランテーション経済では、収奪的制度の一つの形として、エリート層が圧政を利用して奴隷に砂糖の生産を強要した。ソ連では、共産党が農業から得た資源を工業に配分し、経営者と労働者向けにある種のインセンティヴを体系化した。すでに見たように、こうしたインセンティヴは、そのシステムの本性によって損なわれているのである。

収奪的成長を生み出す可能性は、政治の中央集権化を促すばかりか、シャーム王がクバ王国を創建したがった理由でもある。また中東のナトゥフ人が、原始的な形の法と秩序、階級制、収奪的制度――それらがやがて新石器革命につながることになる――をつくりあげた理由をうまく説明してくれる。同じようなプロセスが、アメリカ大陸における定住社会の出現と農業への移行を後押ししたのだろう。また、マヤ族が築いた高度な文明にもこのプロセスが見て取れる。マヤ文明の基盤を据えたのは、限られたエリートの利益のために多くの人々を抑圧するきわめて収奪的な制度だったのだ。

しかし、収奪的制度によって生み出される成長は、包括的制度のもとで生じる成長とは性格がまったく違う。最も重要なのは、それが持続不能だということだ。まさにこの性格のために、収奪的制度によって創造的破壊が引き起こされることはなく、せいぜい限られた技術的進歩が生じるにすぎない。そのため、収奪的制度が実現する成長は、ごく短期間しか続かないのだ。ソ連の経験はこうした限界の生々しい実例を提供してくれる。ソヴィエト・ロシアが急成長を遂げたのは、世界の先進的な科学技術に駆け足で追いつき、きわめて非効率な農業部門から工業部門へ資源を回したためだった。だが結局のところ、農業から工業に至るあらゆる部門で与えられたインセンティヴは、技術的進歩を刺激できなかった。進歩があったのは、西側との競争で大きな役割を担っていたために資源が注ぎ込まれ、イノヴェーションに多くの報酬が与えられた少数の限られた領域だけだった。ソ連の成長がどれほど急速なものだったとしても、比較的短命に終わる運命にあり、一九七〇年代にはすでに活力を失っていたのである。

創造的破壊とイノヴェーションの欠如だけが、収奪的制度のもとでの成長に厳しい制約がある理由ではない。マヤ族の都市国家の歴史から明らかになるのは、より不吉な、そして悲しいかな、よりありふれた結末だ。それを生み出すのは、またしても収奪的制度に固有の論理である。この制度はエリートに相当な利益をもたらすため、それ以外の人々が現時点のエリートに取って代わるべく戦うための強力なインセンティヴが生じる。したがって、内紛と政情不安は収奪的制度の本質的特徴なのだ。それらはさらなる非効率性を生み出すだけでなく、政治のいかなる中央集権化も逆転させてしまうことが多い。ときには、法と秩序の完全な崩壊、混乱状態への転落を招くことさえある。マヤの都市国家が、古典期にそれなりの成功を収めたあとで経験したとおりだ。

本質的に限界があるにもかかわらず、収奪的制度のもとでの成長は、それが進展しているときにはめざましいものに見えるかもしれない。ソ連の多くの人々、また西側世界のさらに多くの人々が、一九二〇年代、三〇年代、四〇年代、五〇年代、六〇年代、さらには七〇年代になってさえ、ソ連の成長に畏敬の念を抱いていたのだ。こんにち多くの人々が、中国の経済成長の猛烈なスピードに魅了されているのと同じである。だが、下巻第一五章でより詳細に論じるように、共産党支配下の中国は、収奪的制度のもとで成長を経験している社会のもう一つの例であり、根本的な政治改革を経て包括的な政治制度へと向かわないかぎり、持続的な成長を生み出す可能性は同じように低いのである。

第六章

乖　離

ヴェネツィアはいかにして博物館になったか

ヴェネツィアを形成する群島は、アドリア海の北端に位置している。中世において、ヴェネツィアはおそらく世界で最も裕福な場所だったはずだ。きわめて先進的な一連の包括的経済制度を持っており、それは芽吹いたばかりの政治的包括性に支えられていた。ヴェネツィアが独立を勝ち取ったのは八一〇年のことで、これは実に幸運な時期だった。ヨーロッパ経済はローマ帝国の崩壊時に陥った不況から立ち直りつつあり、カール大帝をはじめとする王たちが、強大で中央集権的な政治権力を再構築しているところだった。これが、社会の安定、より大きな安全、通商の拡大につながったのだが、ヴェネツィアはそれらを利用できる唯一の場所にあったのだ。ヴェネツィアは地中海の中央に位置する船乗りの国だった。東方からは、スパイス、ビザンティン帝国でつくられた品々、奴隷が運ばれてきた。ヴェネツィアは裕福になった。一〇五〇年、すでに少なくとも一世紀にわたり経済の拡大を続けていたヴェネツィアは、四万五〇〇〇人の人口を抱えていた。一二〇〇年には、この人口が五〇パーセント以上増えて七万人に達した。一三三〇年までにふたたび五〇パーセント増え、一一万人となった。当時、ヴェネツィアはパリに匹敵する大きさで、おそらくロンドンの三倍の規模があったはずだ。

　ヴェネツィアの経済拡大の重要な基盤の一つは、経済制度をはるかに包括的なものとする、契約にかかわる一連のイノヴェーションだった。なかでも有名なのがコメンダで、一度かぎりの貿易ミッションのために組織された原始的な形の合資会社である。コメンダは二人の共同出資者《パートナー》から成っていた。ヴェネツィアにとどまる「定住」パートナーと、旅に出るパートナーだ。定住パートナーが事業に投資し、旅行パートナーが積み荷に付き添った。一般に、定住パートナーが資本の大半を負担していたため、自分自身の財産を持たない若い起業家でも、商品を手に旅をすることで貿易業に乗り出せた。これは、社会階層を上昇するための重要な経路だった。旅による損失はパートナーの出資額に応じて分担された。旅のおかげで儲けが出れば、利益は二種類のコメンダ契約に基づいて分けられた。コメンダが片務契約なら、定住組の商人が資本を一〇〇パーセント負担し、利益の七五パーセントを手にした。双務契約なら、定住組の商人が資本の六七パーセントを負担し、利益の五〇パーセントを手にした。公文書を調べてみると、社会階層の上昇移動を促すのに、コメンダの力がいかに大きかったかがわかる。こうした文書には新しい名前、つまり以前はヴェネツィアのエリート層に属していなかった人々がひしめいているのだ。九六〇年、九七一年、九八二年の政府文書において、新しい名前の数はそれぞれ、記録された名前の六九パーセント、八一パーセント、六五パーセントを占めているのである。

こうした経済的包括性と、商業を通じた新顔の一族の勃興のせいで、政治体制はいっそう開かれたものとならざるをえなかった。ヴェネツィアを統治する総督《ドージェ》は、一般議会によって選ばれる終身の役職だった。一般議会は全市民の一般的な会合だったものの、実際には有力な一族からなる中核グループによって支配されていた。ドージェはきわめて強い力を持っていたが、政治制度の変化に伴い、その権力は時とともに徐々に小さくなっていった。一〇三二年以降、ドージェは新設された公爵評議会とともに選任されるようになった。公爵評議会の仕事の一つは、ドージェが絶対的権力を手にしないようにすることだった。この評議会の監視を受けた最初のドージェであるドメニコ・フラビアニコは、以前はあまり身分の高くなかった一族出身の裕福な絹商人だった。こうした制度の変化の後を追うように、ヴェネツィアの商業と海軍の力は急速に拡大した。一〇八二年、ヴェネツィアはコンスタンティノープルで広範な貿易特権を与えられ、都市のなかにヴェネツィア地区ができた。まもなく、一万人のヴェネツィア人がそこに住むようになった。この段階で、包括的な経済制度と政治制度が連携して機能しはじめていることがわかる。

政治的変化へのいっそうの圧力を生み出したヴェネツィアの経済成長は、一一七一年のドージェ殺害事件に続いて政治・経済制度が変化したあと、爆発的な勢いとなった。最初の重要なイノヴェーションは、大評議会の創設だった。これ以降、大評議会がヴェネツィアの政治権力の源泉となったのだ。その構成員は、裁判官をはじめとするヴェネツィア州の官吏であり、評議会を支配していたのは貴族階級だった。これらの官吏に加え、毎年一〇〇人の新たな評議員が任命委員会によって指名された。任命委員会の四人の委員は既存の評議会から抽選で選ばれた。続いて大評議会は、参事会および四〇人委員会という二つの下位評議会のメンバーを選んだ。この二つの評議会は、立法と行政にまつわるさまざまな職務を担っていた。大評議会はさらに公爵評議会を選んだ。そのメンバーは二人から六人に拡大した。第二のイノヴェーションは、さらにもう一つの評議会の創設だった。大評議会によって抽選で選ばれるこの評議会は、ドージェの指名を役割としていた。その選定は大評議会の承認を受けなければならなかったものの、指名されるのは一人だけだったため、ドージェの選択権は事実上この評議会が手にすることになった。第三のイノヴェーションは、新任のドージェが、公爵の権力を制限する宣誓をしなければならないことだった。時を経るにつれて、これらの束縛がたえまなく拡大した結果、その後のドージェは行政官に従わざるをえなくなり、さらに、あらゆる決定について公爵評議会の承認を得なければならなくなった。公爵評議会はまた、ドージェを大評議会のあらゆる決定に従わせる役目も担っていた。

これらの政治改革が、さらなる一連の制度的イノヴェーションにつながった。法律の面では、独立した治安判事、裁判所、控訴裁判所、新しい私的な契約法と破産法などが創設された。ヴェネツィアのこうした新しい経済制度のおかげで、合法的な新しい企業形態をとれるようになった。急速な金融イノヴェーションが起こったため、この頃のヴェネツィアには現代の銀行業の起源が見られる。ヴェネツィアを十分に包括的な制度へ向かわせる原動力は止められないように見えた。

だが、こうしたことのすべては緊張関係にあった。ヴェネツィアの包括的制度に支えられた経済成長には、創造的破壊が伴っていた。コメンダをはじめとする経済制度を通じて裕福になった野心ある若者の新しい波が押し寄せるたびに、既成のエリートの利益と経済的成功は損なわれることが多かった。彼らはエリート層の利益を損なっただけでなく、その政治力をも脅かした。したがって、大評議会に属する既成のエリートはこんな誘惑に絶えず駆られていたのだ。罰せられずに済むなら、こうした新興勢力に対して体制を閉ざしてしまいたいものだ、と。

大評議会が創設された当初、そのメンバーは毎年決定されていた。すでに述べたように、年末に四人の選挙人が無作為に選ばれ、翌年の一〇〇人のメンバーを指名すると、この一〇〇人が自動的に選ばれたのだ。一二八六年一〇月三日、大評議会にある提案がなされた。ルールを修正し、選挙人による指名は四〇人委員会の過半数に承認されねばならないことにすべきだというのだ。四〇人委員会はエリート層の一族によってしっかりと支配されていた。このとおりにルールが修正されれば、大評議会の新メンバーの指名に対して、これらのエリートが従来はなかった拒否権を手にすることになったはずだ。だが、その提案は否決された。一二八六年一〇月五日、別の提案が出され、今度は通過した。これ以降、ある人物の父や祖父が大評議会のメンバーであれば、その人物は自動的に評議員に承認されることになった。そうでない場合、公爵評議会による承認が必要だった。一〇月一七日、もう一つのルール変更が認められた。大評議会のメンバーの指名は、四〇人委員会、ドージェ、公爵評議会の承認を受けねばならないことになったのだ。

一二八六年の論争と憲法修正は、ヴェネツィアの閉鎖《ラ・セラタ》の前兆だった。一二九七年二月、それ以前の四年間に大評議会のメンバーだった者は、次期メンバーに自動的に指名されて承認されることが決まった。新たに指名された者は四〇人委員会の承認を受けねばならなかったが、わずか一二票を得ればよかった。一二九八年九月一一日以降、現メンバーとその家族はもはや承認を必要としなくなった。大評議会はいまや、部外者に対して事実上門戸を閉ざし、当初の現職評議員は世襲の貴族となった。そこに封印がされたのは一三一五年のことだった。ヴェネツィアの貴族階級の戸籍台帳にあたる金書《リブロ・ドロ》がつくられたのだ。

この発生期の貴族階級からはじき出された人々が、貴族階級の権力を弱めるには戦うしかなかった。一二九七年から一三一五年にかけて、ヴェネツィアの政治的緊張は確実に高まっていった。大評議会はみずからを拡大することによって、こうした状況に部分的に対処した。最も声の大きな対抗勢力を評議員に選ぶため、定員を四五〇人から一五〇〇人へ増やしたのだ。こうした拡大を補完したのが弾圧だった。一三一〇年に警官隊が初めて設置され、国内の圧政は着々と強まっていった。これが、新たな政治秩序を堅固なものとする手段だったのは疑いない。

大評議会は政治の閉鎖を実行すると、続いて経済の閉鎖に取りかかった。収奪的な政治制度への転換に続き、今度は収奪的な経済制度への移行が始まろうとしていた。最も重要なのは、ヴェネツィアを裕福にした偉大な制度的イノヴェーションの一つ、コメンダ契約が利用を禁じられたことだ。それは意外なことではない。コメンダは新興の商人に有利に働いたが、いまや既存のエリートが彼らを締め出そうとしていたのだ。これは、いっそう収奪的な経済制度への一歩にすぎなかった。次の一歩が踏み出されたのは、一三一四年、ヴェネツィア州が貿易を支配し、国営化しはじめたときだ。ヴェネツィアは州のガレー船団を組織して貿易に乗り出すと、一三二四年からは貿易に携わろうとする個人に高額の税を課すようになった。遠距離貿易は貴族階級の領分となった。これが、ヴェネツィアの繁栄の終わりの始まりだった。ビジネスの主流がますます限られたエリートに独占されるようになるにつれ、衰退は進んでいった。ヴェネツィアはもう少しで世界初の包括的な社会になるかと思われたところで、クーデターに見舞われたのだ。政治・経済制度はさらに収奪的になり、ヴェネツィアの経済は衰退しはじめた。一五〇〇年までに、人口は一〇万人に減少していた。ヨーロッパの人口が急増した一六五〇年から一八〇〇年にかけて、ヴェネツィアの人口は縮小したのだ。

こんにちヴェネツィアで行なわれている唯一の経済活動は、取るに足りない漁業を別とすれば、観光である。貿易ルートや経済制度を開拓する代わりに、ヴェネツィア市民は大勢の外国人向けにピッツァやアイスクリームをつくり、色ガラスを吹いている。観光客の目当ては閉鎖以前のヴェネツィアの感嘆すべき事物、たとえばドゥカーレ宮殿やサンマルコ大聖堂である。それらは、ヴェネツィアが地中海を支配していたころ、ビザンティウムの建築を模して建てられたものだ。ヴェネツィアは経済大国から博物館になったのである。

本章では、世界各地における制度の歴史的発展に焦点を合わせ、それらがさまざまな形で発展した理由を説明する。第四章では、西欧の制度が東欧の制度からいかにして離れていったかを、続いて、イングランドの制度が西欧のほかの国々の制度からいかにして離れていったかを概観した。それは制度上の小さな相違の帰結であり、大半は決定的な岐路と相互に作用する制度的浮動から生じたものだった。すると、こんなふうに考えたくなるかもしれない。これらの制度的相違は歴史のなかの大きな氷山の一角であり、水面下では、数千年をさかのぼる歴史的事件に基づいて、イングランドとヨーロッパの制度がほかの国々の制度から容赦なく離れていくのが見えるのだ、と。よく言うように、あとは歴史が物語るとおりである。

だが、二つの理由からそうは言えない。第一に、ヴェネツィアについて説明したように、包括的制度への動きは反転することがある。ヴェネツィアは繁栄した。だが、その政治・経済制度は覆され、繁栄は反転しはじめた。現在のヴェネツィアが裕福なのは、どこかほかの場所で収入を得た人々が、ヴェネツィアの過去の栄光を称え、そこでお金を使ってくれるからにすぎない。包括的制度が反転する可能性があるという事実が示すのは、制度の改善が単純に積み重なっていくプロセスは存在しないということだ。

第二に、決定的な岐路で重大な役割を果たす小さな制度的相違は、そもそもはかないものである。小さいがゆえに反転することもあるし、その後ふたたび現れ、さらに反転することもある。本章で見ていくのは次の点だ。地理説や文化説から予想される事態とは対照的に、一七世紀に包括的制度への決定的なステップを踏んだイングランドは、中東の新石器革命に続く数千年のみならず、西ローマ帝国崩壊後の中世初頭においても、発展の遅れた地域だったのだ。イギリス諸島はローマ帝国から見れば辺境であり、西欧大陸、北アフリカ、バルカン諸国、コンスタンティノープル、あるいは中東よりも重要でなかったのは確かである。五世紀に西ローマ帝国が崩壊したとき、イングランドはほかのどの国よりも衰退していた。だが、最終的に産業革命につながる政治革命が起こったのは、イタリアでも、トルコでも、西欧大陸でさえなく、イギリス諸島だったのである。

とはいえ、産業革命に至るイングランドの道筋と、その後を追った諸国について理解するには、いくつかの理由からローマ帝国の遺産が重要な意味を持っている。第一に、ヴェネツィアと同じく、ローマ帝国は早い時期に大きな制度的イノヴェーションを経験した。ヴェネツィアの場合と同じく、ローマ帝国の当初の経済的成功は――少なくとも当時の基準に照らせば――包括的制度に基づいたものだった。ヴェネツィアの場合と同じく、これらの制度は時を経るにつれて明らかに収奪的になっていった。ローマ帝国の場合、これは共和国（前五一〇―前四九年）から帝国（前四九―後四七六）への移行の帰結だった。ローマは共和国期に堂々たる帝国を築き上げ、遠距離の貿易や輸送を盛んに行なったにもかかわらず、ローマ経済の大半は収奪を基盤としていた。共和国から帝国への移行は収奪の比重を増し、最終的には、マヤ族の都市国家に見られたような内紛、政情不安、崩壊を招いたのである。

第二に、さらに重要なことに目を向けると、西欧のその後の制度的発展はローマ帝国の直接の遺産ではなかったものの、西ローマ帝国崩壊後、その地域全体に共通して見られた決定的な岐路の帰結だったのだ。こうした決定的な岐路は、アフリカ、アジア、アメリカ大陸といった世界のほかの地域にはほとんど類例がなかった。とはいえ、われわれはまたエチオピアの歴史を通じて、ほかの地域で似たような決定的岐路が現れた際には、ときとして著しく似通った対応がなされたことを示す。ローマ帝国の衰退は封建制をもたらした。封建制は副産物として奴隷制の衰退を招き、世襲的君主と貴族階級の影響力の及ばない都市を生み出し、その過程で支配者の政治権力を弱める一連の制度がつくられた。黒死病によって大惨事がもたらされ、君主、貴族、大地主の犠牲のもとに独立した都市と農民の力が強まったのは、こうした封建的な基盤の上でのことだった。また、大西洋貿易によって生じた好機が十分に活かされたのは、こうした背景があってのことだった。世界の多くの地域がこうした変化を経験せず、結果として、西欧との隔たりを徐々に広げていったのである。

ローマ人の美徳……

紀元前一三三年、ローマの護民官だったティベリウス・グラックスは元老院議員に撲殺され、その遺体はテヴェレ川にぞんざいに投げ込まれた。彼を殺した面々はティベリウス自身と同じ貴族であり、暗殺の首謀者はいとこのプブリウス・コルネリウス・スキピオ・ナシカだった。ティベリウス・グラックスは申し分のない名門の出で、先祖にはローマ共和国の傑出した指導者が何人もいた。たとえば、イリュリア戦争と第二次ポエニ戦争の英雄であるルキウス・アエミリウス・パウルスや、第二次ポエニ戦争でハンニバルを破った将軍のスキピオ・アフリカヌスなどだ。ティベリウス・グラックスの時代の有力な元老院議員、それもいとこまでが、彼に敵対していたのはなぜだろうか。

その答えは、ローマ共和国における緊張関係と、共和国のその後の衰退の原因について多くのことを教えてくれる。ティベリウスがこれらの有力な元老院議員と対立したのは、当時の重大問題をめぐって彼らに反対しようとしたからだった。すなわち、土地の配分とローマの一般市民である平民の権利に関する問題だ。

ティベリウス・グラックスの時代には、ローマは押しも押されもせぬ共和国となっていた。その政治制度とローマの市民兵の美徳——それは、父に向かって命がけでローマ共和国を守ると誓う息子たちを描いた、ジャック・ルイ・ダヴィッドの名画「ホラティウス兄弟の誓い」に示されている——が、ローマ共和国の成功の土台だったと見なす歴史家はいまだに多い。紀元前五一〇年ごろ、ローマ市民は傲慢王として知られたルキウス・タルクィニウス・スペルブスを追放し、共和国を創建した。ローマ共和国は賢明にも、政治制度の設計に多くの包括的要素を取り入れた。その国を統治するのは一年ごとに選ばれる執政官だった。執政官が毎年選ばれ、複数の人が同時にその身分を手にしたおかげで、一人の人物が自分の権力を強化したり乱用したりといったことはしにくくなった。共和国の制度には、権力を広く公平に配分する抑制と均衡《チェック・アンド・バランス》の仕組みが含まれていた。選挙が間接制だったため、全市民が代表派遣の権利を平等に持っていたわけではなかったが、その点は変わらなかった。また、イタリアの大半の地域で生産に欠かせない大量の奴隷が存在しており、ことによると人口の三分の一を占めていたかもしれない。奴隷がいっさいの権利を持たなかったのは言うまでもないし、ましてや政治における代表派遣の権利など望むべくもなかった。

それでも、ヴェネツィアと同じく、ローマの政治制度には多元的な要素があった。平民は自分たちの議会を持っており、護民官を選ぶことができた。護民官の権限には、執政官の行為の差し止め、平民会の招集、法律の提案などがあった。紀元前一三三年にティベリウス・グラックスを権力の座につけたのは平民だったのだ。彼らの権力を形づくったのは「離脱」だった。これは平民、とりわけ兵士によるストライキの一種である。兵士が郊外の丘に撤退し、自分たちの不満が解決されるまで執政官に協力するのを拒否したのだ。その脅威が戦時にとりわけ大きかったのは言うまでもない。市民が護民官を選び、自分たちのコミュニティーを支配する法律を制定する権利を手にしたのは、おそらく紀元前五世紀のそうした離脱に際してのことだったと思われる。現代の基準に照らせば限られていたとはいえ、政治的・法的保護のおかげで、市民にとっての経済的機会と、経済制度のある程度の包括性が生み出された。結果として、ローマ共和国の支配のもと、地中海を股にかけた貿易が盛んに行なわれた。考古学的な証拠からわかるのは、市民も奴隷も最低水準に近い暮らしを送る者が多かった一方で、一部の一般市民を含む多くのローマ人は、高収入を得つつ、都市の下水道や街灯といった公共サービスを利用していたということだ。

さらに、ローマ共和国の統治下で、ある程度の経済成長が起こった証拠がある。ローマ人の財運を難破船からたどることができるのだ。ローマ人の築いた帝国はある意味で港市のネットワークだった――アテネから、東はアンティオキア、アレクサンドリアへ、ローマ、カルタゴ、カディスを経由して、西ははるばるロンドンにまで達していた。ローマの領土が広がるにつれて、貿易と海運業も広がった。考古学者が地中海の海底で発見した難破船から、その様子をたどることができる。これらの船が難破した日付が、さまざまな方法で推定できるからだ。多くの場合、船にはワインやオリーブオイルを満たした両取っ手付きの壺《アンフォラ》が積まれており、イタリアからガリアに運ばれた。あるいは、ローマで売られたり無料で配られたりするスペイン産のオリーブオイルが積んであった。アンフォラは粘土でできた密封容器で、製造者と製造日に関する情報を含んでいることが多かった。ローマのテヴェレ川のすぐそばに、モンテ・テスタッチョ、またの名をモンテ・ディ・コッチ（陶器の山）という、ざっと五三〇〇万個のアンフォラからできた小さな丘がある。アンフォラは船から降ろされると廃棄されたため、数世紀のあいだに巨大な丘になったのである。

船に積まれていた別の品物や船自体は、放射性炭素年代測定法によって製造時期を推定できる場合がある。この測定法は、考古学者が有機遺物の年代を推定するのに用いる強力なテクニックだ。植物は光合成によってエネルギーを生み出す。光合成とは、太陽エネルギーを利用して二酸化炭素を糖に変える作用だ。これを行なうとき、植物は自然に発生する放射性同位体の炭素14を一定量取りこむ。植物が枯れると、炭素14は放射性崩壊のために減少していく。考古学者は難破船を見つけると、船体の木に残存している炭素14の割合を大気中の炭素14から予想される割合と比べることによって、年代を推定できる。そのおかげで、木が切り倒された時期を判断できるのだ。紀元前五〇〇年まで時代をさかのぼる難破船は、わずか二〇隻程度しか見つかっていない。これらはおそらくローマの船ではなく、たとえばカルタゴの船だった可能性が十分にある。だがその後、ローマの難破船の数が急増する。キリストが生まれたころにはピークを迎え、一八〇隻にも達したのだ。

難破船はローマ共和国の経済状況を調べる強力な手段であり、ある程度の経済成長の証拠を示すものだ。しかし、それを客観的にとらえる必要がある。おそらく、船の積み荷の三分の二はローマ国家の財産だったはずだ。属州からローマへの税金と貢ぎ物、あるいは、ローマ市民に無料で配るために北アフリカから運ばれる穀物やオリーブオイルだ。モンテ・テスタッチョの大部分はこうした収奪の成果によって築かれたのである。

経済成長の証拠を発見するもう一つの魅力的な方法を与えてくれるのが、グリーンランド氷床コアプロジェクトだ。雪片は落下するときに大気中の微量の汚染物質、とりわけ、鉛、銀、銅といった金属を取りこむ。この雪が凍結し、前年に降った雪のうえに堆積する。こうしたプロセスは数世紀にわたって続いてきたため、科学者が数千年前の大気汚染の程度を知るまたとない機会を提供してくれる。一九九〇年から一九九二年にかけて、グリーンランド氷床コアプロジェクトによって、人類の歴史の約二五万年分をカバーする三〇三〇メートルの氷が掘削された。このプロジェクトの主要な発見の一つは――それに先立って別に発見されてもいたのだが――紀元前五〇〇年ごろから大気中の汚染物質が明らかに増加したということだった。それ以降、大気中の鉛、銀、銅の含有量が着実に増え、一世紀にピークに達したのだ。驚くべきことに、大気中の鉛の含有量がふたたびこのレベルに達したのは、一三世紀になってようやくのことだった。こうした発見からわかるのは、ローマ時代の採鉱が、その前後の時代と比較していかに盛んだったかということだ。採鉱のこうした隆盛が、経済の拡大を示しているのは明らかである。

だが、ローマの成長が持続する可能性はなかった。包括的な面と収奪的な面を併せもつ制度のもとで起こったからだ。ローマ市民は政治的・経済的権利を手にしていたが、奴隷制は広く普及し、きわめて収奪的だった。そして、元老院議員階級のエリートが政治と経済を牛耳っていた。たとえば、平民会や護民官が存在していたものの、実権を握っていたのは元老院で、そのメンバーは元老院議員階級を構成する大地主だった。ローマの歴史家であるリウィウスによれば、元老院は初代ローマ王のロムルスによって創設され、一〇〇人の男子で構成されていた。新しい血筋が加わることもあったが、彼らの子孫が元老院階級をつくったのだ。土地の配分はきわめて不平等で、紀元前二世紀までにさらにひどくなったのは確かなようだ。ティベリウス・グラックスが護民官として前面に押し出した問題の根底には、こうした状況があったのである。

地中海を股にかけた拡大を続けるにつれ、ローマには巨万の富が流入した。だが、こうした報奨の大半を手にしたのは元老院議員階級の数少ない裕福な一族であり、富者と貧者の格差は拡大した。元老院議員の富の源は、利益を生む属州の支配だけでなく、イタリア中に所有していた広大な地所だった。こうした地所に配されていたのは奴隷の集団で、多くの場合ローマとの戦争で捕虜となった人々だった。だが、これらの地所がどんな土地だったのかということも、同じく重要だった。共和国時代のローマ軍は市民兵で構成されていた。伝統的に、彼らは当初はローマの、のちにはイタリアの別の地区の小規模な地主だった。彼らは必要なときに軍に入って戦い、任務を終えると自分の小地所に戻った。ローマが拡大し、戦いが長期化するにつれて、このモデルは通用しなくなった。兵士は一度に何年も自分の土地を離れるようになり、多くの所有地が利用されなくなった。兵士の家族はときに山のような借金を抱え、餓死寸前まで追い込まれることもあった。こうして、多くの土地が徐々に放棄され、元老院議員の地所に併合されていった。元老院議員階級がますます裕福になる一方で、土地を持たない大量の市民がローマに集まった。多くの場合、軍を退いたあとの人々だ。帰るべき土地がなかったため、ローマで仕事を求めていたのだ。紀元前二世紀末には、状況は危険の極みに達していた。一つには、貧富の差が空前のレベルにまで広がったためであり、もう一つには、多くのローマ市民が不満を募らせており、こうした不正に抗議して反乱を起こし、ローマの貴族社会に立ち向かおうとしていたためだ。しかし、政治的権力を握っていたのは元老院議員階級の裕福な地主であり、彼らは過去二世紀のあいだに起こった変化の受益者だった。その大半は、自分たちに大いに役立ってきた体制を変えるつもりなどなかったのである。

ローマの歴史家であるプルタルコスによれば、ティベリウス・グラックスは、現在のイタリア中央部に位置するエトルリアを旅していたとき、市民兵の家族が苦境に陥っていることに気づいた。こうした経験のためか、あるいは、当時権勢を振るっていた元老院議員とのあいだに別の軋轢《あつれき》があったためか、彼はまもなく、イタリアの土地配分を変える大胆な計画に着手した。紀元前一三三年、ティベリウスは護民官に立候補すると、続いてみずからの地位を利用して土地改革を提案した。公有地が不法に占拠されていないかどうかを委員会が調査し、三〇〇エーカー（約一・二一平方キロメートル）という法的制限を超えた分を、土地を持たないローマ市民に再配分しようというのだ。もっとも、三〇〇エーカーという制限は実際は旧法の一部であり、何世紀ものあいだ無視され、執行されたことはなかったのだ。ティベリウス・グラックスの提案に衝撃を受けた元老院議員階級は、改革が実行されるのをしばらくのあいだ阻止できた。ティベリウスが、支持をくれた大衆の力を利用して、土地改革を拒否しかねないもう一人の護民官を追放すると、彼の提案した委員会がようやく設置された。それでも、元老院は委員会を資金難に追い込むことによって、改革の実行を妨害した。

事態が山場を迎えたのは、ティベリウス・グラックスが、ギリシアの都市ペルガモンの王がローマ市民に残した資金は土地改革委員会のものだと主張したときのことだった。彼はまた、ふたたび護民官に立候補しようとした。その理由の一つは、退任後に元老院に迫害されるのを恐れたことだった。これが元老院議員に、ティベリウスはみずからを王と宣言しようとしているとして告発する口実を与えてしまった。ティベリウスと支持者たちは襲撃され、多くの人が殺された。ティベリウス・グラックスその人は最初に凶行に倒れた一人だったが、彼が死んでも問題は解決せず、ほかの人々が土地の配分をはじめとするローマの経済と社会の課題を改革しようと試みた。多くの人が似たような目に遭った。たとえば、ティベリウス・グラックスの弟のガイウスも、兄の衣鉢を継いだあとで自殺した。

こうした緊張関係は、次の世紀のあいだも定期的に浮上した──たとえば、紀元前九一年から紀元前八七年にかけて「同盟市戦争」が起きている。元老院議員の利益をなりふり構わず擁護したルキウス・コルネリウス・スラは、変革への要求を非道に抑圧しただけでなく、護民官の権限を厳しく削減した。ユリウス・カエサルが元老院との戦いでローマ市民から支持された際にも、同じ問題が中心的な要素となったのである。

ユリウス・カエサルがローマ共和国の中核をなす政治制度を覆したのは、紀元前四九年、ガリア・キサルピナというローマの属州とイタリアを隔てるルビコン川を配下の部隊に渡らせたときだった。ローマはカエサルの手に落ち、さらなる内戦が勃発した。カエサルは勝利を収めたものの、紀元前四四年、ブルートゥスとカッシウス率いる不満を抱いた元老院議員に殺害された。ローマ共和国が再興されることは二度となかった。カエサルの支持者、とりわけマルクス・アントニウスおよびオクタウィアヌスと、カエサルの敵対者とのあいだで新たな内戦が始まった。アントニウスとオクタウィアヌスは勝利を収めると、今度はたがいに戦火を交え、紀元前三一年にアクティウムの海戦でオクタウィアヌスが凱歌をあげた。翌年から四五年間にわたって、オクタウィアヌス──紀元前二八年以降はアウグストゥス・カエ

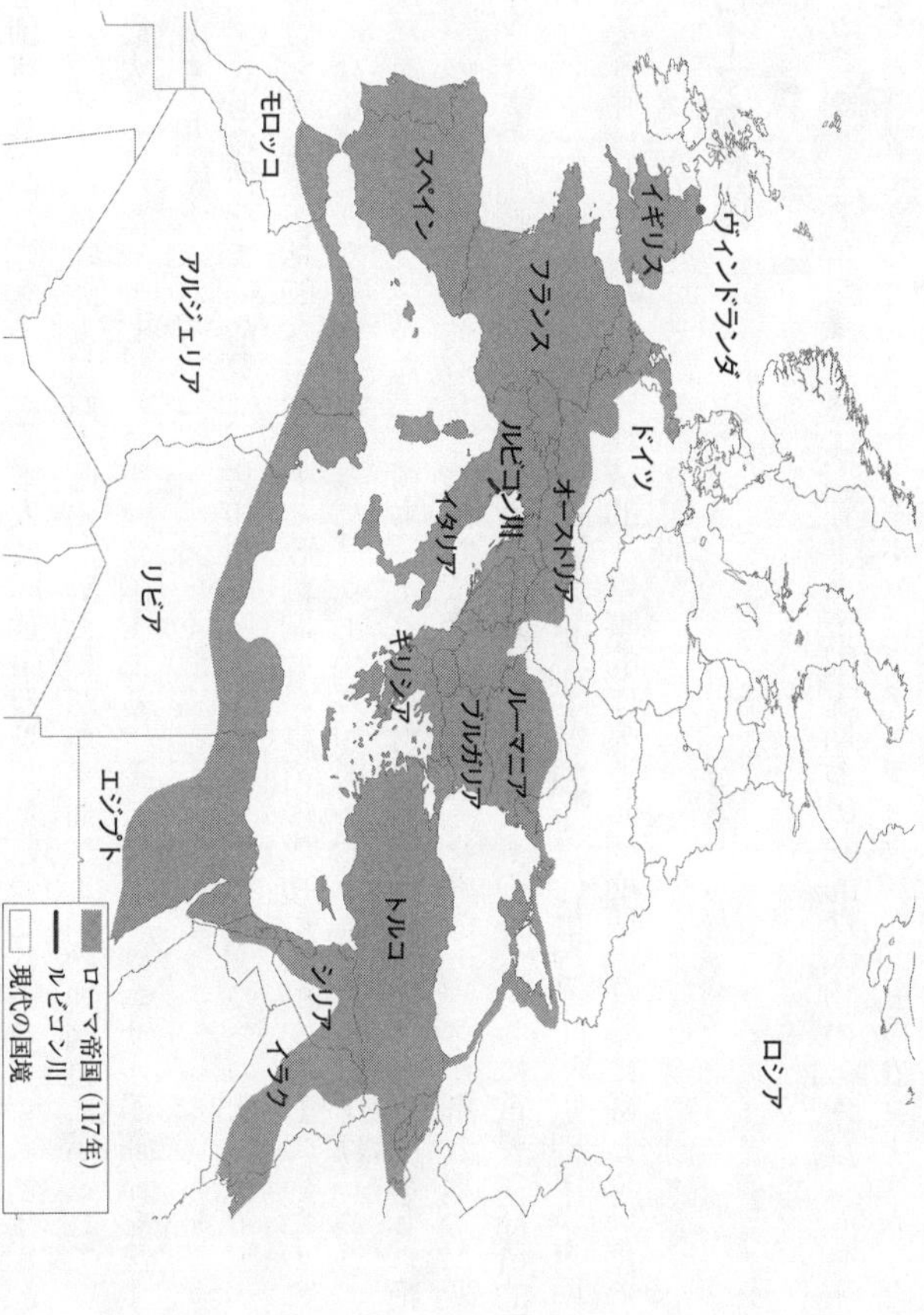

地図 11　117 年のローマ帝国

サルとして知られるようになった――はローマを単独で支配した。アウグストゥスはローマ帝国を創建したのだ。もっとも、本人は同輩中の筆頭といった意味のプリンケプスという称号を好み、その政体を元首政《プリンキパトゥス》と呼んでいたのだが。前ページの地図11に示されているのは、領土が最大となった一一七年のローマ帝国である。そこには、カエサルが運命を決すべく渡ったルビコン川も含まれている。

ローマ衰退の種をまいたのは、共和制からプリンキパトゥス、のちの明白な帝国へのこうした移行だった。包括的な一面のある政治制度が経済の成功の基盤をなしていたのに、それが徐々にむしばまれてしまったからだ。ローマ共和国が元老院議員階級をはじめとする裕福な市民に有利な土俵を生んだとしても、それは絶対主義的な政体ではなかった。絶大な権力を一つの身分に集中させることは決してなかった。アウグストゥスが解き放った変革は、ヴェネツィアの閉鎖と同じように、最初は政治的だったものの、のちに重要な経済的影響をもたらすことになった。こうした変革の結果、五世紀までに西ローマ帝国――東西分離のあとはそう呼ばれていた――は経済的・軍事的に衰退し、崩壊の危機に瀕していたのである。

……ローマの悪徳

フラウィウス・アエティウスは、ローマ帝国末期の伝説的な人物の一人だ。『ローマ帝国衰亡史』の著者であるエドワード・ギボンは、アエティウスを「最後のローマ人」と称している。四三三年から、皇帝ウァレンティニアヌス三世に殺される四五四年まで、将軍アエティウスはおそらくローマ帝国で最強の人物だった。彼は国内外の政策を決め、異邦人との一連の激しい戦闘を、またほかのローマ人との内戦を戦った。内戦に加わった有力な将軍のなかでも、みずからが皇帝になろうとしなかった点で、アエティウスは無類の存在だった。二世紀の末以降、内戦はローマ帝国の避けがたい現実となっていた。一八〇年にマルクス・アウレリウスが世を去ってから、四七六年に西ローマ帝国が崩壊するまでのあいだ、内戦や宮廷革命が一〇年間起きないことはまずなかった。自然死したり戦死したりした皇帝はほとんどいなかった。大半は簒奪者や配下の軍隊によって殺されたのである。

アエティウスの経歴を通じて明らかになるのは、ローマ共和国および帝国初期から、ローマ帝国末期への変化だ。彼はたえまない内戦に加わりつつ、ローマ帝国の公務のあらゆる面で権力を振るったが、これは以前の時代の将軍や元老院議員の権力がはるかに限定されていたこととは対照的だ。だが、それだけではない。その間の数世紀で、ローマ人の運命はさまざまな点で根本的に変わってしまったことがわかるのだ。

ローマ帝国の末期には、当初は支配され、ローマ軍に組み入れられたり奴隷として働かされたりしていた異邦人が、帝国の多くの地域を支配するようになっていた。アエティウスは若いころ、異邦人の人質として過ごしたことがあった――最初はアラリック率いるゴート族の、次いでフン族の。これらの異邦人とローマとの関係が示すのは、共和国以降、状況がいかに変化したかということだ。アラリックは恐ろしい敵である一方、同盟者でもあった。何しろ、四〇五年にはローマ軍の最高位の将軍の一人に任命されたほどだ。とはいえ、その取り決めは一時的なものだった。四〇八年には、アラリックはローマ人と戦い、イタリアを侵略してローマを略奪したのだ。

フン族もまたローマ人の強大な敵でありながら、しばしば同盟者ともなった。アエティウスを人質にとったことがありながら、のちに彼に加勢して内戦を戦ったりもした。だが、フン族が長く一方の味方でありつづけることはなかった。四五一年にはアッティラの指揮のもと、ライン川をはさんでローマ人と大規模な戦いを繰り広げた。このときローマ人を守ったのは、テオドリック率いるゴート族だった。

こうした状況だったにもかかわらず、ローマ人のエリート層は異邦人の指揮官に譲歩するのを決してやめようとしなかった。往々にしてその目的は、ローマの領土を守ることではなく、国内の権力闘争で優位に立つことだった。たとえば、ヴァンダル族は自分たちの王であるガイセリックの指揮のもと、イベリア半島の大部分を略奪すると、四二九年以降は北アフリカにあるローマの穀倉地帯を征服していった。これに対するローマの反応は、皇帝ウァレンティニアヌス三世の娘をガイセリックに花嫁として差し出すことだった。ガイセリックは当時、ゴート族のある指導者の娘と結婚していた。だが、それが彼を止めることはなかったようだ。ガイセリックは妻が自分を殺そうとしたという口実を設けて結婚を解消し、その両耳と鼻を切り落としたあとで家族に送り返したのだ。未来の花嫁は運が良かった。幼齢だったためイタリアにとどまり、ガイセリックとの結婚を完成させることは一度もなかった。彼女はのちに別の有力な将軍、ペトロニウス・マクシムスと結婚することになる。マクシムスはウァレンティニアヌス三世によるアエティウス暗殺の首謀者だったが、その後まもなく、ウァレンティニアヌス三世自身がマクシムスの策略にはまって殺されている。マクシムスはのちにみずからを皇帝と宣言したが、その治世はきわめて短かった。ガイセリック率いるヴァンダル族がイタリアに猛攻をしかけた際、マクシムスは命を落とし、その治世も幕を閉じたのだ。こうしてローマは崩壊し、容赦ない略奪に遭ったのである。

五世紀の初め、異邦人は文字どおり門前に迫っていた。一部の歴史家によれば、それは帝国末期にローマ人が対峙した敵がいっそう強大になったことの帰結だという。だが、ゴート族、フン族、ヴァンダル族の成功は、ローマの衰退の兆候であり、原因ではなかった。共和国時代にローマが相手にしていた敵は、たとえばカルタゴ人のように、はるかに組織化されており、脅威も大きかった。ローマの衰退の原因は、マヤの都市国家のそれと実によく似ていた。ますます収奪的になる政治・経済制度のせいでローマが滅んだのは、それが内紛や内戦の原因となったからなのだ。

衰退の源は少なくともアウグストゥスの権力掌握にまでさかのぼる。そこから、政治制度をはるかに収奪的にする変化が始まったからだ。その一つが軍隊の構造の変化だった。軍からの離脱が不可能となったため、一般のローマ人が政治の場に代表を送る権利を保障していた重要な要素が失われてしまったのだ。紀元一四年にアウグストゥスの後を継いだ皇帝ティベリウスは、平民会を廃止し、その権限を元老院に移した。ローマ市民はいまや、政治的な発言権の代わりに、小麦を、次いでオリーブオイル、ワイン、豚肉を無料で恵んでもらい、サーカスと剣闘士の試合を楽しむようになっていた。アウグストゥスの改革によって、皇帝は市民兵からなる軍隊ではなく、アウグストゥスが創設した職業軍人のエリート集団である近衛兵団を頼りとしはじめた。まもなく近衛兵団そのものが、誰が皇帝となるかをめぐって独自に大きな影響力を振るうようになった。その手段は往々にして平和的なものではなく、内戦や陰謀だった。アウグストゥスはまた、貴族階級の力を強めて一般のローマ市民に対抗させた。ティベリウス・グラックスと貴族階級の争いのもとになった不平等の拡大は続き、ことによるとさらに加速してしまったのだ。

　権力が中央に集積することによって、一般のローマ市民の財産権はいっそう不安定になった。土地の没収の結果、帝国とともに国有地も拡大し、国内の多くの地域で領地の半分を占めるまでになった。財産権が著しく不安定になったのは、皇帝とその取り巻きの手に権力が集中したためだった。マヤの都市国家での出来事と似たようなパターンで、この大きな権力を伴う地位を奪取するための内紛が増えていった。異邦人が支配者として最高の地位を占め、混乱に陥った五世紀以前でさえ、定期的に内戦が起こるようになっていた。たとえばセプティミウス・セウェルスは、一九三年にペルティナックスが殺されたあと皇帝位についたディディウス・ユリアヌスから権力を奪った。セウェルスはいわゆる「五皇帝の年」の第三の皇帝で、その後ライバルの帝位請求者、すなわちペスケンニウス・ニゲルとクロディウス・アルビヌス両将軍を相手に戦った。この両者は最終的にそれぞれ一九四年と一九七年に敗北した。セウェルスはその後の内戦で破った敵の財産をことごとく没収した。トラヤヌス（在位九八―一一七年）、ハドリアヌス、マルクス・アウレリウスといった有能な支配者は、衰退に歯止めをかけたものの、制度上の根本問題に取り組むことはできなかったし、その気もなかった。これらのうち誰一人として、帝国の放棄や、ローマ共和国を模範とした効率的な政治制度の再生を提案することはなかったのだ。マルクス・アウレリウスはさまざまな成果をあげたにもかかわらず、のちに皇帝となった息子のコンモドゥスは、父よりもカリグラやネロに似ていた。

社会がますます不安定になっていることは、帝国内の町や都市の設計や立地から明らかだった。三世紀までに、大都市にはすべて防護壁ができていた。多くの場合、記念建造物《モニュメント》の石が取り去られ、その石が要塞に使われた。ガリアでは、紀元前一二五年にローマ人がやってくる以前は、丘の頂上に居住地をつくるのがふつうだった。そのほうが防衛しやすかったためだ。ローマ人が初めて現れてからは、居住地は平地へ降りてきた。三世紀になると、この流れが逆転したのだ。

政情不安が高まるとともに、社会には経済制度をいっそう収奪的なものとする変化が訪れた。市民権が広く認められるようになり、二一二年には帝国の住民のほぼ全員が市民となったものの、一方で市民のあいだの身分も変わってしまった。法の下の平等について存在したはずの感覚は失われた。たとえば、ハドリアヌスの治世（一一七―一三八年）になると、異なる範疇に属すローマ市民には、明らかに異なる種類の法律が適用されたのだ。同じく重要なことだが、市民の役割は共和国時代のあり方とはすっかり変わっていた。当時、市民はローマの議会を通じて、政治や経済の決定になんらか影響力を振るえたのである。

奴隷制はローマ全土で変わっていなかった。もっとも、人口に占める奴隷の割合が数世紀のあいだに実は減っていたのかどうかという点については議論がある。同じく重要なのは、帝国が発展するにつれて、ますます多くの農業労働者が半奴隷的な身分に陥り、土地に縛りつけられるようになったことだ。奴隷に似たこれらの「コロヌス」の身分については、テオドシウス法典やユスティニアヌス法典といった法律文書で広く議論されているが、それが発生したのはおそらくディオクレティアヌスの治世（二八四—三〇五年）だと思われる。コロヌスに対する地主の権利は徐々に大きくなっていった。三三二年、コンスタンティヌス帝は、地主が逃亡の恐れありと見たコロヌスを鎖につなぐことを認めた。三六五年以降、コロヌスは地主の許可なく自分の財産を売ることを許されなくなった。

難破船とグリーンランドの氷床コアを利用すれば、初期ローマの経済的拡大を追跡できたのと同じように、その衰退も追跡できる。五〇〇年までに、ピーク時に一八〇隻あった難破船は二〇隻まで減少していた。ローマが衰退すると地中海貿易はすたれた。ローマ時代のレベルに戻るのは、一九世紀になってからのことだと主張する学者さえいる。グリーンランドの氷床からも似たような状況が読み取れる。ローマ人は銀でコインを鋳造し、鉛を用いてパイプや卓上食器類といったさまざまなものをつくった。氷床に堆積した鉛、銀、銅の量は、一世紀にピークを迎えたあとで減少したのだ。

ローマ共和国時代の経済成長の経験は、ソ連のような収奪的制度のもとでの成長事例と同じく、印象深いものだった。だが、包括的な一面を持つ制度のもとで起こったことを考慮しても、その成長は限られたものであり、持続しなかった。成長を支えていたのは、比較的高い農業生産性、属州からの相当な貢ぎ物、遠距離貿易などだったが、裏付けとなる技術的進歩や創造的破壊が欠けていたのだ。ローマ人はいくつかの基本的なテクノロジー、すなわち鉄製の道具や武器、読み書きの技能、鋤を使った農業、建築技術などを受け継いでいた。共和国の初期にはそれ以外のものを生み出した。たとえば、セメントを使った石造建築、ポンプ、水車などだ。だがそれ以降、ローマ帝国時代を通じてテクノロジーは停滞した。たとえば海運業では、船の設計や索具装置にほとんど変化はなかったし、ローマ人がオールによる操船術の代わりに船尾舵を開発することは決してなかった。水車の普及は遅々としていたため、水力がローマの経済に革命を起こすこともありえなかった。水道橋や都市下水路といった偉業でさえ、完成させたのはローマ人だが、既存のテクノロジーが使われていた。イノヴェーションを起こさなくても、既存のテクノロジーを頼りにある程度の経済成長は可能だったが、それは創造的破壊の伴わない成長だった。こうした成長は長続きしなかった。財産権がさらに不安定になり、市民の経済的権利が政治的権利の後を追うように縮小すると、経済的成長も同じように縮小したのだ。

ローマ時代の新しいテクノロジーに関して注目すべきことは、その創造と普及が国家によって推進されたらしいことだ。これは良いニュースだ。ただし、政府が技術的発展に与《くみ》しないと決めるまでは――創造的破壊への恐怖のせいで、こうした事態はありふれているのだ。ローマの偉大な著述家である大プリニウスは、次のような物語を伝えている。ティベリウス帝の治世（一四―三七年）、ある男が割れないガラスを発明し、多額の報酬を期待して皇帝のもとを訪れた。男が自分の発明について説明すると、ティベリウスはそれを他人に話したかとたずねた。男がいいえと答えると、ティベリウスは男を拉致し、殺した。「金《きん》の価値がなくなってはいけない」からだ。この物語には興味深い点が二つある。第一に、男は報酬を得るため真っ先にティベリウスのもとへ向かった。自分で事業を興し、ガラスを売って利益を手にしようとはしなかったのである。ここからわかるのは、ローマ政府がテクノロジーを支配する役割を果たしていたことだ。第二に、ティベリウスが喜々としてイノヴェーションを破壊したのは、それが経済に及ぼしたはずの不都合な影響のためだった。これが、経済に対する創造的破壊の影響への恐怖である。

創造的破壊の政治に対する影響もまた恐れられていた。それを示す直接の証拠が帝国時代に見いだされる。ローマの伝記作家であるスエトニウスは、六九年から七九年までローマを統治したウェスパシアヌス帝のもとにやってきた男の話を語っている。この男は、ローマの要塞であるカピトル神殿に比較的少ない費用で柱を運ぶ装置を発明したという。柱は大きく、重く、運ぶのは実に大変だった。柱が製作される鉱山からローマへの運搬には数千人がかかわることになるし、政府が支出する費用も巨額だった。ウェスパシアヌスが男を殺すことはなかったものの、やはりイノヴェーションの活用を拒絶し、「私にどうやって民衆を養えというのだ？」とのたまった。このときもまた、一人の発明者が政府に話をもちかけたわけだ。ローマ政府は柱の切り出しと運搬に深くかかわっていたから、ことによるとこの話は割れないガラスより自然だったかもしれない。そしてまたしても、創造的破壊の脅威のためにイノヴェーションははねつけられた。イノヴェーションの経済への影響のためではなく、政治に関する創造的破壊への恐怖のためだ。ウェスパシアヌスは、自分が人々を満足させ、支配しなければ、政治が不安定になるのではないかと懸念した。ローマの平民は、つねに忙しく従順であらねばならなかった。したがって、柱を動かすといった仕事を彼らに与えるのはいいことだった。それによって、パンとサーカス——それらもまた人々を満足させておくために無料で提供された——では足りない部分が補われたのだ。これら二つの例がともに共和国の崩壊後まもなくして起こったことには、大きな意味があるかもしれない。ローマ皇帝は、共和国時代の統治者と比べ、変化を阻止するはるかに大きな力を持っていたのだ。

技術革新が起きなかったもう一つの重要な理由は、奴隷制の普及にあった。ローマ人の支配する領土が拡大するにつれて、おびただしい数の人々が奴隷にされた。たいていはイタリアに連れていかれ、広大な農園で働かされた。多くのローマ市民が働かずに済むようになった。政府の施しに頼って生活したのだ。そんな状態で、どこからイノヴェーションが起こるだろうか？　われわれは、イノヴェーションは新しいアイデアを持つ新しい人々が、古い問題への新しい解決策を生み出すところから起こるのだと主張してきた。ローマでは、生産に携わっていたのは奴隷であり、のちには半奴隷的なコロヌスだった。彼らにはイノヴェーションを起こすインセンティヴがほとんどなかった。イノヴェーションから利益を得る立場にあるのは、彼らではなく彼らの主人だったからだ。本書で繰り返し述べるように、労働者の抑圧に基づく経済や、奴隷制や農奴制といったシステムは、ノンイノヴェーティヴであることがよく知られている。これは古代世界から現代にまで当てはまる事実だ。たとえば合衆国では、北部の諸州は産業革命に加わったものの、南部は加わらなかった。奴隷制や農奴制が、奴隷を所有したり農奴を支配したりする人々に、莫大な富をもたらしたのは言うまでもない。だが、そこからは技術革新も社会の繁栄も生まれなかったのである。

ヴィンドランダから手紙を書く者はいない

ローマ皇帝クラウディウスは、四三年までにイングランドを征服したが、スコットランドには手が届かなかった。ローマ人総督のアグリコラが最後の悪あがきをしたもののあきらめ、イングランドの北の国境を守るべく、八五年に一連の砦を建設した。そのうちの最大の一つがヴィンドランダだった。ニューカッスルから西に三五マイル（約五六キロメートル）の位置にあり、地図11（二七三ページ）ではローマ帝国の北西の端に描かれている。その後ヴィンドランダは、ハドリアヌス帝が建設した八五マイルの防護壁に組み込まれた。ところが、一〇三年にローマの百人隊長のカンディドゥスが駐在したときには、孤立した砦となっていた。カンディドゥスはローマの守備隊の補充をめぐって友人のオクタウィウスとやりとりしており、送っておいた手紙に対するオクタウィウスからの返事を受け取った。

オクタウィウスから同志カンディドゥスへ、お元気でお過ごしのことと存じます。何度か手紙に書いたように、私は約五〇〇〇モディィの穀物の穂を購入しました。そのため、現金を必要としております。貴君が少なくとも五〇〇デナリの現金を送ってくれなければ、手付金として支払った約三〇〇デナリを失う結果となり、恥をかいてしまいます。そこで、できるだけ早く現金をお送りいただけるようお願いする次第です。貴君のおっしゃる獣皮はカタラクトニウムにあります——それを私に渡すように、また貴君のおっしゃるワゴンを渡すように手紙を書いてください。道が悪いときは動物を傷つけることなど気にしてはいられませんが、私はすでにそれらを受け取りに行っていたはずなのです。テルティウスがファタリスから受け取った八・五デナリについて、彼とご検討ください。テルティウスはそれを払い込んでくれていません。どうか、必ず現金をお送りいただけるようお願いします。そうすれば、穀物の穂を脱穀場に運べるのです。スペクタトゥスとフィルムスにもよろしくお伝えください。ごきげんよう。

カンディドゥスとオクタウィウスのやりとりから、ローマ・イングランドの経済的繁栄のいくつかの重要な側面が明らかになる。金融サービスを伴う高度な貨幣経済。ときには状態が悪い場合があるとしても、建設された道路が存在したこと。税金を徴収してカンディドゥスに賃金を支払う財政制度が存在したこと。言うまでもなく、二人とも読み書きができたし、ある種の郵便を利用できたことも明らかだ。ローマ・イングランドはまた、次のようなものの恩恵に浴していた。特にオックスフォードシャーにおける高品質の陶器の大量生産、大浴場と公共建築物のある都心、屋根にモルタルと瓦を使う建設技術などだ。

四世紀までに、すべては衰退の道をたどっていた。四一一年以降、ローマ帝国はイングランドに見切りをつけた。軍隊は撤退した。残った人々に報酬は支払われなかった。ローマ国家が崩壊すると、行政官は地元住民の手で追放された。四五〇年には、経済的繁栄のこうしたすべての装飾は消えてなくなっていた。通貨は流通の場から姿を消した。市街地は見捨てられ、建物は石をはぎ取られた。道路は雑草で覆われた。製作される唯一の種類の陶器は粗末な手作り品で、工場でつくられたものではなかった。人々はモルタルの使い方を忘れ、読み書き能力は大きく低下した。屋根は瓦ではなく木の枝で葺《ふ》かれた。ヴィンドランダから手紙を書く者はもはや誰もいなかった。

四一一年以降、イングランドは経済崩壊の憂き目に遭い、貧困地域となってしまった——もっとも、それは初めてのことではなかった。前章では、紀元前九五〇〇年ごろに中東で新石器革命が始まった様子について見た。イェリコやアブ・フレイラの住民が小さな町で暮らし、農業を営んでいたとき、イングランドの住民は依然として狩猟・採集に携わっており、少なくともさらに五五〇〇年にわたってそれを続けたのである。そのあとでさえ、イングランドの人々は農耕や牧畜を発明したわけではなかった。それらは外部から、数千年をかけて中東からヨーロッパ中に広がった移民によってもたらされたのだ。イングランドの住民が遅ればせながらこうした大きなイノヴェーションを取り入れたとき、中東の人々は都市、書記法、陶器を発明しつつあった。紀元前三五〇〇年までに、現在のイラクにあたるメソポタミアにウルクやウルといった大都市が現れた。ウルクの人口は紀元前三五〇〇年に一万四〇〇〇人、その後まもなく四万人に達したものと思われる。メソポタミアで製陶用ろくろが発明されたのは、車両での移動が始まったのとほぼ同時期だった。まもなくして、エジプトの首都メンフィスが大都市として姿を現した。書記法はこの両地域で独自にできあがった。紀元前二五〇〇年ごろにエジプト人がギザの巨大ピラミッドを建設していたとき、イングランドはその最も有名な古代遺跡であるストーンヘンジ（環状列石）をつくっていた。イングランドの基準ではかなりのものだが、その大きさでは、クフ王のピラミッドの裾に埋められた儀式用の小舟を一艘収容することさえ難しかった。イングランドはローマ時代の末まで、中東およびヨーロッパのほかの地域につねに後れをとっており、それらを模倣していたのだ。

こうした不幸な歴史にもかかわらず、真に包括的な社会が真っ先に現れ、産業革命が始まったのは、イングランドだった。すでに述べたように（一八〇―一九六ページ）、これは小さな制度的相違と決定的な岐路――たとえば黒死病やアメリカ大陸の発見――のあいだの一連の相互作用の結果だった。イングランドが独自路線をたどったことには歴史的なルーツがあったものの、ヴィンドランダからの眺めからわかるように、このルーツはそれほど深いものではなかったし、歴史的にあらかじめ決まっていたわけでもなかったのは間違いない。その起源は新石器革命どころか、ローマが覇権を握っていた数世紀のあいだにさえ存在しなかったのだ。四五〇年、つまり歴史家のかつての呼称で言えば暗黒時代が始まるころには、イングランドは貧困と政治的混乱へ逆戻りしていた。その後数百年にわたって、イングランドに効率的な中央集権国家が現れることはなかったのである。

分岐する進路

イングランドにおける包括的制度の出現とその後の産業の成長は、ローマの（あるいは初期ローマの）制度的な遺産として現れたわけではなかった。つまり、西ローマ帝国の崩壊——ヨーロッパの大半に影響を与えた大事件——によって特筆すべきことは起こらなかったのである。ヨーロッパ各地が同一の決定的岐路に直面したため、それぞれの地域の制度は似たような、ことによるとヨーロッパ特有の道筋をたどった。西ローマ帝国の崩壊は、これらの共通の決定的岐路において重要な役割を担っていた。ヨーロッパにおける成り行きは、世界のほかの地域、たとえばサハラ以南のアフリカ、アジア、アメリカ大陸とは対照的だった。これらの地域の発展の仕方が異なっていた理由の一つは、同じ決定的岐路に直面しなかったところにあるのだ。

ローマ・イングランドは大きな音を立てて崩壊した。イタリア、あるいはローマ・ガリア

(現在のフランス)、さらには北アフリカでさえ、そこまではなかった。これらの地域では、古い制度の多くがなんらかの形で生き延びたのだ。とはいえ、単一のローマ国家による支配から、フランク族、西ゴート族、東ゴート族、ヴァンダル族、ブルグント族が運営するあまりにも多くの国家による支配への変化が、重大なことだったのは間違いない。これらの国家はローマと比べてはるかに弱い権力しか持たなかったため、周辺からの侵入者に絶えず悩まされつづけた。北からはヴァイキングとデーン人が長艇に乗ってやってきた。東からはフン族が馬にまたがってやってきた。最後に、ムハンマドが六三二年に世を去ったあとの一世紀、宗教的・政治的勢力としてイスラム教徒が出現し、ビザンティン帝国、北アフリカ、スペインの大半で新たなイスラム国家が創建されることになった。こうした共通のプロセスがヨーロッパを揺さぶり、結果として、一般に封建的と言われる特定のタイプの社会が登場した。封建社会が地方分権化していたのは、いくつかの強力な中央州が、カール大帝をはじめとする一部の支配者による再建の試みにもかかわらず衰退したためだった。

自由を奪われ、抑圧された労働者(農奴)に依存する封建的な諸制度は、明らかに収奪的であり、中世ヨーロッパの長期にわたる収奪的でゆっくりした成長の土台を形成した。だが同時に、のちの発展にとって重要な意味を持ってもいた。たとえば、農村の住民が農奴へと身分を落とす一方で、ヨーロッパから奴隷制度が消滅したのだ。エリート層が農村の全住民を農奴へ没落させられるようになると、従来のあらゆる社会が持っていたような別個の奴隷階級は必要なかったようだ。封建制はまた権力の空白を生んだが、そのおかげで生産と通商

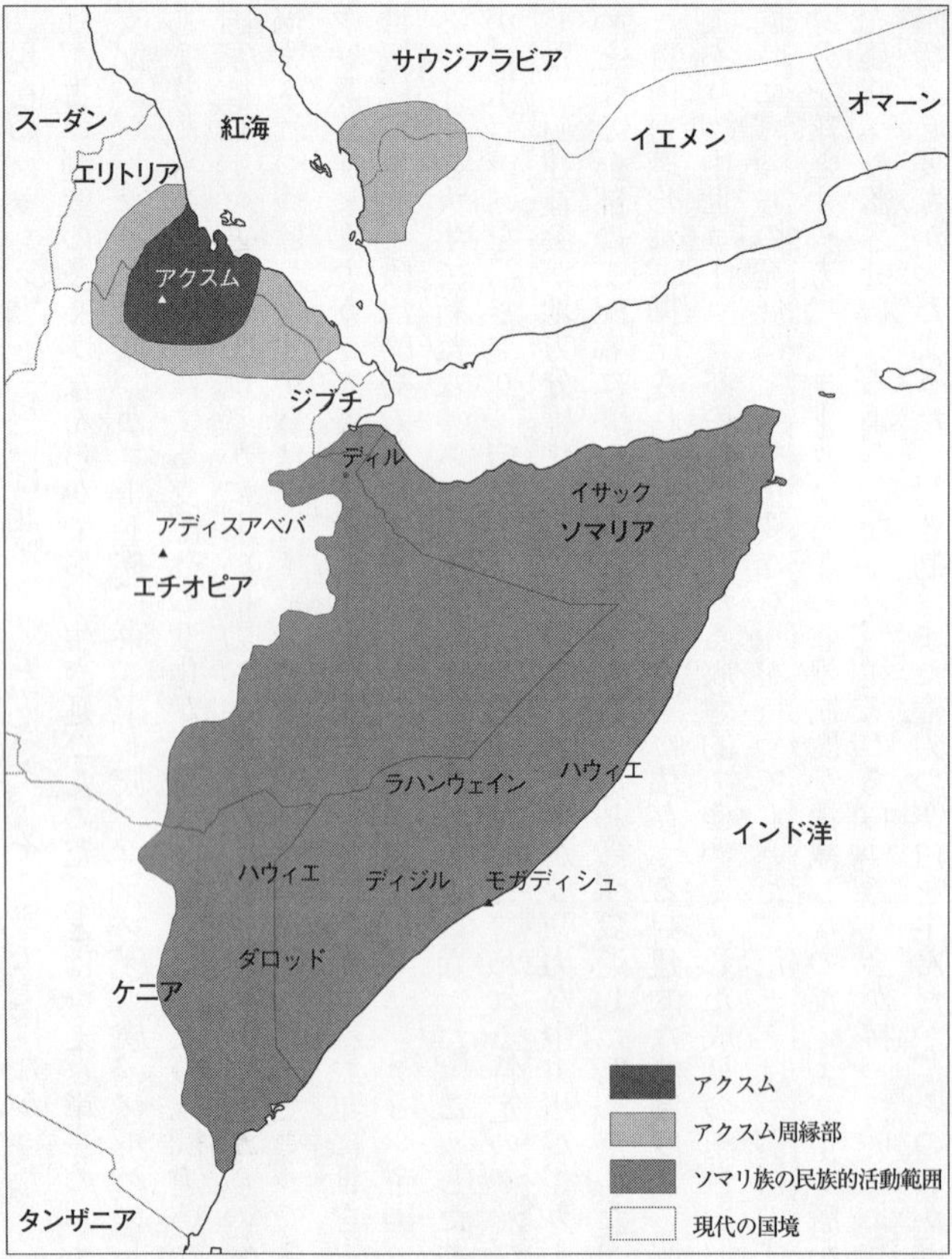

地図 12　アクスム王国とソマリ族の氏族

に特化した独立した都市が繁栄した。しかし、黒死病のあとで権力のバランスが変化し、西欧で農奴制が崩れはじめると、いかなる奴隷も存在しないはるかに多元的な社会のお膳立てが整ったのである。

封建社会を生んだ決定的な岐路は特異なものだったが、ヨーロッパ以外にはいっさい存在しなかったわけではない。申し分のない類例が現代のアフリカの国、エチオピアに見られる。エチオピアは、紀元前四〇〇年ごろに国の北部で創建したアクスム王国から発展した。アクスムは当時としては比較的進んだ国で、インド、アラビア、ギリシア、ローマ帝国との国際貿易に携わっていた。多くの点でこの時期の東ローマ帝国と共通したところがあった。貨幣を使い、巨大な公共建造物や道路をつくり、実によく似たテクノロジーを、たとえば農業や海運において使っていた。アクスムとローマのあいだにはイデオロギーの面でも興味深い類似点がある。三一二年、ローマ皇帝コンスタンティヌスはキリスト教に改宗したが、アクスムのエザナ王もほぼ同時期にそうしているのだ。地図12(右ページ)に、アクスムという歴史上の国家が現在のエチオピアとエリトリアのどこに位置したかが、紅海をはさんでサウジアラビアとイエメンにあった前哨地とともに示されている。

ローマが衰退したのとまったく同じように、アクスムも衰退した。アクスムの歴史上の衰退は、西ローマ帝国のそれによく似たパターンに従っていた。ローマの衰退におけるフン族やヴァンダル族の役割を演じたのは、アラブ人だった。彼らは七世紀に紅海に進出し、アラビア半島を南下した。アクスムはアラビアの植民地と貿易ルートを失った。これが経済的衰退を促した。貨幣の鋳造は止まり、都市の人口は減少した。そこで、アクスムは国土の奥地と現代のエチオピアの高地に再び目を向けた。

ヨーロッパでは、中央州当局の崩壊に続いて封建的な諸制度が現れた。エチオピアでも同じことが起こった。その基盤となったのがグルトと呼ばれる、皇帝による土地の下賜を含むシステムだった。この制度は一三世紀の写本で言及されているが、実際に始まったのははるかに早い時期だった。グルトという言葉は「彼は領土を与えた」という意味のアムハラ語に由来する。それが示すのは、グルトの保有者は土地と引き換えに皇帝にサービスを――とりわけ軍事的なサービスを――提供しなければならないということだった。またグルトの保有者は、土地を耕す人々から地代を取り立てる権利を持っていた。さまざまな歴史的資料から、小作人のつくった農産物の二分の一から四分の三を取り立てていたことがわかっている。このシステムは独自に発達しながらも、ヨーロッパの封建制度によく似ていたが、おそらくさらに収奪的だった。イングランドにおける封建制の最盛期に農奴が直面した収奪の負担はもっと少なく、なんらかの形で領主に召し上げられたのは、収穫の約半分だった。

だが、エチオピアはアフリカの典型例ではなかった。ほかの地域では、奴隷制が農奴制に取って代わられることはなかった。アフリカの奴隷制とそれを支える制度は、さらに何世紀にもわたって続く運命にあったのだ。エチオピアの最終的な進路さえかなり異なっていた。七世紀が終わっても、エチオピアは東アフリカの山岳地帯に孤立し、のちにヨーロッパの制度の進展に影響を与えたプロセス――たとえば、独立した都市の出現、君主に対する束縛の始まり、アメリカ大陸発見後の大西洋貿易の拡大など――とは無縁なままだった。結果として、エチオピア版の絶対主義的制度の大半が、問題視されることもなく残ってしまったのだ。アフリカ大陸はのちに、まったく異なる立場で、ヨーロッパやアジアと交流することになる。東アフリカはアラブ世界への主要な奴隷供給地となり、西アフリカと中央アフリカは、大西洋貿易と連動してヨーロッパが拡大するあいだに、奴隷の供給地として世界経済に引きずり込まれたのだ。大西洋貿易を通じて西欧とアフリカの進路がはっきりと分かれた経過は、決定的な岐路と既存制度の相違の相互作用から帰結する、制度の分岐のもう一つの例である。イングランドでは奴隷貿易による利益のおかげで絶対主義に反対する人々が裕福になったのに対し、アフリカでは絶対主義が登場し、強化されたのだ。

ヨーロッパから遠く離れた地域で、制度的浮動がさらに自由に進展したのは明らかだ。たとえば紀元前一万五〇〇〇年ごろ、アラスカとロシアをつないでいた氷が解けてヨーロッパから切り離されたアメリカ大陸では、ナトゥフ文化のケースと同じような制度的イノヴェーションが起こり、定住生活、階級制、不平等――要するに収奪的制度――が発生した。これはまずメキシコで、またアンデス山脈のペルーとボリビアで始まり、トウモロコシの栽培を通じてアメリカにおける新石器革命につながった。すでにマヤの都市国家の例で見たように、こうした地域で初期の形の収奪的成長が起こったのだ。だが、ローマ世界ががっちりと支配していた地域では、ヨーロッパの包括的制度と産業発展へ向けての大躍進が起こらなかったのと同じように、これらの初期文明が存在した土地では、アメリカ大陸における包括的制度は発達しなかった。それどころか、第一章で見たように、密集した人口を抱えるこれらの文明は、ヨーロッパの植民地主義と皮肉な形で相互作用し、「運命の逆転」を生むことになった。以前はアメリカ大陸のほかの地域と比べて裕福だった場所が、ほかの地域より貧しくなってしまったのだ。こんにち、アメリカ大陸のほかの地域よりもはるかに裕福なのは、当時はメキシコ、ペルー、ボリビアの高度な文明からはるかに遅れていた合衆国とカナダなのである。

初期の成長の帰結

紀元前九五〇〇年に始まった新石器革命から、一九世紀末のイギリス産業革命までの長い期間には、経済の急成長が何度となく起こっている。こうした急成長のきっかけとなった制度的イノヴェーションは、最終的には行き詰まった。古代ローマにおいてある程度の経済的活力を生み出し、巨大帝国の建設を可能とした共和国の諸制度が破綻したのは、ユリウス・カエサルのクーデターとアウグストゥスによる帝国建設のあとのことだった。ローマ帝国が最終的に消滅するまでには何世紀もかかったし、衰退は長く続いたが、比較的包括的な共和国の制度がより収奪的な帝国の制度にいったん取って代わられると、経済の後退はほぼ避けられなかったのである。

ヴェネツィアで働いた力学も似たようなものだった。ヴェネツィアの経済的繁栄を生み出した諸制度は、重要な包括的要素を含んでいた。ところが、これらの要素は台無しにされてしまった。既成のエリートが新参者に対して体制を閉じ、共和国に繁栄をもたらした経済制度を禁じさえしたときのことだ。

ローマの経験がどれほど注目に値しようとも、その遺産が、イングランドにおける包括的制度の発展やイギリス産業革命に直結したわけではなかった。歴史的要素が制度の発展の道筋を形成するとはいえ、それは単純で、あらかじめ定められた、累積的なプロセスではない。ローマとヴェネツィアにおける出来事からわかるのは、包括性へと向かう初期のステップがどうやって逆転するかということだ。ローマがヨーロッパや中東のいたるところに生み出した経済的・制度的特質が、その後の数世紀で、さらにしっかりと根づいた包括的制度にまっすぐ移行することはなかった。実のところ、そうした包括的制度が最初に、最もはっきりと現れることになるイングランドでは、ローマの支配はきわめて弱く、五世紀のあいだにすっかり、ほとんど跡形もなく消えてしまったのだ。そのかわりに、第四章で論じたように、歴史は制度的浮動を通じて主要な役割を演じる。それが生み出す制度的相違は、ときには小さい場合もあるが、決定的な岐路との相互作用を通じて増幅される。というのも、これらの相違は往々にして小さく、容易に逆転してしまい、必ずしも単純な累積的プロセスの帰結ではないからなのだ。

言うまでもなく、ローマはヨーロッパに対して長期にわたって影響を及ぼした。ローマの法律や制度は、西ローマ帝国の崩壊後に異邦人の王国がつくった法律や制度を決定づけた。

地方分権的な政治状況を生み出したのもまたローマの崩壊であり、こうした政治状況が封建秩序へと発展したのだ。奴隷制の消滅と独立した都市の出現は、こうしたプロセスの長期にわたる（そしてもちろん、歴史的に偶然の）副産物だった。こうした副産物がとりわけ重要になったのは、黒死病が封建社会を激しく揺さぶったときのことだ。黒死病の廃墟から、いっそう強力な町や都市が現れる一方で、小作人はもはや土地に縛りつけられず、封建的義務から新たに解放されたのだ。まさに、ローマ帝国の崩壊によって生じたこれらの決定的な岐路こそが、強力な制度的浮動につながったのであり、その制度的浮動が、サハラ以南のアフリカ、アジア、アメリカ大陸とはまったく異なる仕方で、ヨーロッパ全体に影響を及ぼしたのである。

一六世紀までに、ヨーロッパの制度はサハラ以南のアフリカやアメリカ大陸とは大きく異なっていた。インドや中国のきわめて壮麗なアジア文明と比べて、はるかに裕福というわけではなかったものの、ヨーロッパはいくつかの重要な点でこれらの国家とは違っていた。たとえば、ヨーロッパはアジアでは見られないタイプの代議制を発達させていた。こうした制度が包括的制度の発展に重要な役割を果たすことになる。次の二章で見るように、制度上の小さな相違が、ヨーロッパの内部で本当に重要な相違となり、それがイングランドに有利に働いた。というのもイングランドでは、封建秩序が、商魂たくましい農民や、商人や生産業者の活躍の場となった独立した都心に最も広範囲に道を譲ったからだ。これらのグループはすでに、より安全な財産権、異なる経済制度、政治的発言権を君主に要求していた。こうしたプロセス全体が山場を迎えたのが、一七世紀のことだった。

第七章

転換点

靴下をめぐる問題

一五八三年、ウィリアム・リーはケンブリッジ大学での学業を終えて帰郷し、イングランドのカルヴァートンの教会で司祭となった。その少し前、エリザベス一世（在位一五五八―一六〇三年）は、国民はつねにニット帽をかぶるべしという決定を下していた。リーはこう記している。「そのような帽子をつくるには人の手で編むしかないが、一つ仕上げるのにとても時間がかかる。私は考えはじめた。夕暮れ時に母と姉妹たちが座ってせっせと針を動かすのを観察した。編み物が二本の針と一本の糸でできるなら、糸を引っ掛ける針の数を数本に増やせばいいのではないか」

この画期的な思いつきが、繊維製造の機械化の始まりだった。リーは、果てしなく続く編み物仕事から人間を解放する機械づくりに没頭した。彼はこう述懐している。「私は教会と家族に対する義務を怠りはじめた。心も頭も、機械とそれをつくる構想のことでいっぱいだった」

一五八九年、ついに彼の「靴下編み機」は完成する。リーは意気揚々とロンドンへ赴き、この機械がどれほど便利かを示し、かつ設計を他人にまねされないよう特許を申請するため、エリザベス一世への謁見を求めた。一棟の建物を借りて機械を据え、地元選出の国会議員、リチャード・パーキンスの助力により、枢密院メンバーであるハンドスン卿ことヘンリー・ケアリーに会った。ケアリーのお膳立てによって、エリザベス女王はリーの機械を見に来たが、反応はけんもほろろだった。リーに特許を与えるどころか、こうのたまったのだ。「リー師よ、志は高く持たねばならぬ。この発明が哀れなわが民にいかなるものをもたらすか、考えてもみよ。必ずや職を奪って破滅させ、物乞いに身を落とさせるであろう」。リーは打ちひしがれ、フランスへ渡って運を試した。そこでも意を遂げられずにイングランドに戻ると、今度はエリザベス女王の後を継いだジェームズ一世に特許を申請した。ジェームズ一世もエリザベス女王と同じ理由で却下した。二人とも靴下製造の機械化が政治的安定を揺るがすことを恐れた。人々から仕事を奪い、失業と政治的不安定を生み、王の権力を脅かすと考えたのだ。靴下編み機は生産性の大幅な向上を約束したが、同時に創造的破壊をも約束したのだ。

リーの卓越した発明への反応は、本書の中心となる考えをそのまま表している。創造的破壊への恐れが主な原因となって、新石器時代から産業革命にいたるまで、人間の生活水準には持続的向上がなかった。技術革新は人間社会を繁栄させるが、新旧交代も引き起こすし、一部の人々の経済的特権や政治権力も破壊する。持続的経済成長には新しい技術と新しい方法が必要で、それらはリーのような新参者によってもたらされることが少なくない。そうした経済成長は社会を豊かにするだろうが、それが引き起こす創造的破壊の過程で、リーの技術によって失業しかねなかった編み手のように、旧来の技術で仕事をする人の生活が脅かされる。より重要なのは、リーの靴下編み機のような大きな技術革新が政治権力をも刷新するおそれがあったことだ。結局、エリザベス一世とジェームズ一世がリーの特許に反対したのは、彼の機械のせいで失業するかもしれない国民の身の上を案じたからではない。政治的敗者になるのを恐れたからだ。発明によって除外された人々が政治的不安定を生み、王の権力を脅かすことを懸念したのだ。ラッダイト（一五五ページ）について見たように、編み手のような労働者の抵抗は、やり過ごせることが少なくない。だが、エリートは、ことに政治権力が脅かされたときには、イノヴェーションに対してより手強い障壁を築く。創造的破壊によってエリートが多くのものを失うという事実は、彼らがさまざまなイノヴェーションの導入者にならないだけでなく、そうしたイノヴェーションに抵抗し、その導入を阻止しようとしがちであることを意味する。そのため、社会がきわめて抜本的なイノヴェーションを導入するためには新規参入者を必要とし、そうした新規参入者と彼らがもたらす創造的破壊は、いくつもの抵抗の根源に打ち勝たなくてはならない。そのなかには強力な統治者とエリートの抵抗も含まれる。

一七世紀のイングランド以前にも、収奪的制度は有史以来ありふれたものだった。前の二つの章で見てきたように、包括的要素があれば、そうした制度から経済成長が生まれることもときにはあり、ヴェネツィアとローマがその好例だった。だが、収奪的制度は創造的破壊を許容しなかった。そうした制度が生んだ成長は維持されずに終わった。なぜなら、イノヴェーションがなかったり、搾取による利益を求めて政治的内紛が生じたり、ヴェネツィアのように包括的要素の萌芽が結局つぶされたりしたからだ。

ナトゥフ期のアブ・フレイラの村民の寿命は、おそらく古代ローマ市民のそれと大差なかった。平均的ローマ人の寿命は、一七世紀の平均的イングランド国民の寿命にきわめて近かった。収入に関しては、三〇一年にローマ帝国のディオクレティアヌス帝が上限価格の布告を出し、さまざまな職種の労働者が支払われるべき賃金を一覧表で示した。ディオクレティアヌス帝が設定した賃金と価格がどれほど守られたかは定かでないものの、経済歴史学者ロバート・アレンがこの布告を使って平均的な単純労働者の生活水準を計算したところ、一七世紀イタリアの単純労働者の生活水準とほぼ同じであることがわかった。もっと北のイングランドでは、賃金はより高く、上昇しつつあったし、状況は変化していた。なぜそうなったかが、本章のテーマだ。

やむことのない政争

制度および資源配分をめぐる紛争は有史以来、いたるところで繰り広げられてきた。その例として、古代ローマとヴェネツィアの発展が政争によって形成された経緯について述べ、エリートが最終的にみずからに有利な決着をつけ、手中にした権力をますます強化できたことを見てきた。

イングランドの歴史においても、君主と臣下、権力を求めて闘うさまざまな派閥、エリートと市民のあいだで対立が繰り広げられてきた。だが、対立のもたらした結果は、必ずしも権力者の力の強化ではなかった。一二一五年、国王のすぐ下のエリート層であるバロンがジョン王に立ち向かい、ラニミード（一九四ページ、地図9参照）でマグナ・カルタ（「大憲章」）に署名させた。この文書に定められたいくつかの基本原理は、王の権威に大胆に挑むものだった。重要なのは、増税するためには、王はバロンに諮らなければいけないとしたことだ。最も議論を呼んだのは第六一条で、「バロンは彼らが望むバロン二五名を選び、選ばれたバロンは全力を挙げて、朕のこの憲章で朕が承認し確証した平和と自由を尊重し、維持し、尊重させるものとする」と定めている。結局、バロンは国王にこの憲章を確実に実施させるための評議会をつくり、国王が順守しない場合、二五名のバロンは「……修正がなされたと彼らが裁定するまで」王の城、土地、財産を押収する権利を持つということだった。ジョン王はマグナ・カルタが気に入らず、バロンが解散するや、ローマ教皇に働きかけて廃棄を命じてもらった。だが、バロンの政治力も、マグナ・カルタも存続した。イングランドは、多元主義へ向かう第一歩をそろそろと踏み出した。

政治制度をめぐる対立は続き、君主の権力は、一二六五年の初の選出議会によって、ますます制限された。古代ローマの平民会やこんにちの選挙による立法機関とは異なり、最初、議員は封建貴族の出身で、その後はナイトと国内のごく富裕な貴族となった。エリートで構成されていたにもかかわらず、イングランド議会は二つの顕著な性格を持つようになってい った。第一に、国王と緊密に連携するエリートだけでなく、幅広い利害関係を持つ人々が議員となり、後者には商業や工業といったさまざまな生業に携わる下級貴族や、後には「ジェントリー」と呼ばれる、商売を手がけ地位を上げつつあった農民からなる新階級が含まれた。こうして、イングランド議会は社会のかなり広い層に権限を委譲した――この時代の標準からすればなおさら、きわめて広い層だった。第二に、おおむね第一の性格から生じた結果だが、議員の多くは権力の拡大を狙う君主の企てに異議を唱えつづけていたし、その後の清教徒革命および名誉革命でも、君主と闘う勢力の柱となった。

マグナ・カルタや初の選出議会の成立にもかかわらず、君主の権力と王位継承権をめぐって政争は続いた。そうしたエリートの内紛はバラ戦争によって終わる。この戦争は、国王候補を擁する二つの家系、ランカスター家とヨーク家の長きにわたった決闘だ。勝者はランカスター家で、同家の国王候補、ヘンリー・テューダーが一四八五年に即位してヘンリー七世となった。

さらに、たがいに関連する二つのプロセスが始まった。一つはテューダー家が着手した政治的中央集権化だ。一四八五年以後、ヘンリー七世は貴族から武器を取り上げ、実質的に非武装化して中央国家の権力を大幅に拡大した。そして、息子のヘンリー八世は寵臣トマス・

クロムウェルを通じて政府の改革を断行する。一五三〇年代にクロムウェルは初期の官僚国家体制を導入した。政府がたんに国王の身内の集まりではなく、独立した恒久的な制度の集合体となる可能性が開かれた。それを補完したのが、ヘンリー八世のローマ・カトリック教会との決別と「修道院の解散」で、それによってヘンリーは教会の土地をすべて手に入れた。教会の力の排除は、国家の中央集権化に一役買った。この国家制度の集中化は、包括的政治制度が初めて可能になったことを意味する。ヘンリー七世とヘンリー八世が始めたこのプロセスによって、国家制度が中央集権化したのみならず、より広い基盤を持つ政治的代表者の必要性が高まった。実際には、政治的中央集権化のプロセスは、国王と側近が社会のほかの有力グループを弾圧するおそれがあるため、一種の絶対主義につながりうる。それこそが国家の中央集権化に反対する動きが起こる理由の一つであることを、第三章で見た。とはいえ、そのような動きとは逆に、国家制度の中央集権化は多元化の初期的形態を求める動きをも喚起する。テューダー朝のイングランドもそうだった。バロンと地方エリートは、政治権力のさらなる中央集権化の流れと、そのプロセスを止める難しさに気づくと、集中した権力の用途について発言権を求めるようになる。したがって、一五世紀後半および一六世紀のイングランドでは、王権への対抗勢力として議会を持ち、国家機能の一部を支配することに、そうしたグループがさらに力を注いだのだ。こうして、テューダー家のプロジェクトは包括的制度の一つの柱である政治的中央集権化の始まりとなっただけでなく、もう一つの柱である多元主義にも間接的に資することになった。

政治制度がそのように発展した背景には、社会の性格におけるそのほかの大きな変化があった。とりわけ顕著だったのが政治的対立の拡大で、それによって、君主と政治エリートに要求する力を持つグループの幅が広がった。一三八一年の農民一揆（ワット・タイラーの反乱）（一七八ページ）が契機となり、その後、イングランドのエリートは永きにわたって繰り返された民衆の反乱に翻弄される。政治権力は国王から貴族たちに再分配されただけでなく、エリートから民衆へも再分配された。こうした変化は、王権への抑制の高まりと相まって、絶対主義の台頭に反対する幅広い連帯を生み、結果的に多元的政治制度の土台を築いた。反対勢力があったとはいえ、テューダー朝が受け継いで維持した政治・経済制度は明らかに収奪的だった。一六〇三年、ヘンリー八世の娘で一五五三年に王位に就いたエリザベス一世は子供を残さずに亡くなり、テューダー朝はステュアート朝に取って代わられた。ステュアート朝の最初の王、ジェームズ一世は、制度だけでなく制度をめぐる対立をも受け継いだ。彼は絶対君主になることを望んだ。国家はより中央集権化し、社会の変化によって権力が社会のなかで再分配されてはいたものの、政治制度はまだ多元的ではなかった。経済面での収奪的制度の存在は、リーの発明に対する反感だけでなく、専売、専売、また専売というやり方にも表れていた。一六〇一年、そうした専売品目のリストが議会で読み上げられると、一人の議員が皮肉を込めてこうたずねた。「そのなかにパンはないのですか？」一六二一年には、専売品は七〇〇品目に及んだ。イギリスの歴史学者、クリストファー・ヒルの表現を借りれば、ある人の日常生活は次のようなものだった。

専売のレンガでできた、専売のガラスの……窓のある家に住んでいた。暖房には、専売の石炭（アイルランドなら専売の薪）を専売の鉄でできた暖炉で燃やした……専売の石鹸で体を洗い、衣服には専売の糊をつけた。専売のレースと専売の麻と専売の皮革と専売の金糸で身を飾った……衣服は専売のベルト、専売のボタン、専売のピンでとめられた。染めるのは専売の染料だ。専売のバター、専売の干しブドウ、専売の燻製ニシン、専売のサーモン、専売のロブスターを食べた。食物の味つけは専売の塩、専売のコショウ、専売の酢だ……専売のペンで、専売の便箋に書いた。印刷された専売の本を（専売の眼鏡をかけ、専売のろうそくの光で）読んだ。

そうした品々のほかにも多数あった専売品の事業では、さまざまな品物の生産を支配する独占権が個人やグループに与えられた。そのため才能の配分が妨げられてしまったが、そうした配分は経済発展に欠かせないのだ。

ジェームズ一世と、その息子で王位を継いだチャールズ一世が望んだのは、君主制の強化と議会の影響力の抑制、そして、スペインやフランスで構築されつつあったような絶対主義的制度を樹立して王とエリートの経済支配を強め、制度をより収奪的にすることだった。ジェームズ一世と議会の対立は一六二〇年代に頂点に達する。この対立の争点は、海外およびイギリス諸島内の通商の支配だった。王権の専売品認定力は国家にとって主要な収入源で、国王の支持者に独占権を与える方法として頻繁に利用されていた。当然ながら、この収奪的制度は参入を妨げて市場の機能を停滞させたため、経済活動にとっても、多くの議員の利得にとっても、きわめて害が大きかった。一六二三年、議会は専売条例を成立させて、特筆すべき勝利を収めた。この条例により、ジェームズ一世は国内に新たな専売品をつくることができなくなった。それでも、議会の権限は国際的事案には及ばなかったため、国王は国際貿易では引き続き専売品を認めることができた。既存の専売品は国内外を問わず、そのまま残された。

議会は定期的には開かれず、国王が召集しなければならなかった。マグナ・カルタ制定後の取り決めでは、新税への合意を得るためには、国王は議会を召集する必要があった。チャールズ一世は一六二五年に即位し、一六二九年以後は議会の召集を拒否して、絶対王政の強化を目指したジェームズ一世の取り組みをさらに推進した。彼が導入した強制的融資は、国民は王に金を「貸す」義務を負うというもので、王は一方的に融資条件を変更して債務の返済を拒んだ。国王は専売条例によって残された唯一の分野、海外貿易事業で専売品をつくり、売った。また、司法機関の独立を侵害し、干渉によって訴訟の判決を左右しようとした。多種の罰金や課徴金を課したが、なかでも最大の論議を呼んだのが「船舶税」だった。一六三四年に王立海軍を支援するために沿岸の州に課税し、一六三五年には課税対象を内陸の州にまで拡大した。船舶税は一六四〇年まで毎年課税された。

チャールズ一世のふるまいがますます絶対主義的になり、政策が搾取性を増すにつれ、全土で反感と抵抗が巻き起こった。一六四〇年、チャールズ一世はスコットランドとの紛争に直面するが、戦場に十分な軍勢を送るだけの資金を欠き、議会を召集して増税を求めざるを得なくなった。いわゆる短期議会は、わずか三週間で終わった。ロンドンにやって来た議員たちが税金について話し合うのを拒否し、かつ不満を山ほど述べたため、ついに国王が議会を解散したのだ。スコットランドは、チャールズ一世が国民に支持されていないことを知ってイングランドに攻め入り、ニューカッスル市を占領した。チャールズ一世が交渉を始めると、スコットランド側は議会の参加を求めた。そうした経緯から、チャールズ一世は長期議会として知られる議会を召集することになった。この議会は一六四八年まで続き、チャールズが解散を求めても拒んだため、そう呼ばれたのだ。

一六四二年、チャールズ一世と議会のあいだに清教徒革命が勃発する。ただし、議員のなかにも、国王側につく者が少なくなかった。対立のパターンには、経済と政治の制度をめぐる闘争が反映されていた。議会は絶対主義的政治制度を終わらせたかったが、国王は強化したかった。そうした対立の根は経済にあった。多数が国王を支持したのは、多大な利益を生む専売事業を認可されていたからだ。たとえば、シュルーズベリーやオスウェストリーの裕福で有力な商人が支配する国内の専売品は、王権によってロンドンの商売敵との競争から保護されていた。そうした商人たちはチャールズ一世の側についた。一方、バーミンガム周辺では冶金《やきん》業が盛んになっていた。専売体制が弱く、新規参入する業者が国内のほかの地域のように七年間、徒弟奉公をする必要がなかったからだ。清教徒革命のあいだ、そうした業者が議会側について剣を製造し、志願兵を出した。同様にギルド（同業組合）規定がなかったおかげで、ランカシャーでは一六四〇年以前から「ニュー・ドレイパリー（新しい生地）」と呼ばれる新しいタイプの軽い布が開発されていた。そうした布地の生産者が集中していた地域が、ランカシャー州内で唯一、議会を支援した。

オリヴァー・クロムウェルの指揮の下、議会派――短く刈った髪型から円頂党と呼ばれた――が、騎士党と呼ばれた王党派を破った。チャールズ一世は一六四九年に裁判にかけられて処刑された。とはいえ、彼の敗北と王政廃止は包括的制度の誕生にはつながらなかった。それどころか、オリヴァー・クロムウェルの独裁が王政に取って代わったのだ。クロムウェルの死後、一六六〇年に王政は復活し、一六四九年以来奪われていた特権の多くを苦労の末に取り戻した。そして、チャールズ一世の息子、チャールズ二世がイングランドに絶対君主制を構築する企てにふたたび乗り出す。チャールズ二世の死後、一六八五年に王位に就いた弟のジェームズ二世はその企てにいっそう力を入れた。一六八八年、絶対君主制をふたたび確立しようとするジェームズの企てはまたもや危機を引き起こし、内戦に至った。今回、議会はより結束し、組織的だった。ジェームズ二世に代わる国王とすべく、オランダ総督オレンジ公ウィリアム（オラニエ公ウィレム）と、妻でジェームズ二世の娘、プロテスタントのメアリを招いたのだ。ウィリアムは軍勢を率いて即位を求め、絶対君主としてではなく議会が生み出した立憲君主として統治すると明言した。ウィリアムがデヴォンのブリクサム（一九四ページ地図9参照）からイギリス諸島に上陸して二カ月後、ジェームズ二世の軍は総崩れとなり、ジェームズはフランスへ逃れた。

名誉革命

名誉革命で勝利を収めた後、議会とウィリアムは新憲法を検討した。修正点は、ウィリアムが侵攻の直前に出した「宣言」ですでに示されていた。そして、一六八九年二月に議会が策定した「権利宣言」でさらに正式なものになった。権利宣言は、戴冠が行なわれたのと同じ会合の席上、ウィリアムに向かって読み上げられた。調印により法制化されて権利章典となったこの宣言には、あいまいな点が多かった。それでも、肝心なのは、それがいくつかの主要な立憲的原理を確立したことだ。王位の継承については、当時受け入れられていた世襲の原理とは大きく異なる方法で規定していた。議会がひとたび君主を排除し、みずからの好みにふさわしい人物にすげ替えたとすれば、ふたたびそうしてもいいのではないだろうか？権利宣言は、君主は法の執行を停止できないし、法の適用を免除されることもないとも述べ、議会の同意なしに課税するのは違法であると繰り返し述べている。そのうえ、議会の同意なしにイングランドに常備軍を置くことはできないとした。あいまいさが紛れ込む条文のなかには「議員の選出は自由になされなければならない」とする第八条などがあった。「自由」をどう定義するかは定められていない。もっとあいまいなのは第一三条で、議会は頻繁に開かれなくてはいけないという主旨だ。議会が開かれるかどうか、いつ開かれるかは過去一世紀にわたり議論の分かれる問題だったため、この条文はもっと明確でもおかしくなかった。とはいえ、このように文言があいまいな理由は明らかだ。条文は執行されなくてはならない。チャールズ二世の治世には三年法が定められ、議会は少なくとも三年に一度は召集されなくてはならないとされた。だが、チャールズはこれを無視し、それでも何も起こらなかった。執行する方策がなかったからだ。ジョン王がマグナ・カルタに署名した後でバロンがしたように、議会は一六八八年以降にこの条文を執行する方策の導入を目指すこともできたはずだ。そうしなかったのは、必要がなかったからだ。権威と意思決定力が一六八八年以降、議会に移ったためである。憲法や法律に明文化されてはいなくとも、ウィリアムは以前の王たちの慣行の多くをあっさりとあきらめた。司法の裁定に干渉するのをやめ、関税収入を生涯受け取るといった従来の「権利」を手放した。要するに、政治制度のそうした変革は国王に対する議会の勝利を表し、したがって、イングランドおよびその後のグレートブリテン——イングランドとスコットランドは一七〇七年の連合法により合併した——に絶対主義の終焉が訪れたことを表していたのだ。それ以降、議会は国家政策をしっかりと支配した。それによって、大きな変化が起きた。議会の利害はステュアート朝の国王の利害とはまったく異なっていたからだ。議員の多くが貿易と工業にかなりの投資をしていたため、所有権の執行には強い関心を寄せていた。ステュアート家は所有権を頻繁に侵害してきたが、このとき以来、所有権は保護されるようになる。そのうえ、ステュアート家が政府の支出を管理していた当時、議会は増税に反対し、国家権力の強化には及び腰だった。いまでは議会みずからが支出を管理したため、進んで増税し、価値があると見なした活動には費用をかけた。その代表が海軍の増強だ。議員の多くがかかわる海外との商取引による利益を守るためである。

議員の利害よりもさらに重要だったのが、政治制度に多元主義的性質が生まれてきたことだ。イングランド国民が議会に関与できるようになったいま、政策と経済制度は、国王が政策を決定していたときとはまったく異なり、議会でつくられるようになった。もちろん、それは議員が選挙で選ばれていたからでもある。だが、当時のイングランドは民主主義からは程遠く、関与できるとは言っても、いささかの反応を伝えられるという程度だった。不平等な点は多く、ことに一八世紀に投票できたのは人口の二パーセント未満で、男性に限られた。産業革命が起こった都市であるバーミンガム、リーズ、マンチェスター、シェフィールドは、議会に独自の議員を出していなかった。その反面、農村部は過剰に議員を出していた。同じくらい悪かったのは、農村部である「州」の投票権が土地の所有に基づいていたことと、都市部の「自治都市」の多くが少数のエリートに牛耳られ、彼らが新参の生産業者の投票や立候補を許さなかったことだ。たとえば、バッキンガム市では、一三人の市民が独占的投票権を握っていた。さらに、「腐敗選挙区」があった。これは、かつては投票権があったが、年月とともに多くの住民が流出したり、イングランド東岸のダンウィッチのように、海岸浸食の結果、海に没したりして「腐り切った」選挙区だ。そうした腐敗選挙区のそれぞれで、ごく少数の投票者が二人の議員を選出していた。オールド・セラムには七人、ダンウィッチには三二人の投票者がいて、それぞれ二人の議員を選出していた。

だが、議会に影響をおよぼし、その結果、経済制度にも影響をおよぼす方法はほかにもあった。最も重要な方法は請願だった。これは、名誉革命後に多元主義が出現するにあたり、限られた民主主義などよりもはるかに大きな意味を持っていた。誰でも議会に請願することができたし、実際に請願した。肝心なのは、国民が請願すれば、議会が耳を傾けたことだ。何よりもこのことが、絶対主義の敗北と、かなり広範な社会階層への権限委譲と、一六八八年以降のイングランドにおける多元主義の台頭を反映していた。熱狂的な請願活動からうかがえるのは、国家の動きに対する影響力という点で、議会に議席を持つ人、議会に代表者を送る人さえはるかにしのいでいたのが、こうした広範な社会集団なのだ。そして、彼らはその力を行使した。

専売品の例がこれを最もよく物語っている。一七世紀に専売品が収奪的経済制度の中心にあったことは、前述した。一六二三年、専売条例によって専売品は槍玉に挙げられ、清教徒革命の期間中、激しい対立の原因となった。長期議会は、国民の生活に多大な影響を与えていた国内専売品をすべて廃止した。チャールズ二世とジェームズ二世はそれを覆すにはいたらなかったものの、海外の専売事業を認可する権限は守った。その一例が王立アフリカ会社で、一六六〇年にチャールズ二世によって専売勅許を与えられた。同社は多大な利益の上がる奴隷貿易の独占権を持ち、チャールズの弟ジェームズがその経営者にして最大の株主だった。彼はまもなくジェームズ二世となった。一六八八年以降、同社は経営者ばかりでなく最大の支援者も失った。ジェームズは同社の専売権を「もぐり商人」から守ることにきゅうきゅうとしていた。もぐり商人とは、西アフリカで奴隷を買いつけて南北アメリカで売ろうとした独立貿易業者だ。奴隷貿易は儲けが大きかったため、王立アフリカ会社は多くの挑戦を受けた。大西洋ではイングランドのそのほかの貿易はすべて自由だったためだ。一六八九年、同社はナイティンゲールというもぐり商人の積み荷を押収した。ナイティンゲール側が物資の違法な押収だとして同社を訴えると、ホルト首席裁判官の裁定は、同社による押収は王室特権によって生まれた専売権を行使していたため、法律違反だとした。ホルトの理論では、専売特権は法令によってのみ生じ、そのためには議会を通さなくてはならない。こうしてホルトは、王立アフリカ会社のみならず、その後のあらゆる専売権を議会の手に委ねた。一六八八年以前だったら、そんな裁決をする裁判官はジェームズ二世がたちまちクビにしただろう。一六八八年以降、事情は一変したのだ。

いまや専売権をどうするかは議会の決断に委ねられたため、請願が盛んに行なわれはじめた。大西洋での自由貿易権を要求するもぐり商人からの請願は、一三五件に上った。王立アフリカ会社も請願で対抗したが、同社の廃止を訴える請願の数にも幅広さにも、太刀打ちできる望みはなかった。もぐり商人は狭い私的利益にとどまらず、国益にからめて反対意見を表明することに成功した。実際に、それは国益に関係した。そのため、一三五件の請願のうちもぐり商人自身が署名したのは五件のみで、彼らの請願のうち七三件がロンドン以外の地方から出された。それに対し、王立アフリカ会社側の請願は八件だった。植民地からも請願が許されており、もぐり商人が二七件、王立アフリカ会社が一一件の請願を集めた。また、もぐり商人は請願に賛成する署名をはるかに多く集め、その総計が八〇〇〇に達したのに対し、王立アフリカ会社の集めた署名は二五〇〇だった。闘いは一六九八年まで続き、同年、王立アフリカ会社の専売権は廃止された。

議員たちは一六八八年以後、経済制度を決定するこの新たな場と新たな対応の仕組みをつくりだすとともに、経済制度と政府の政策に一連の重要な変革を起こしはじめた。それらがその後、産業革命への道を開くことになる。ステュアート朝の下で抑圧された所有権は、強化された。議会は経済制度の改革に乗り出し、生産を課税により阻害するのではなく、促進するようにした。ウィリアムとメアリが即位してまもない一六八九年に「炉税」は廃止された。これは暖炉やストーヴの一つ一つにかけられる年税のことで、製造業者にとって最も負担が重かったため、彼らは強く反対していた。議会は炉に課税する代わりに、土地に課税するようになっていった。

議会が支持した製造業寄りの政策は、税負担の再配分だけではなかった。毛織物の市場と利益性を拡大する一連のさまざまな条例や法律が通過した。それらはすべて、政治的には当然の成り行きだった。ジェームズに反対した議員の多くはそうした揺籃期の製造事業に多大な投資をしていたからだ。議会はまた、土地所有権の完全な再編につながる法律を通過させ、旧来の形の所有権と使用権の多くを統廃合できるようにした。

議会にとっていま一つの優先事項は、財政改革だった。名誉革命に至る時期に銀行業と金融業の拡大はあったものの、その動きが定着したのは、一六九四年に産業の資金源としてイングランド銀行が設立されたためだった。これもまた、名誉革命の直接的産物だった。イングランド銀行の設立がかなり広範な「財政革命」への道筋をつけ、金融市場と銀行の大幅な拡大につながった。一八世紀前半には、必要な担保をたてられれば、誰でも融資を利用できた。ロンドンの比較的小規模な銀行、C・ホアズ・アンド・カンパニーの一七〇二年から一七二四年までの記録が完全な形で残されており、この点を明らかにしている。銀行は貴族や上流階級にも金を貸したが、この時期にホアズから大口の融資を受けた人の優に三分の二は、社会の特権階級の出身ではなかった。彼らは商人や事業家であり、そのなかの一人、ジョン・スミスという典型的イングランド人の見本のような名の人物は、一七一五年から一七一九年のあいだに銀行から二六〇〇ポンドの融資を受けた。

これまで、名誉革命がいかにして、イングランドの政治制度を変化させて多元化し、包括的経済制度の基盤を築きはじめたかを強調してきた。名誉革命から生じた制度的変化にはもう一つ重要なものがある。テューダー家によって開始された政治的中央集権化のプロセスを議会が継承したことだ。規制が増えたとか、国家が経済を異なるやり方で規制するようになったとか、イングランドの国家がさまざまな目的に国費を費やすようになったというだけではない。国家の能力と力量があらゆる方面で増したのだ。これもまた、政治的中央集権化と多元主義のつながりを物語っている。一六八八年以前の議会は、国家の効率と資源を増すことに反対してきた。管理しきれなかったからだ。一六八八年以後、状況はがらりと変わった。国家は拡大しはじめ、まもなく歳出が国民所得の約一〇パーセントに達した。それを支えたのが税基盤の拡大であり、ことに国内で生産される数多の商品に課税された物品税だった。その金額は当時の国家予算としてはきわめて大きかったし、実際、現代世界の多くの地域と比べても大きい。たとえば、コロンビアの国家予算が同程度の規模に達したのはようやく一九八〇年代になってからだ。サハラ以南のアフリカの多くの地域、たとえばシエラレオネの国家予算は、海外から流れ込む多額の援助を除けば、こんにちでもなお、経済規模の割にははるかに少ないはずだ。

だが、国家規模の拡大は政治的中央集権化の一部でしかない。より重要なのは、国家の機能の質および、国家を支配する人と国家内部で働く人のふるまい方だ。イングランドにおいて国家制度の構築が始まったのは中世のことだが、これまで見てきたように（三〇六―三〇七ページ）、政治的中央集権化と近代的行政の発展への歩みを決定的に進めたのはヘンリー七世とヘンリー八世だった。それでも、国家は一六八八年以後に出現する近代的な形からは程遠かった。たとえば、多くの任命が資質や才能ではなく政治的理由に基づいていたし、国家が増税を実施する力はきわめて限られていた。

一六八八年以後、議会は税金を通じて収入を増やす力をつけはじめる。そうした進展を如実に物語るのが物品税にかかわる官僚組織で、その人員は一六九〇年の一二一一人から一七八〇年には四八〇〇人に急増している。物品税の査察官は全土に配置され、収税吏の監督下に置かれた。収税吏の業務はパン、ビールをはじめとする物品税の対象品目の数量を調べて回ることだった。この仕事がどんな範囲に及んだかは、歴史家のジョン・ブルーアーが再現した監督官ジョージ・カウパースウェイトの巡回記録から明らかになる。一七一〇年六月一二日から七月五日まで、カウパースウェイト監督官はヨークシャーのリッチモンド地区を二九〇マイル（約四六七キロメートル）巡回した。その間、彼は二六三の食料品・酒類販売業者、七一の麦芽製造業者、二〇のろうそく業者、一つの共同醸造業者を訪ねた。全部合わせて、製造に関して八一種の計測を行ない、監督下にある九人の収税吏の仕事ぶりを調べた。記録によれば、八年後、彼は相変わらず仕事に励んでいたが、今度はウェイクフィールド地区というヨークシャーの別の地域を担当していた。ウェイクフィールドでは移動距離が一日平均一九マイル（約三〇キロメートル）を超え、週六日勤務し、通常は一日に四カ所から五カ所の業者を視察していた。休日である日曜日には、帳簿の記録を整える。そのおかげで私たちは彼の業務の完全な記録を手に入れられたわけだ。実際、物品税のシステムでは、記録が実に詳細だった。役人は三種類の記録をつけ、すべてが相互に一致しなくてはならず、そうした記録に少しでも改変を加えるのは重罪だった。このように、こんにちのたいがいの貧困国家の政府ではとうていかなわないくらい徹底的に、国家が社会を監視していた——それも、一七一〇年に。もう一つ重要なのは、一六八八年以降、国家が政治任命官よりも才覚ある人材に依存するようになっていき、国を運営するための強固なインフラを構築したことだ。

産業革命

産業革命は、イングランド経済のあらゆる面で顕在化した。輸送、冶金、蒸気動力にはきわめて大きな進歩があった。だが、イノヴェーションの最も重要な分野は繊維生産の機械化と、そうした機械製の繊維を生産する工場の発達だった。この激しい変化は名誉革命に端を発する制度改革をきっかけとして始まった。こうした動きは、一六四〇年に達成された国内の専売権の廃止や、税金の改変や、金融が利用可能になったことだけにとどまらなかった。経済制度も、イノヴェーターと起業家を利するべく抜本的に再編されたのだ。その基盤となったのが、より確実で効率的な所有権の誕生だ。

たとえば、所有権がより確実に効率的になったことが、「輸送革命」の中心的原動力となり、産業革命への道筋をつけた。運河とターンパイク（街道、有料道路）と呼ばれる道路への投資が、一六八八年以降、著しく増加した。こうした投資は輸送コストの削減をもたらし、産業革命が必要とした重要な土台づくりに一役買った。一六八八年以前、そうしたインフラへの投資はステュアート朝の国王たちの専制によって妨げられていた。一六八八年以降の状況の変化をよく物語るのが、イングランドはウスターシャーを流れるサルワープ川の例だ。一六六二年、議会はサルワープ川を航行可能にするための投資を促す法案を可決し、ボールドウィン家はこの目的のために六〇〇〇ポンドを投じた。見返りとして、同家は川の航行に料金を課す権利を得た。一六九三年、航行料の徴収権をシュルーズベリー伯とコヴェントリー卿に委譲する法案が、議会に提出された。この法案に、サー・ティモシー・ボールドウィンは異議を申し立て、ただちに議会に請願を出した。彼の主張によれば、提出された法案は、川の航行料を当てこんですでに多額の投資をした父親から実質的に権利を奪い取るものだった。「新法案は、そうした行為を無駄にし、そのために費やした労力と物資を無駄にする」と彼は訴えた。このような権利の再分配は、まさにステュアート朝の君主が得意とした手口だった。ボールドウィンはこう指摘した。「誰の権利であろうと、議会が定めた法律の下で入手したものを本人の同意なしに取り上げるのは、危険な結果をもたらす」。結局、新法案は可決されず、ボールドウィンの権利は守られた。一六八八年以後、所有権はそれまでよりもはるかに確実に保障されるようになった。それは、所有権の保障が議会の利益と一致していたからでもあるし、多元的制度には請願に影響される余地があったからでもある。一六八八年以後、政治システムは著しく多元性を増し、イングランド国内には比較的公平な環境が整ったのだ。

一八世紀に起きた輸送革命と、より一般的な土地の再編の土台となったのは、不動産所有の性質を変えた議会の法令だった。一六八八年までは、イングランドのすべての土地は究極的には王室の所有物だとする法的虚構さえあったが、これは社会の封建的構造の直接の遺産だった。多くの土地が、無数の古い形の所有権と、分割を主張する多くの訴えを抱えていた。たいていの土地は、いわゆる衡平法上の財産権において保有されていた。つまり、地主は土地を抵当に入れることも、貸すことも、売ることもできなかった。共有地は伝統的用法でしか利用できないことが少なくなかった。経済的に望ましい方法で土地を利用するには、きわめて大きな障害があった。議会はそれを修正しはじめ、その結果、一般国民のさまざまな団体が所有権の簡素化と再編を議会に請願し、やがて何百という法令が議会で成立して、改革が実現した。

そうした経済制度の再編の一つの形として、国内の繊維生産を輸入品から守るという課題も浮上した。驚くにはあたらないが、議員も有権者も、あらゆる参入障壁と専売品に反対したわけではなかった。みずからの市場と利益を増やすものならば、歓迎した。だが、肝心なのは、多元的政治制度――議会が社会の広範にわたるグループを代表し、彼らに権限を与え、彼らの言い分に耳を傾けること――の下では、ヴェネツィアのセラタ（二六〇―二六一ページ）とは違って、そうした参入障壁がほかの実業家を締めつけたり、新規参入者を完全に閉め出したりはしないことだ。

一六八八年にイングランドの輸入品のなかでとくに重要だったのは、インド産の織物であるキャラコとモスリンで、輸入される繊維製品全体の四分の一を占めていた。同様に重要だったのが中国産の絹だ。キャラコと絹は東インド会社によって輸入されていた。一六八八年以前、同社は政府の認可によりアジア貿易の独占を享受していた。だが、東インド会社の独占と政治力を支えたのは、ジェームズ二世への多額の賄賂だった。一六八八年以降、同社の立場は弱くなり、まもなく攻撃の的となって、貿易業者との激しい請願合戦が始まった。貿易業者は極東とインドでの貿易を望み、東インド会社との競合も認めるよう議会に求めた。東インド会社もこれに対抗して請願し、議会に金を貸すことを申し出た。東インド会社は敗北し、同社と競合する新東インド会社が設立された。だが、繊維製造業者はインド貿易に競争を持ち込むことを望んだだけではなかった。インド産の安価な輸入繊維（キャラコ）製品への課税、あるいは輸入禁止さえ望んでいた。繊維製造業者はそうした安価なインド産輸入品との激しい競争に直面していた。この時点で最も有力な国内製造業者は毛織物業者だったが、綿布製造業者が経済的重要性と政治力を増しつつあった。

毛織物業界は早くも一六六〇年代から自己防衛策を講じてきた。この業界が後押ししてきた「奢侈禁止令」では、軽めの布の着用などが禁じられた。また、議会へのロビー活動によって一六六六年および一六七八年に、埋葬の際、どんな人でも毛織物の埋葬布で包まなければ法律違反になるとされた。どちらの措置も、毛織物の市場を守り、イングランドの製造業者が直面していたアジアとの競争を軽減した。それにもかかわらず、この時期、東インド会社があまりに強い力を持っていたため、アジア製の繊維製品の輸入は制限されなかった。流れが変わったのは一六八八年以後だ。一六九六年から一六九八年のあいだ、イングランド東部と西部の毛織物製造業者は、ロンドン、カンタベリー、レヴァント・カンパニーの絹織物業者と同盟を結び、輸入を制限した。レヴァント（東部地中海沿岸）地方から絹を輸入していた業者は、少し前に専売権を失っていたにもかかわらず、アジアの絹製品を排除してオスマン帝国産の絹製品が入り込む隙をつくろうとした。この同盟が議会に提出しはじめたのが、アジア産の綿と絹の着用を制限する法案と、イングランド国内においてアジア産繊維の染色や捺染を規制する法案だった。それに応えて、一七〇一年、議会はついに「王国の製造業の促進によって貧困層のより有効な雇用を目指す法案」を可決した。議会の決定によれば、一七〇一年九月以降、「ベンガル産の薄い絹や植物性繊維との混紡も含め、ペルシア、中国、東アジア産のあらゆる絹織物、ならびにそれらの地域で柄づけ、染色、捺染、着色されたキャラコでわが王国に輸入された品、あるいはこれから輸入される品はすべて、着用を禁ずる」とされた。

こうして、アジア産の絹とキャラコの着用はイングランドでは違法となった。それでも、それらを輸入してヨーロッパなどの外国へ、ことにアメリカ大陸の植民地へ再輸出することはできた。そのうえ、無地のキャラコを輸入してイングランドで仕上げることもできたし、モスリンは禁止品目から除外されていた。長い闘いの末、国内の毛織物業者から見たそうした「抜け穴」は、一七二一年のキャラコ法でふさがれた。「一七二二年一二月二五日以後、グレートブリテンでは、捺染、柄づけ、着色、染色されたキャラコのあらゆる衣類、布類の使用と着用は、何人《なんぴと》にとっても違法である」。この法律によって、イギリスの毛織物がアジア製品と競合する可能性は排除されたものの、毛織物業界と国内の綿および麻業界とのあいだには激しい競争が残った。綿と麻を混紡して織られたファスチアンという布が人気を集めていたからだ。アジアの競争相手を撃退した毛織物業界は、今度は麻を締め出しにかかった。麻はおもにスコットランドとアイルランドで生産されていたため、イングランドが同盟を組んで、それら二カ国をイングランド市場から排除するよう求める余地もあった。だが、毛織物業者の力にも限界があった。彼らの新たな企てに対して強く反発したのが、急速に発展しつつあった工業地域、マンチェスター、ランカスター、リヴァプールのファスチアン製造業者だ。多元的政治制度の下で、いまではそうしたさまざまなグループが投票を通じて議会の政策決定プロセスに関与できるようになっていたし、さらに重要なことに、請願できるようになっていた。双方の側が盛んに請願書を書き、賛成あるいは反対の署名が集められた結果、この対立は羊毛業者に対する新興業者の勝利に終わった。一七三六年のマンチェスター法は以下のように定めている。「グレートブリテン王国においては、麻糸と原綿でできた大量の品が、過去数年間に製造され、捺染され、色づけされてきた」。そして、以下のように断定していた。「衣類、家庭用品、家具その他で、麻糸と原綿から製造され、いかなる色で捺染や色づけがされたいかなる品についても、グレートブリテン王国内での着用あるいは使用を禁止するという解釈は、前述した［一七二一年の］法律のいかなる部分からも生じない」

誕生したばかりの綿製造業界にとって、マンチェスター法は意義深い勝利だった。だが実のところ、その歴史的・経済的意義ははるかに大きかった。第一に、議会を持つイングランドの多元的政治制度が許容する参入障壁の限界が明らかになった。第二に、以後半世紀にわたり、綿布製造業の技術革新が産業革命で中心的役割を果たし、工場システムの導入によって社会を根本的に変容させることになった。

一六八八年以降、国内では公平な環境が整いつつあったが、議会は国外にはそれを広めないよう腐心した。キャラコ法のみならず、航海法からもそのことは明らかだ。航海法は一六五一年に最初に可決され、修正を加えられながらも、その後二〇〇年にわたって効力を保った。この法律の目的は、イングランドが国際貿易を独占しやすくすることだったが、厳密に言えば、それは国家による独占ではなく、民間部門による独占だった。基本方針は、イングランドの貿易品はイングランドの船で運ぶということだった。この法律は、外国船がヨーロッパ以外の国からイングランドとその植民地へ物品を輸送することも、第三国の船がヨーロッパの国からイングランドへ物品を輸送することも、違法とした。イングランドの貿易業者と製造業者にとって有利だったため、彼らの利益はおのずと増大し、それによって、この利益率の高い新事業におけるイノヴェーションがさらに進んだのかもしれない。

一七六〇年には、そうしたあらゆる要因——強化され、一新された所有権、整備されたインフラ、国庫制度の変化、利用しやすくなった金融、貿易業者と製造業者の積極的な保護——が相まって効果を発揮しはじめていた。それ以降、特許を取得する発明の数は急増し、産業革命の核心である技術変革が大きく開花していることが明らかになりはじめた。制度環境の改善を反映して、多くの分野でイノヴェーションが起きた。決定的に重要な分野は動力で、最も有名なのは一七六〇年代にジェームズ・ワットの考案から生まれた蒸気機関の利用法の変遷だ。

ワットの最初の成功は蒸気の凝縮器を分離し、ピストンを収納するシリンダーの熱を保って、シリンダーの加熱と冷却の必要をなくしたことだった。彼はその後もさまざまなアイデアを発案し、「遊星」歯車装置をはじめとして、蒸気機関の動きを有用な動力に変換する大幅に効率的な方法を編み出した。そうしたあらゆる領域で、技術革新は先人の業績の上に築かれていった。蒸気機関に関しては、イングランドの発明家、トマス・ニューコメンと、フランスの物理学者・発明家、ドニ・パパンの先駆的な業績があった。

パパンの発明をめぐる逸話も、収奪的制度下で創造的破壊の脅威が技術改革をいかに妨げるかを物語る、いま一つの例だ。パパンは一六七九年に「スチーム・ダイジェスター」という圧力釜の構想をまとめ、一六九〇年にそれをピストン・エンジンに応用した。一七〇五年、パパンはこの原始的エンジンを使って世界初の蒸気船を建造する。当時、ドイツはカッセル州のマールブルク大学で数学の教授をしていた彼は、蒸気を動力として、この船をフルダ川からヴェーザー川へ下らせることにした。その航路を行く船は必ずミュンデン市で止まらなくてはいけなかった。その頃、フルダ川とヴェーザー川の河川交通は船頭のギルドが独占していた。パパンはおそらく、まずい事態を予感したのだろう。友人で師でもあった著名なドイツの物理学者、ゴットフリート・ライプニッツが、州のトップであるカッセル選帝侯に書状を送り、「……妨げられることなく……」カッセルを通行するのをパパンが許されるよう嘆願した。だが、ライプニッツの嘆願はすげなく拒絶され、パパンは以下のような素っ気ない返書を受け取る。「選帝侯の枢密院は、上記の嘆願を認めるにあたり重大な障害を見いだし、理由も述べずに、彼らの決定をあなたに伝えるよう指示した。つまり、選帝侯閣下は要請をお認めにならなかった」。パパンはそれでもくじけず、川下りを決行する。パパンの蒸気船がミュンデンに到着したとき、船頭のギルドはまず同市の判事に船の押収を求めたが、受け入れられなかった。すると船頭たちは、パパンの船に乗り込んで、船体も蒸気機関も粉々に打ち砕いた。パパンはその後、困窮のうちに亡くなり、墓標もない墓に埋葬された。

テューダー朝やステュアート朝のイングランドだったら、パパンはドイツで受けたのと同じような敵意に満ちた扱いをされたかもしれないが、一六八八年以後、状況は一変していた。実のところパパンは船さえ壊されなければロンドンまで航行するつもりだった。

冶金術においては、一七八〇年代にヘンリー・コートが重要な貢献をした。鉄の不純物を処理する新技術を導入し、それまでよりもかなり質の高い錬鉄を生産できるようにしたのだ。これが、機械の部品、釘、工具の製造に決定的な役割を果たす。コートの技術を利用した大量の錬鉄の製造を容易にしたのが、エイブラハム・ダービーと息子たちによるイノヴェーションだった。一七〇九年に、鉄の製錬に初めて石炭を使用しはじめたのだ。一七六二年にはジョン・スミートンがこの方法を改良して水力で送風筒を動かし、コークス製造に応用した。その後、木炭は鉄の製造から姿を消し、はるかに安く入手しやすかった石炭が取って代わる。

イノヴェーションは明らかに累積によるものだが、一八世紀半ばに著しい加速があった。それが最も顕著だった分野は繊維生産だ。繊維生産の最も基本的な作業は紡績、すなわち綿や羊毛といった動植物の繊維を取り出し、より合わせて糸を形成する作業だ。次にその糸を織って織物をつくる。中世で最大級の技術革新は紡ぎ車で、これが手仕事の糸紡ぎに取って代わった。この発明がヨーロッパに登場したのは一二八〇年ごろで、中東から伝わったらしい。糸紡ぎの方法は一八世紀まで変わらなかった。大きなイノヴェーションが始まったのは、一七三八年にルイス・ポールが、紡いだ繊維を人間の手の代わりにローラーで引き出す新たな紡績方法の特許を取ってからだ。だが、その機械はあまり役に立たなかった。紡績に真の革命を起こしたのは、リチャード・アークライトとジェームズ・ハーグリーヴズによるイノヴェーションだった。

一七六九年、産業革命の立役者の一人であるアークライトは、ルイス・ポールの機械を大幅に改良した「水力紡績機」で特許を取得した。そして、靴下製造業者だったジェデダイア・ストラットおよびサミュエル・ニードと手を組む。一七七一年、彼らは世界最初の工場の一つをクロムフォードに設立した。新しい機械の動力は水力だったが、アークライトはやがて、蒸気動力へと決定的な転換をする。一七七四年には、アークライトの会社は六〇〇人の労働者を雇い、積極的な事業拡張によって、やがてマンチェスター、マトロック、バース、スコットランドのニューラナークにも工場を設立した。アークライトのイノヴェーションを補完したのは、一七六四年のハーグリーヴズのジェニー紡績機と、それをサミュエル・クロンプトンが一七七九年に改良したミュール紡績機、そして、その後リチャード・ロバーツがさらに改良した「自動式ミュール紡績機」だ。そうしたイノヴェーションの効果はまさに革命的だった。一八世紀前半には、綿一〇〇ポンド（約四五キログラム）を紡ぐのに、手紡ぎで五万時間かかった。アークライトの水力紡績機はそれを三〇〇時間でやってのけ、自動式ミュール紡績機は一三五時間でやってのけたのだ。

紡績の機械化とともに、製織も機械化されていった。その重要な第一歩は、一七三三年にジョン・ケイが飛び杼《ひ》を発明したことだった。飛び杼は当初、たんに手織りの生産性を増しただけだったが、その最も長期的な影響は製織の機械化への道を開いたことだ。飛び杼を基にエドマンド・カートライトが一七八五年につくった力織機《りきしょっき》は、紡績と同じく製織においても機械が手技に取って代わった一連のイノヴェーションの第一歩だった。

イングランドの繊維産業は産業革命の原動力だったばかりでなく、世界経済にも革命を起こした。綿織物をはじめとするイングランドの輸出品は一七八〇年から一八〇〇年のあいだに倍増した。この部門の成長が、経済全体を牽引した。技術と組織の双方におけるイノヴェーションの組み合わせが経済発展のモデルとなり、そのモデルが、豊かになった世界の経済を変革した。

こうした変革のカギを握ったのが、新しい発想を持つ新参者たちだった。輸送のイノヴェーションを考えてみよう。イングランドにはそうしたイノヴェーションの波が何度か訪れた。まず運河、次に道路、最後に鉄道だ。これらの波のどれをとっても、改革を担ったのは新参者だった。運河がイングランドで発達しはじめたのは一七七〇年以降で、一八一〇年には製造業の最重要地域の多くを結んでいた。産業革命が始まると、綿織物などのかさばる新たな工業製品や、それらに使われる材料、ことに原綿と蒸気機関用の石炭の輸送費の削減に、運河は大きな役割を果たす。運河建設の初期のイノヴェーターの代表格は、ブリッジウォーター公に雇われてブリッジウォーター運河を建設したジェームズ・ブリンドリーだ。この運河は最終的に大工業都市マンチェスターとリヴァプール港を結んだ。ブリンドリーはダービーシャーの農村地帯に生まれ、水車などの修理を生業《なりわい》としていた。技術的な問題に独創的解決策を見つけるという彼の評判が、ブリッジウォーター公の耳に届いた。ブリンドリーにはそれまで輸送の問題を扱った経験はなかったが、ほかの偉大な運河技師にも同じことが言えた。石工として出発したトマス・テルフォードしかり、機械製作者であり技師であったジョン・スミートンしかりだ。

偉大な運河技師たちと同様に、道路と鉄道の偉大な技師たちも、輸送に関してはしろうとだった。一八一六年前後にタールマック〔訳注：砕石とタールを混ぜた舗装材〕を開発したジョン・マカダムは、下級貴族の次男だった。最初の蒸気機関車は一八〇四年、リチャード・トレヴィシックによってつくられた。トレヴィシックの父親はコーンウォール地方で鉱業に携わっており、リチャードは鉱山から水をくみ上げる蒸気機関に魅せられ、若くして父と同じ道に入ったのだ。さらに重要だったのはジョージ・スティーヴンソンによるイノヴェーションである。彼はかの有名な蒸気機関車「ロケット号」を開発したが、無学の両親の下に育ち、最初の職業は炭鉱の機関士だった。

産業革命のカギを握った綿織物産業も、新参者たちが牽引《けんいん》した。この新しい産業の先駆者のなかには、毛織物の生産と売買に深くかかわっていた者もいた。たとえば、ジョン・フォスターは毛織物業に携わっていたが、手織り職人を七〇〇人雇っていたときに綿織物業に鞍替えし、一八三五年にブラック・ダイク織物工場を開いた。だが、フォスターのような業者は少数派だった。当時の大手事業家で以前からなんらかの製造業にかかわっていたのは、全体のわずか五分の一にすぎなかった。これは驚くにはあたらない。綿織物産業がイングランド北部の新しい町で発達したことも、その理由の一つだ。工場は、生産を組織化するまったく新しい方法だった。毛織物産業は従来、かなり異なる方法で組織化されていた。材料を個人の自宅に「下請け」に出し、各人が一人で紡績と製織を行なっていたのだ。したがって、毛織物業者の大半は、フォスターのように綿織物に鞍替えしようにも、設備を欠いていた。新しい技術の開発と利用のためには、新規参入者が必要だった。綿織物の急速な普及は、毛織物産業の縮小を招いた。創造的破壊が起こったのだ。

創造的破壊は、収入と富だけでなく政治権力をも再配分する。ウィリアム・リーは、権力者が政治的影響を恐れるがゆえに彼の発明を受け入れなかったことから、それを思い知らされた。マンチェスターとバーミンガムで産業経済が拡大するにつれ、新しい工場の経営者と、彼らを中心として台頭してきた中産階級グループが、権利の不備と、彼らの利益に反する政府の政策に抗議しはじめた。第一に槍玉に挙げたのは穀物法だった。この法律は、「穀物」（あらゆる穀物と穀類を含むが、おもに小麦を指す）の国内価格が低すぎる場合、その輸入を禁じ、それによって大地主の利益を高く維持しようとするものだった。この政策は小麦を生産する大地主にとっては非常に都合が良かったが、製造業者にとっては都合が悪かった。パンの高い価格に見合うように賃金を上げなければならなかったからだ。

労働者が新しい工場と工業中心地に集中したため、暴動が組織されやすくなった。一八二〇年代に入るころには、新興製造業者や製造業の中心地を政治的に無視することはもはや不可能になっていた。一八一九年八月一六日、政治体制と政府の政策に抗議する集会がマンチェスターのセント・ピーターズ・フィールズ（聖ピーター教会前広場）で計画された。主催者のジョゼフ・ジョンソンは地元のブラシ製造業者で、急進的な新聞『マンチェスター・オブザーヴァー』の創刊者の一人だった。そのほかの主催者には、綿織物業者で改革派のジョン・ナイト、『マンチェスター・オブザーヴァー』紙主筆のジョン・サッカー・サクストンなどがいた。抗議集会には六万人が集まり、その多くが「穀物法廃止」「普通選挙権」「投票用紙で投票を」（一八一九年当時行なわれていたような公開投票ではなく、秘密［無記名］投票にすべきだということ）などと書いた横断幕を掲げていた。当局はこの集会に神経をとがらせ、第一五軽騎兵連隊の騎兵六〇〇人からなる部隊が召集された。演説が始まると、マンチェスターの治安判事の一人が演説者たちの逮捕状の発行を決めた。警察が逮捕状を執行しようとしたところ、参加者の抗議にあい、乱闘が始まった。その時点で、軽騎兵が参加者を襲撃した。混乱を極めた数分間のうちに一一人が死亡し、およそ六〇〇人が負傷した。『マンチェスター・オブザーヴァー』紙はこの出来事を「ピータールーの虐殺」と呼んだ。

だが、経済・政治制度にすでに起きていた変化を考えれば、長期にわたる抑圧はイングランドでは解決策にならなかった。ピータールーの虐殺が、唯一の事件だった。この暴動の後、イングランドの政治制度は、そうした圧力と、より幅広い社会不安による不安定化の脅威にさらされて変化し、ことに一八三〇年のフランス七月革命の後はその動きが加速した。七月革命は、一七八九年のフランス革命で打破された絶対主義への回帰をシャルル一〇世が図ったことへの反動だった。一八三二年、イングランド政府は第一次選挙法改正を可決する。それによって、バーミンガム、リーズ、マンチェスター、シェフィールドに議席が割り当てられ、投票基盤が広がって、製造業者が議会に議員を送り込めるようになった。その結果、政治権力が移行し、政策は議会におけるそうした新勢力に有利な方向へ向かう。一八四六年、彼らは目の敵にしていた穀物法の撤廃に成功し、創造的破壊が収入のみならず政治権力の再配分も意味することをふたたび示した。そして、当然ながら、政治権力の分配における変化は、時が経つにつれ、収入のさらなる再配分につながることになる。

このプロセスが進んだのは、イングランドの制度が包括的だったおかげだ。創造的破壊は、その被害を受けた人にとっても、それを恐れた人々にとっても、もはや止められるものではなかったのである。

なぜイングランドで？

産業革命がイングランドで始まり、最も大きく前進したのは、比類のない包括的経済制度のたまものだ。それらの制度を支える土台を築いたのは、名誉革命がもたらした包括的政治制度だった。名誉革命が所有権を強化・正当化し、金融市場を改善し、海外貿易での国家承認専売制度を弱め、産業の拡大にとっての障壁を取り除いた。名誉革命が政治システムを開放し、経済のニーズと社会の希求に応えられるようにした。そうした包括的経済制度のおかげで、ジェームズ・ワットをはじめとする才能と先見の明ある人々が機会とインセンティヴを与えられて技術と知恵を磨き、彼ら自身と国家に利益をもたらすやり方でシステムに影響を与えた。当然ながら、彼らもひとたび成功すると、ほかの人々と同じ衝動に突き動かされた。みずからの事業に他人が参入して競争を仕掛けるのを妨げようとしたのだ。そして、みずからがかつて他人を破産させたのと同様に、創造的破壊によって事業が衰退するのを恐れた。だが、一六八八年以降、そうした事態を阻止するのは難しくなった。一七七五年に、リチャード・アークライトは急速に拡大しつつあった綿紡績産業をいずれ独占することをもくろみ、網羅的な特許を取得した。だが、その特許権の行使は法廷で認められなかった。

こうした比類のないプロセスが、なぜイングランドで、なぜ一七世紀に起きたのか？　なぜイングランドは多元的政治制度を発達させ、収奪的制度から脱却したのか？　これまで見てきたように、名誉革命に至る政治的展開は、いくつかのたがいに関連したプロセスによって形づくられた。その中心にあったのが、絶対主義とそれに対抗する勢力のあいだの政治的対立だ。対立の結果、新たにより強力な絶対主義をイングランドにつくる企てが阻止されたのみならず、社会制度を根本的に変えたいと望む人々に権限が委譲された。絶対主義に対抗した勢力は、たんに別種の絶対主義を打ち立てようとしたのではなかった。バラ戦争でランカスター家がたんにヨーク家を倒しただけだったのとは違う。名誉革命は、立憲統治と多元主義に基づく新たな体制を生み出したのだ。

そうした成果は、イングランドにおける制度的浮動と、決定的な岐路への対応の仕方の帰結だった。前章で、西ローマ帝国の崩壊後、西欧でどのように封建制度がつくられたかを見た。封建制度は、東西を問わずヨーロッパの大半に広まった。だが、第四章で述べたように、ペスト禍の後、東西ヨーロッパはまったく別の道を歩みはじめた。政治・経済制度の小さな相違に応じて、西欧では勢力の均衡が制度の改善につながり、東欧では制度の堕落につながった。だが、必ずしもそれが不可避的に包括的制度への道を開いたわけではない。その過程にはもっと多くの重大な転換が必要だった。マグナ・カルタによって立憲統治への基本的な制度基盤の構築が試みられていたとはいえ、ヨーロッパのほかの多くの地域で——東欧でさえ——同じような文書をめぐって同じような争いが繰り広げられたのだ。それでも、ペスト禍の後、西欧は東欧から大きく離れていく。マグナ・カルタのような文書は西欧でより重視されるようになった。東欧では、ほとんど意味を持たなくなっていった。イングランドでは、一七世紀の対立以前でさえ、国王は議会の承認なしに新たな増税ができないという規範が確立していた。同じくらい重要なのが、より一般的な形で権力がゆっくりと少しずつエリートから市民へと移行していったことだ。その好例が地方の共同体における政治的動員であり、イングランドでは一三八一年の農民一揆などに見られる。

そうした制度的浮動が今度は、大西洋へと大幅に拡大した貿易が引き起こしたもう一つの決定的な岐路と相互作用を起こした。第四章で見たように、その相互作用が将来の制度のあり方を左右する一つの重大なポイントは、王室が貿易を独占できるかどうかだった。イングランドでは、議会の力がやや上回っていたため、テューダー朝とステュアート朝の君主による独占は不可能となった。そのおかげで商人と実業家の新しい階級が生まれ、イングランドに絶対主義体制をつくる企てに激しく抵抗した。たとえば、一六八六年にはロンドンで七〇二人の商人がカリブ海地域への輸出に、一二八三人が輸入に携わっていた。北米貿易では輸出に六九一人、輸入に六二六人が携わっていた。そうした商人が倉庫番、水夫、船長、港湾労働者、事務員を雇用し、その全員があまねく利害を共有していた。ブリストル、リヴァプール、ポーツマスといったそのほかの活気ある港にも、同じように貿易商があふれていた。そうした新参者たちは、それまでとは異なる経済制度を欲して要求し、貿易により裕福になるにつれて、力を増していった。フランス、スペイン、ポルトガルでも同様の力が働いた。ただ、それらの国々では国王が貿易とその利益をはるかに強力に支配できた。そうした国々にも、イングランドを変えたのと同種の新たなグループが誕生してはいたが、かなり小さく、力も弱かった。

長期議会が続き清教徒革命が勃発した一六四二年、これらの商人はおおむね議会の大義を支持していた。一六七〇年代にはステュアート朝の絶対主義に抵抗するため、ホイッグ党の結党に深く関与し、一六八八年にはジェームズ二世を退位させるのに中心的役割を果たした。さらに、南北アメリカ大陸がもたらした貿易機会の拡大、そうした貿易へのイングランド商人の大規模な参入、植民地の経済発展、その過程で彼らが築いた富が、君主と絶対主義反対派との闘争における力の均衡を変えたのだ。

おそらく最も重要なのは、多様な利害関係者――テューダー朝時代に台頭した商業的農民階級であるジェントリーから、さまざまな業種の製造業者、大西洋貿易業者にいたるまで――が出現して力をつけたせいで、ステュアート朝の絶対主義に対抗する連合が、強力だっただけでなく幅広かったということだ。この連合は一六七〇年代のホイッグ党の結党によっていよいよ強化され、みずからの利益をさらに増すための組織を得た。連合力の増大が、名誉革命に続く多元主義化を支えた。もしも、ステュアート朝に対抗するそれらの闘争がすべて同じ利害と背景を伴っていたら、ステュアート朝の転覆はランカスター家対ヨーク家の戦いの再現となった可能性がきわめて高い。あるグループと別の限られた利害関係者との闘いの結果、同種あるいは別種の収奪的制度が登場し、再創造される羽目になっていただろう。幅広い連合のおかげで、多元的な政治制度の創造がより求められることになった。何らかの多元主義がなければ、多様な利害関係者のうち一人が、ほかの人々を犠牲にして権力を奪う危険性がある。一六八八年以降の議会がそうした幅広い連合を代表したという事実が決定的要因となり、議員でない人や選挙権さえ持たない人の請願にも議員が耳を傾けるようになった。これが、あるグループがほかのあらゆるグループを犠牲にして独占体制をつくることを妨げた決定的要因だった。マンチェスター法以前に毛織物業者が企てたようなことは、できなくなったのだ。

名誉革命が画期的な出来事だった理由はまさに、勢いづいた幅広い連合に率いられていたこと、その連合にさらに力を与えたことだ。そうした連合が立憲体制を築き、行政府の権力とともに——同じくらい重要な点として——行政府のあらゆるメンバーの権力を抑制したからである。たとえば、毛織物業者が綿織物・ファスチアン製造業者との潜在的競争をつぶすのを阻止できたのは、そうした抑制のたまものだ。したがって、この幅広い連合は一六八八年以後の強い議会を準備するうえで不可欠だった。だがそれだけではない。一つのグループが力を持ちすぎてそれを乱用するのを監視する目が、議会のなかにあったことも意味する。それは多元的政治制度の誕生に欠かせない要因だった。こうした幅広い連合への権限委譲は、包括的な政治・経済制度の維持と強化においても重要な役割を果たした。それについては下巻第一一章で述べる。

それでも、そうした状況のおかげで真に多元的な体制が必然的に生まれたわけではない。その誕生は偶然に左右される歴史の成り行きの産物でもあった。ステュアート朝を相手としたイングランド大内乱で似たような連合が勝利を収めたものの、オリヴァー・クロムウェルの独裁につながっただけだった。この連合が強力だったからといって、絶対主義の打倒が保証されるわけではなかった。ジェームズ二世がオレンジ公ウィリアムを破ることもありえたはずだ。大がかりな制度改革の道筋もまた、ほかの政治的対立の結果に負けず劣らず、偶然に左右された。絶対主義に対抗する幅広い連合を生んだ制度的浮動の特定の道筋と、大西洋貿易の好機という決定的な岐路が重なったのは、ステュアート朝にとって不利な状況だったにしても、やはり偶然がものを言った。したがってこの例では、偶然と幅広い連合が、多元主義と包括的制度の誕生を促す決定的要因だったと言える。

第八章

縄張りを守れ

——発展の障壁

印刷禁止

一四四五年、ドイツのマインツで、ヨハネス・グーテンベルクはのちの経済史に大きな足跡を残すイノヴェーションを世に送り出した。活版印刷機である。それまで本といえば、筆記者が書き写すか（時間と手間がひどくかかった）、ページごとに文字を刻んだ版木を組み合わせて木版印刷するかしかなかった。本はほとんど流通しておらず、非常に高価だった。グーテンベルクの発明後は事情が一変した。本は印刷され、手に入りやすくなった。このイノヴェーションがなければ、民衆が読み書きを覚えることも、教育を受けることもかなわなかっただろう。

西欧では印刷機の重要性があっというまに認識された。一四六〇年には、印刷機はすでに国境を越えてフランスのストラスブールで使われていた。一四六〇年代末期には、この技術はイタリア全土に広まり、印刷機はローマとヴェネツィア、続いてフィレンツェ、ミラノ、トリノに現れた。一四七六年には、ウィリアム・カクストンがロンドンに印刷機を設置し、その二年後にオックスフォードにも設置された。同時期に、印刷技術は北海沿岸低地帯（現在のベルギー、オランダ、ルクセンブルク）に広まり、スペインへ、さらには東欧へと伝わった。ブダペストに印刷所ができたのが一四七三年、クラクフにできたのがその一年後だった。

とはいっても、誰もが印刷を望ましい発明だとみなしたわけではなかった。早くも一四八五年には、オスマン帝国のスルタンであるバヤジット二世が、イスラム教徒を対象に、アラビア語の印刷物を作成してはならぬというお触れを出した。一五一五年、セリム一世によってさらに締めつけが厳しくなった。オスマン帝国の領土で印刷機の設置許可が下りたのは、一七二七年になってからのことだった。当時のスルタンだったアフメト三世は、イブラヒム・ミュテフェッリカに印刷機設置を許可する勅令を出した。しかし、この遅まきながらの許可にさえ制約がついていた。勅令では「このめでたい日に、この西側の技術が花嫁よろしく披露され、二度と隠れることはない」とされてはいるが、ミュテフェッリカが印刷するものは微に入り細を穿って検閲されることになっていた。勅令にはこう書いてあった。

印刷された書物に誤りがないように、以下の者が校正を監督する。賢明で、尊敬を集め、称賛に値する、イスラム法を専門とする宗教学者、すなわち、イスタンブールのカーディー（法官）のメヴラーナー・イシャク、テッサロニキのカーディーのメヴラーナー・サヒーブ、ガラタのカーディーのメヴラーナー・アサド。彼らの功績が増さんことを祈る。偉大なる宗教界からは、有徳な宗教学者の中心人物であり、カスム・パシャ・メヴレヴィー教団修行場の教主を務めるメヴラーナー・ムサ。彼の叡智と経験が増さんことを祈る。

ミュテフェッリカは印刷機を設置することは許されたが、印刷したものはすべて、宗教法を専門とする学者、つまりカーディーの三人組による念入りな検閲を受けなければならなかった。印刷機がもっと手軽に利用できれば、カーディーの叡智は――またほかのあらゆる人々の叡智も――もっと早く増したことだろう。しかし、ミュテフェッリカが印刷機設置の許可を受けたあとも、それはかなわぬ夢だった。

当然、ミュテフェッリカが出版した本は数えるほどだった。印刷所が営業を開始した一七二九年から、彼が引退する一七四三年までのあいだに、たった一七冊だ。家族が印刷所を引き継いだものの、一七九七年に印刷所を閉鎖するまでに追加で出せた本はわずか七冊だった。オスマン帝国の中心部から離れた地域では、印刷の普及はさらに遅れていた。たとえばエジプト初の印刷機は、ようやく一七九八年、ナポレオン・ボナパルトがエジプトを掌握しようとして失敗に終わった試みに加わっていたフランス人によって導入された。一九世紀後半に入ってずいぶん経っても、オスマン帝国で出版といえば、既存の書物を筆記者が書き写す方法が主流だった。一八世紀初めのイスタンブールには、八万人もの筆記者がいたそうだ。

印刷機に対するこうした妨害は、識字能力、教育、経済的成功に明らかな影響を及ぼした。

一八〇〇年、オスマン帝国の国民の識字率はわずか二、三パーセントだった。当時のイングランドの識字率は成人男性が六〇パーセント、成人女性が四〇パーセントで、オランダとドイツではもっと高かった。また同時期、オスマン帝国の教育水準は、ヨーロッパで最低レベルの国と比べても、まだはるかに低かった。そうした国の一つであるポルトガルでは、成人で読み書きできたのはわずか二〇パーセント前後だったと思われる。

きわめて絶対主義的で収奪的なオスマン帝国の制度を考えれば、スルタンが印刷機に敵意を抱いていたのも理解できる。書物を通じてさまざまな考え方が広まれば、民衆を支配するのがずっと難しくなる。そうした考え方のなかには、経済成長を促す有益で新しい方法もあれば、破壊力があって政治と社会の現状を脅かすものもあるだろう。書物はまた、口承の知識を支配する者の権力を損ないもする。読み書きができれば誰でも、書物から簡単に知識を仕入れられるからだ。そうなれば、エリートが知識を支配する既存の体制が脅かされかねない。オスマン帝国のスルタンと宗教界の上層部は、その結果起こるであろう創造的破壊を恐れた。そこで解決策として印刷を禁じたのである。

産業革命は決定的な岐路を生み出し、その影響はほぼすべての国に及んだ。イングランドなど一部の国は、商業、工業化、起業を認めたばかりか、積極的に促進したので、成長も早かった。一方、オスマン帝国、中国といった多くの絶対主義国家は、産業の普及を阻止、もしくはそこまでいかなくとも普及を促すようなことをいっさいしなかったために出遅れた。

政治・経済制度によって技術革新への反応が決まり、既存の制度と、制度の多様化や経済的成果へとつながる決定的な岐路とが相互作用しあうというおなじみのパターンが現れたのだ。

オスマン帝国は第一次世界大戦末期に崩壊するまで絶対主義を維持したおかげで、印刷機やそれがもたらす創造的破壊に反対し、それを妨げることに成功してきた。イングランドで起こった経済の変革がオスマン帝国で起こらなかったのは、収奪的かつ絶対主義的な政治制度と収奪的な経済制度との当然のつながりのせいだ。絶対主義は法や他者の思惑といったものの拘束を受けない。とはいえ、実際には専制君主は何らかの小集団やエリートの支援を受けて統治している。一九世紀のロシアでは、皇帝《ツァーリ》は人口全体の約一パーセントにあたる貴族階級によって支持された専制君主だった。この限られた集団は、自分たちの権力を永らえさせるべく政治制度を構築した。一九〇五年まで、ロシアには議会も、ほかのグループを代表する政治組織もなかった。一九〇五年にようやく皇帝が帝国議会《ドゥーマ》を創設したものの、皇帝は帝国議会に与えたわずかばかりの権力をすぐに無力化した。当然ながら、経済制度は収奪的で、皇帝と取り巻きの貴族をできるかぎり裕福にすることを目的としていた。これを支えていたのが、多くの収奪的な経済制度と並んで、民衆を強制的に働かせて支配するシステムだった。つまり、とりわけ悪名高いロシアの農奴制である。

絶対主義だけが工業化を阻む政治形態ではない。絶対主義国家は多元的ではなかったし、創造的破壊を恐れてはいたが、多くは中央集権国家だったか、少なくとも印刷機などの革新的な技術を禁止するだけの中央権力を有していた。ところが、アフガニスタン、ハイチ、ネパールなどの国々では、いまだに政治的中央集権制が欠けている。サハラ以南のアフリカでは事態はもっと深刻だ。先に述べたように、秩序を課し、規則や財産権を制定できる中央集権国家でなければ、包括的な制度は生まれない。本章で見るように、サハラ以南のアフリカの多くの地域（ソマリアやスーダン南部など）において、工業化の大きな障壁は、どんな形にせよ政治的中央集権制が存在しないことだった。こうした当然の前提条件が欠けていれば、工業化が進展する望みはない。

絶対主義、そして政治的な中央集権制がない、もしくは弱い状態は、産業の普及を妨げる二つの異なる障壁だ。しかしこの二つはつながっている。創造的破壊への恐怖のためにどちらも維持されてしまううえ、政治的中央集権化の過程で絶対主義が生まれることが多いからだ。政治的中央集権制への抵抗が起こるのは、包括的な政治制度への抵抗とよく似た理由からだ。政治権力を失うのではないかという恐怖であり、この場合は新たな中央集権国家とその支配者に権力を奪われるのではないかという恐怖だった。前の章で見たように、テューダー朝の政治的中央集権化の過程で、国の政治組織において各地のエリートによる発言権と代議制を求める声が高まったのは、政治権力のこうした喪失を避けようとしてのことだった。強力な議会が創設され、最終的に包括的な政治制度が出現した。

しかしほとんどの場合はまったく正反対の結末となり、政治的中央集権化の過程で、さらに熾烈な絶対主義の幕が開く。ロシアの絶対主義の台頭を見れば、そのことがよくわかる。ロシアに絶対主義の礎がしっかりと築かれたのは、ピョートル大帝が皇帝に即位した一六八八二年からこの世を去る一七二五年にかけてだ。ピョートルは新たな首都をサンクトペテルブルクに築くと、古くからの大貴族の権力を取り上げ、近代的な官僚国家と軍隊をつくりあげた。自分を皇帝に任じた貴族議会さえ廃止した。代わりに導入したのが官等表である。これはまったく新しい社会階級で、基本的には皇帝への奉仕の区分を示したものだ。ピョートルは教会も支配した。イングランドのヘンリー八世が、中央集権化を進める一環として教会を支配したのと同じである。軍隊の改革は、政治的中央集権化の過程で、ピョートルは他者の権力を奪い、自分のものとした。昔ながらの歩兵隊であるストレリツィの反乱を招いた。続いてほかの反乱も発生した。中央アジアのバシキールの蜂起やプガチョフの乱などだが、どれ一つとして成功はしなかった。

ピョートル大帝による政治的中央集権化のプロジェクトは成功し、反乱は鎮圧された。ところが、自分たちの権力が奪われると危惧したストレリツィのように、国家の中央集権化に抵抗した人々があちこちの地域で勝利を収めた結果、国家の中央集権化は進まず、別の種類の収奪的な政治制度が残ることとなった。

この章では、産業革命によって決定的な岐路を迎えたものの、多くの国がその流れに乗りそこねて工業化の恩恵を享受できなかった経緯を見ていく。そうした国々は、オスマン帝国のように絶対主義的な政治制度や収奪的な経済制度を持っていたか、もしくはソマリアのように政治的中央集権制が欠如していたかのいずれかなのだ。

小さいながら重要な違い

一七世紀、イングランドで絶対主義が崩壊したが、スペインではますます強固になっていった。イングランドの議会に相当するスペインの身分制議会《コルテス》は、名ばかりの存在にすぎなかった。スペインという国ができたのは、一四九二年、イサベル女王とフェルナンド国王が結婚してカスティーリャ王国とアラゴン王国が合併したためだ。この年にはレコンキスタも完了した。レコンキスタとは、八世紀からスペイン南部を占拠し、グラナダ、コルドバ、セビリャなどの大都市を築いたイスラム教徒を追放する長きにわたった運動である。イベリア半島に最後まで残っていたイスラム教国であるグラナダが陥落してスペインの領土となったのと同時期に、クリストファー・コロンブスがアメリカ大陸に到着して、その土地を、航海に出資したイサベル女王とフェルナンド国王のものだと主張しはじめた。

カスティーリャとアラゴンという二つの王国の統合、その後の王家同士の結婚と王朝の継承を通じてヨーロッパの超大国が登場した。イサベルが一五〇四年に死亡すると、娘のファナがカスティーリャ女王に即位した。ファナはハプスブルク家のフェリペと結婚した。神聖ローマ皇帝マクシミリアン一世の息子だ。一五一六年、ファナとフェリペの息子であるカルロスは、カルロス一世としてカスティーリャとアラゴンの国王になった。父が世を去ると、カルロスはネーデルラントとフランシュ・コンテも継承した。さらにイベリアとアメリカ大陸も領土に追加した。一五一九年、マクシミリアン一世が死去すると、カルロスはハプスブルク家のドイツの領土も継承し、神聖ローマ皇帝カール五世を名乗った。一四九二年に二つのスペインの王国が合併してできあがった国は、複数の大陸に及ぶ帝国となった。カール五世はイサベルとフェルナンドが創建した絶対主義国家を強化しつづけた。

スペインに絶対主義を敷き、強固にしようとする努力は、アメリカ大陸で貴金属が発見されて、大きく弾みがついた。一五二〇年代に、まずメキシコのグアナファトで、その後まもなく同じくメキシコのサカテカスで大量の銀が発見されていた。一五三二年以降にペルーが征服され、さらなる富が王の懐に流れ込んだ。こうした富は、戦利品だけでなく採掘した鉱石についても「キント・レアル（王に五分の一）」という分け前の形でもたらされた。第一章で述べたように、一五四〇年代にポトシで銀山が発見され、スペイン王の懐はさらに暖かくなった。

カスティリャとアラゴンが合併した当時、スペインはヨーロッパでも指折りの富裕国だった。ところが絶対主義による政治システムが強化されると、まず相対的に、そして一六〇〇年を過ぎると絶対的に、経済が衰退していった。レコンキスタが完了してイサベルとフェルナンドが真っ先に取った措置は、ユダヤ人から財産を没収することだった。スペイン在住のユダヤ人約二〇万人が、四カ月で国から出ていくよう命じられた。そのため、彼らは所有している土地と財産を二束三文で売り払わねばならず、金や銀を国外に持ち出すことも許されなかった。同じような非人道的な仕打ちが、それからわずか一〇〇年ほどあとにも繰り返された。一六〇九年から一六一四年にかけて、フェリペ三世が、スペイン南部に存在したイスラム教国の市民の子孫であるムーア人を追放したのだ。ユダヤ人同様、ムーア人も持ち運べるだけの財産を持って出ていかなければならず、金、銀、その他貴金属の持ち出しはいっさい禁じられた。

ハプスブルク家が統治するスペインでは、ほかの面でも財産権が不安定だった。一五五六年に父であるカルロス一世のあとを継いだフェリペ二世は、一五五七年と一五六〇年の二度、負債を返せず、ドイツの銀行家一族のフッガー家とヴェルザー家に大打撃を与えた。その後、ドイツの銀行家が担っていた役割はジェノヴァの銀行家に引き継がれたが、彼らもやはり一五七五年、一五九六年、一六〇七年、一六二七年、一六四七年、一六五二年、一六六〇年、一六六二年と数度にわたり、ハプスブルク家が統治するスペインが負債を返済しなかったせいで破滅に追い込まれた。

絶対主義のスペインで、財産権の不安定さと同じくらい重大な意味を持っていたのが、交易にまつわる経済制度に絶対主義が及ぼす影響と、スペイン植民地帝国の発展だった。前章で見たように、イングランドの経済が繁栄したのは、商人階級が急速に拡大したからだ。スペインやポルトガルとは異なり、イングランドは大西洋貿易に遅れて参入したにもかかわらず、交易や植民地におけるチャンスを比較的幅広い層に開放していた。スペインの王室を潤したものが、イングランドでは新たに台頭した商人階級を豊かにしたのだ。イングランドにおける初期の経済的な活力の礎を築き、絶対主義に対抗する政治同盟の砦となったのは、この商人階級だった。

スペインでは、経済の繁栄と制度の変革へとつながるこうしたプロセスが発生しなかった。アメリカ大陸が発見されると、イサベルとフェルナンドは、セビリャの商人組合《ギルド》経由で新しい植民地と交易を行なった。ギルドの商人が取引をすべて支配し、アメリカ大陸から得た富の分け前が確実に王室にわたるようにした。どの植民地にも貿易の自由はなく、毎年、一大船団が貴金属と貴重な品物をアメリカ大陸からセビリャに運んだ。このように限られた独占状態の交易が基盤では、植民地での商機を活かして幅広い商人階級が生まれる余地はない。アメリカ大陸内の商取引でさえ厳しい規制があった。ヌエバ・エスパーニャ（ほぼ現在のメキシコに相当）の商人は、ヌエバ・グラナダ（現在のコロンビア）の商人と直接取引することを禁じられていた。スペイン帝国内のこうした商取引の制約のせいで、経済的な繁栄が損なわれただけでなく、間接的には、さらに繁栄している別の国との交易で得られたかもしれない利益までが失われてしまったのだ。にもかかわらず、こうした制約には魅力があった。金と銀がスペインに延々と流れ込むことを保証していたからだ。

スペインの収奪的な経済制度は、絶対王政が樹立されたこと、政治制度がイングランドとは異なる道を取ったことの直接の結果だ。カスティリャ王国もアラゴン王国もそれぞれ異なるグループ、すなわち「身分」を代表する議員が集うコルテスを有していた。イングランドの議会と同様、新しい税金を導入する合意を得るには、カスティリャ王国もコルテスを召集する必要があった。とはいえ、イングランドのように都市と地方の両方の代表が集まっているのではなく、カスティリャやアラゴンのコルテスは、もっぱら主要な都市を代表する議員だけが集まっていた。一五世紀の時点でわずか一八都市の議員しかいなかったのだ。それぞれの都市から議員が二名ずつ出ていた。スペインのコルテスはイングランドの議会のように幅広いグループがまんべんなく議員を送り込んでいる状態ではなかったため、当然ながら絶対主義に制約を課そうと張り合う多様な勢力の集合体に発展することはなかった。コルテスは、法律も制定できず、徴税に関する権限さえ限られていた。こうしたあらゆる事情のおかげで、スペイン王室は、絶対主義を強固にしていく過程で、コルテスを容易に骨抜きにすることができた。カール五世とフェリペ二世は、莫大な費用がかかる一連の戦争の資金を調達するために、アメリカ大陸から運ばれてくる銀についてますます多くの税収を欲しがった。一五二〇年、カルロス一世はコルテスに増税を提案することにした。都市部のエリートはこの機会をとらえて、コルテスの大幅な改革と権限の付与を訴えた。この反対の声はあっというまに暴力的なものとなり、コムネロスの反乱という名で知れわたった。カール五世は忠誠軍によって反乱を鎮圧した。一六世紀の残りの期間を通じて争いが絶えなかったのは、新しい税金を導入したり、昔からある税金を値上げしたりする権利を王室がコルテスから奪い取ろうとしたためだった。争いに波はあったが、最終的には王室が勝った。一六六四年以降、コルテスが召集されることはなく、次に召集されたのは、ほぼ一五〇年後にナポレオンが侵略してきたときだった。

イングランドでは、一六八八年の絶対主義の敗北が、多元的な政治制度を生み出しただけでなく、それまでよりはるかに効率的な中央集権国家を発展させた。スペインでは、絶対主義が勝利したために正反対の展開となった。王室はコルテスを骨抜きにして、みずからの行動に課されそうないっさいの制約を排除したが、税金を上げるのは――個々の都市と直接交渉した場合でさえ――徐々に困難になった。イングランドが近代的で効率の良い税制を築きつつあったのに比べ、スペインはふたたびそれとは反対の方向に向かっていた。王室は起業家のためにしっかりとした財産権を確立せず、貿易を独占したばかりか、公職を売ってしばしば世襲制にし、徴税権の販売にかまけ、訴追免除の権利さえたたき売った。

スペインのこうした収奪的な政治・経済制度の行く末は予測がつく。一七世紀、イングランドで商業が成長し、急速な工業化が進展しているときに、スペインは全国で経済が衰退していた。一七世紀の初め、スペインでは五人に一人が都市部に住んでいたが、同世紀末にはその数値は半分の一〇人に一人となった。それに伴い、スペイン国民はどんどん貧しくなっていった。スペインの収入が減る一方で、イングランドは豊かになった。

イングランドで一掃されつつあった絶対主義が、スペインではしぶとく生き残り、逆に強固になっていった。これこそ、決定的な岐路では小さな相違が実は重要だという格好の例だ。小さな相違は代議制の強さと質にあった。決定的な岐路はアメリカ大陸の発見だった。この両者の相互作用が、スペインとイングランドをまったく異なる制度へと向かわせることになった。イングランドに誕生した比較的包括的な経済制度は、前例のない経済の活力を生み、それが産業革命に結実したが、スペインでは工業化が進む希望は皆無だった。工業技術が世界各地で普及していた時期に、スペイン経済は不振を極めていたため、王室や土地を持っているエリートが工業化を阻止する必要もなかったほどだ。

産業への恐怖

一六八八年以降にイングランドで起こったような政治制度と政治権力の変化が欠けていたため、絶対主義諸国が産業革命のイノヴェーションや新技術の恩恵に浴する可能性はほとんどなかった。たとえばスペインでは、安定した財産権がなく、各地で経済が低迷していたので、人々が必要な投資をしたり犠牲を払ったりするインセンティヴは存在しなかった。ロシアやオーストリア・ハンガリー帝国の場合、工業化を阻んだのは、エリートの怠慢や失政、収奪的な制度下での経済の衰退だけではなかった。これらのイノヴェーションを導入したり、インフラ——たとえば国の動脈として機能したはずの鉄道——への基本的な投資をしたりしようとしても、支配者によってことごとく阻止されてしまったのだ。

産業革命まっただ中の一八世紀から一九世紀初め、ヨーロッパの政治地図はいまとはまったく違っていた。神聖ローマ帝国は、四〇〇を超える領邦から成るパッチワーク・キルトのような帝国で、中欧の大部分を占めていた。こうした領邦のほとんどは最終的には合併してドイツとなった。ハプスブルク家は依然として一大政治勢力であり、その帝国であるハプスブルク帝国、別名オーストリア・ハンガリー帝国は約二五万平方マイル（約六四万七五〇〇平方キロメートル）に及ぶ広大な領土を有していた。一七〇〇年にブルボン家がスペイン王室を継承したため、スペインはもはや領土に含まれなかったにもかかわらず、だ。人口の点で言えば、ヨーロッパで三番目に大きい国であり、ヨーロッパ全体の人口の七分の一を擁していた。一八世紀後半のハプスブルク家の領土は、西はオーストリア領ネーデルラント（現在のベルギー）にまで及んでいた。とはいえ最大の領土は、オーストリアとハンガリーに隣接する国々から成る一帯であり、北はチェコ共和国とスロヴァキア、南はスロヴェニア、クロアチア、そしてイタリアの大部分とセルビアを含んでいた。東は現在のルーマニアとポーランドの大部分に及んでいた。

ハプスブルク家の領土内の商人は、イングランドの商人と比べるとずっと低く見られていた。また、東欧では農奴制が普及していた。第四章で述べたように、ハンガリーとポーランドは東欧の再版農奴制の中心地だった。ハプスブルク家は、ステュアート家とは異なり、強力な絶対主義による統治を維持することに成功していた。一七九二年から一八〇六年まで神聖ローマ帝国最後の皇帝フランツ二世として統治し、その後は一八三五年に死ぬまでオーストリア・ハンガリー帝国の皇帝の地位にあったフランツ一世は完全な専制君主だった。自分の権力にいっさいの制約を認めず、何よりも政治的な現状維持を望んでいた。その基本戦略は、どんなものであれ変化には反対することだった。一八二一年、彼は演説でこの姿勢を明確に打ち出した。いかにもハプスブルク家の支配者らしく、ライバハのある学校で教師を相手にこう演説をぶったのだ。「碩学は要らない。必要なのは善良で誠実な国民だ。諸君の任務は若者をそのような国民に育てることだ。私に仕える者は、私が命じることを教えなければならない。それができない、もしくは新しい考えがあるという者は、職を辞すがよい。さもなければ私がその人間を追放しよう」

一七四〇年から一七八〇年まで国を治めた皇妃マリア・テレジアは、制度の変更や改善を上奏されると、よく「すべてをそのままに」と返事をした。彼女と息子のヨーゼフ二世（在位一七八〇－一七九〇年）が、強力な中央集権国家と効果的な行政制度を創設しようとした功績は大きい。とはいえ、彼らの行動に実際的な制約がまったくなく、多元的な要素もほとんどない政治制度の下で、というのが実情だった。王室にいくらかでも歯止めをかけるはずの議会は存在せず、あるのは荘園と地方議会というシステムだけだった。歴史的に、それらは課税と兵士募集に多少の権限を有していた。オーストリア・ハンガリー帝国を牛耳るハプスブルク家の行動に対する制約は、スペイン王室に対する制約よりもさらに少なく、政治権力はごく一部に集中していた。

ハプスブルク家の絶対主義は一八世紀にいっそう強まり、君主に味方しない制度の力はさらに弱まった。オーストリアのチロル地方の代表団が、憲法制定を求めてフランツ一世に謁見したとき、皇帝はこう答えた。「憲法が必要とは！……それでは、私としては気が進まないが、憲法を制定するとしよう。しかし、これだけは覚えておいてもらいたい。兵士は私に従うのだし、私は金《かね》を要求するとき二度は言わない……いずれにせよ、発言には注意するよう忠告しておく」。これを受けて、チロル地方の代表団は「皇帝がそのようにお考えでしたら、憲法がないほうがよろしいかと存じます」と答えた。それに対してフランツは「私もそう思う」と返答した。

フランツ一世は、マリア・テレジアが大臣との協議の場として使っていた国家評議会を解散した。それからというもの、皇帝が決めたことについて専門家が助言したり、国民が議論したりする機会はなくなった。フランツは警察国家をつくり、多少なりとも急進的と見なせるものは何でも検閲した。その統治哲学は、長年の側近だったハルティヒ伯爵によれば「国家の権力を変わらずに維持し、権力に加わろうとする国民の意見はいっさい拒絶する」というものだった。この哲学を守るのに力を貸したのが、一八〇九年に外相に任命されたクレメンス・フォン・メッテルニヒだった。その権力と影響力たるや、皇帝のフランツをしのぐほどで、メッテルニヒは、ほぼ四〇年間にわたって外相を務めた。

ハプスブルク家の経済制度の中心にあったのが封建秩序と農奴制だった。帝国の東に行くほど、封建制度は厳しくなった。第四章で説明したように、西欧から東欧に移るにつれて、経済制度においていっそう一般的になる格差を反映してのことだ。労働者の移動は極端に制限され、移住は違法だった。イギリスの人道主義者ロバート・オーウェンが、貧しい人々の状況を改善するために社会改革を行なうようオーストリア政府に説得を試みたところ、メッテルニヒの補佐の一人であるフリードリヒ・フォン・ゲンツはこう答えた。「われわれは大衆が豊かになって独立心を養うことを望んでいない……そうなったら、彼らを支配できないではないか」

労働市場の出現を完全に阻止し、地方の民衆から経済的インセンティヴや起業心を奪う農奴制に加え、独占をはじめとする商取引の制約に支えられてハプスブルク家の絶対主義は繁栄した。都市経済はギルドによって支配されていた。ギルドは新参者の参入を制限していた。一七七五年までオーストリアには国内にも関税があった。ハンガリーには一七八四年まであった。輸入品の関税率は非常に高く、多くの品物の輸出入がはっきりと禁止されていた。

市場を抑圧して収奪的な経済制度を創設するというのは絶対主義の常套手段だが、フランツ一世はさらにその先まで手を打った。収奪的な経済制度が、イノヴェーションをもたらそうとか新しい技術を採用しようとかいった個人のインセンティヴをそいだだけではない。第二章でコンゴ王国が鋤の使用を促そうとしたものの、収奪的な経済制度のせいで国民が鋤を使う気にならず、うまくいかなかった例を挙げた。コンゴの国王は、うまく国民に鋤を使わせることができれば、農業生産性が向上し、さらなる富を生み、それが自分の懐に流れ込むとわかっていた。これは、あらゆる政府にとってインセンティヴとなりうる。絶対主義国家にとってもそうだ。コンゴの問題は、生産したものはすべて国王に取り上げられてしまうことを国民が理解していたので、すぐれた技術に投資したり、その技術を採用したりするインセンティヴがなかったことだった。ハプスブルク家の領土では、フランツは国民にすぐれた技術を用いるよう勧めなかった。それどころか、すぐれた技術を用いるのに反対し、人々が既存の経済制度下で喜んで用いたであろう技術の普及を阻んだのだ。

イノヴェーションへの反対は二つの形で現れた。第一に、フランツ一世は産業の発展に反対した。産業が活発になれば工場ができる。工場ができれば貧しい労働者が都市、とくに首都ウィーンに集中する。すると労働者が絶対主義への反対勢力を支持するおそれがある。彼の政策は、従来のエリートと政治経済の現状を維持することが目的だった。農業中心の社会を継続したかったのだ。そのための最善の方法は、そもそも工場を建てないことだとフランツは考え、直接実行に移した。一八〇二年には、ウィーンに工場を新設することを禁じた。工業化の基盤となる新しい機械の導入と利用を促すのではなく、禁止したのだ。この禁止令は一八一一年まで存続した。

第二に、フランツは鉄道の敷設に反対した。鉄道は産業革命とともに出現した重要な新技術の一つだった。北部鉄道の建設計画を提示されたとき、彼はこう言った。「いかん、いかん、鉄道などごめんだ。革命がこの国に入り込んでくるかもしれないではないか」政府が蒸気鉄道の建設許可を与えようとしなかったため、オーストリア・ハンガリー帝国初の鉄道は馬車を使わざるをえなかった。この路線は、ドナウ川沿岸のリンツと、モルダウ川沿岸のボヘミアの都市ブトヴァイスを結んでいた。傾斜地や角地に敷設されたので、この鉄道を蒸気機関車向けに改造するのは不可能だった。そのため、馬車鉄道は一八六〇年代まで残っていた。帝国内の鉄道開発による経済面の可能性にいち早く目をつけていたのが、銀行家のザーロモン・ロートシルトだった。彼は偉大な銀行家一族のウィーンにおける代表者だった。ザーロモンの弟ネイサンはロンドンを拠点にしていて、ジョージ・スティーヴンソンの蒸気機関車「ロケット号」にいたく感心し、その可能性に着目した。ネイサンはザーロモンに連絡して、オーストリアで鉄道を開発するチャンスを探るよう勧めた。鉄道敷設に融資すれば一族で大儲けできると踏んだからだ。ザーロモンは承知したものの、フランツがふたたび断固として首を縦に振らなかったため、計画は頓挫した。

産業と蒸気鉄道への反対の根底にあったのは、近代経済の発展に伴う創造的破壊へのフランツの懸念だった。彼にとって何より大事なのは、支配下の安定した収奪的制度を維持し、支持者である従来のエリートの利益を守ることだった。工業化は地方から都市へ労働力を集め、封建制度の序列を損なうのだから、それによって得られるものはほとんどない。それだけではない。フランツは大きな経済的変化が自分の政治権力に与える脅威も認識していた。それだからこそ、工業化と経済的進歩を阻み、経済後進国のままで是としたのだ。経済的な後進性は、さまざまな形で表面化した。一例を挙げると、一八八三年になってもハプスブルク家の領土内で生産される鉄の半分以上は、石炭よりもずっと効率の落ちる木炭を用いて製銑《せいせん》されていた。当時、世界の鉄の九〇パーセントは石炭を用いて製銑されていたのだ。また、第一次世界大戦でオーストリア・ハンガリー帝国が崩壊するまで、織物業は完全には機械化されておらず、手作業のままだった。

産業を恐れていたのはオーストリア・ハンガリー帝国だけではなかった。この章の最初で触れたとおり、さらに東ではロシアが、ピョートル大帝が築いた一連の絶対主義的な政治制度を有していた。オーストリア・ハンガリー帝国と同じく、ロシアの経済制度はひどく収奪的で、農奴制を基盤としており、人口の半分以上を土地に縛りつけていた。農奴は領主が所有する土地で週三日ただ働きしなければならなかった。彼らには移動と職業の自由がなく、領主から別の領主に売り渡されることもあった。急進的な哲学者ピョートル・クロポトキン（近代アナキズムの創始者の一人）は皇帝ニコライ一世（在位一八二五―一八五五）が統治していた時代の農奴制の有り様を克明に記録した。彼は子供時代からの経験を振り返っている。

農奴の話は枚挙にいとまがない。男も女も家族や村から引き離されて売り飛ばされ、賭けに負け、数匹の猟犬と引き換えにされ、ロシアの辺境に送り込まれた……子供たちは親から取り上げられ、残酷な、もしくは放埒な主人に売り飛ばされた。「家畜小屋」での聞いたことがないほど残酷な鞭打ちの罰は日常茶飯事だ。苦しみから逃れる唯一の道として入水自殺を選んだ少女もいた。主人に仕えて老いさらばえ、ついに主人の屋敷の窓の下で首をつった老人もいた。農奴が反乱を起こしても、ニコライ一世の将軍が鎮圧した。それぞれの集団から、五人に一人、一〇人に一人というように犠牲者を選び出しては死ぬまで鞭で打ったり、村を破壊したりしたのだ……いくつか村を回って、貧困を目の当たりにした。とくにかつて貴族だった人々の悲惨さは筆舌に尽くしがたい。

オーストリア・ハンガリー帝国のケースとまったく同じように、絶対主義は、社会の繁栄を阻害する一連の経済制度を生み出しただけではなかった。創造的破壊への似たような恐怖、そして産業と鉄道への恐怖が存在したのである。ニコライ一世の統治下で、この中心にいたのがイゴール・カンクリン伯だった。一八二三年から一八四四年まで財務相を務め、経済の繁栄を促すために必要な社会変革に反対した主要人物である。

カンクリンの政策は、昔から政権を支えてきた要《かなめ》、とくに土地持ちの貴族の力を強め、地方と農業が中心の社会を維持することだった。財務相に就任すると、カンクリンは国有の商業銀行を設立して産業に融資するという前任者グレフの案に反対し、白紙にした。代わって、ナポレオン戦争のあいだ閉鎖されていた国有の貸付銀行を再開した。この銀行はそもそも大地主に助成利率で融資するために設立されたもので、カンクリンはその政策に賛成だった。融資申し込みの際に「担保」として農奴を差し出さなければならないので、封建地主しか融資を受けられなかった。国有の貸付銀行の資金を調達するため、カンクリンは商業銀行から資産を移した。これは一石二鳥だった。産業に回す資金がほとんど残らなかったからだ。

カンクリンの行動は、政変をもたらす経済変化への恐れに突き動かされていた。これはニコライ一世も同じだった。一八二五年一二月、将校がクーデターを企て、ニコライはあやうく即位できなくなるところだった。これらの将校はデカブリストと呼ばれ、急進的な社会変革計画を持っていた。ニコライはミハイル大公への書簡にこう書いている。「革命がロシアのすぐ足元まで来ているが、私の目の黒いうちは、断じて国内へは入らせない」

ニコライは近代経済の確立が引き起こす社会変革を恐れていた。モスクワで開かれた産業博覧会における製造業者の集まりで演説した際、彼はこう言っている。

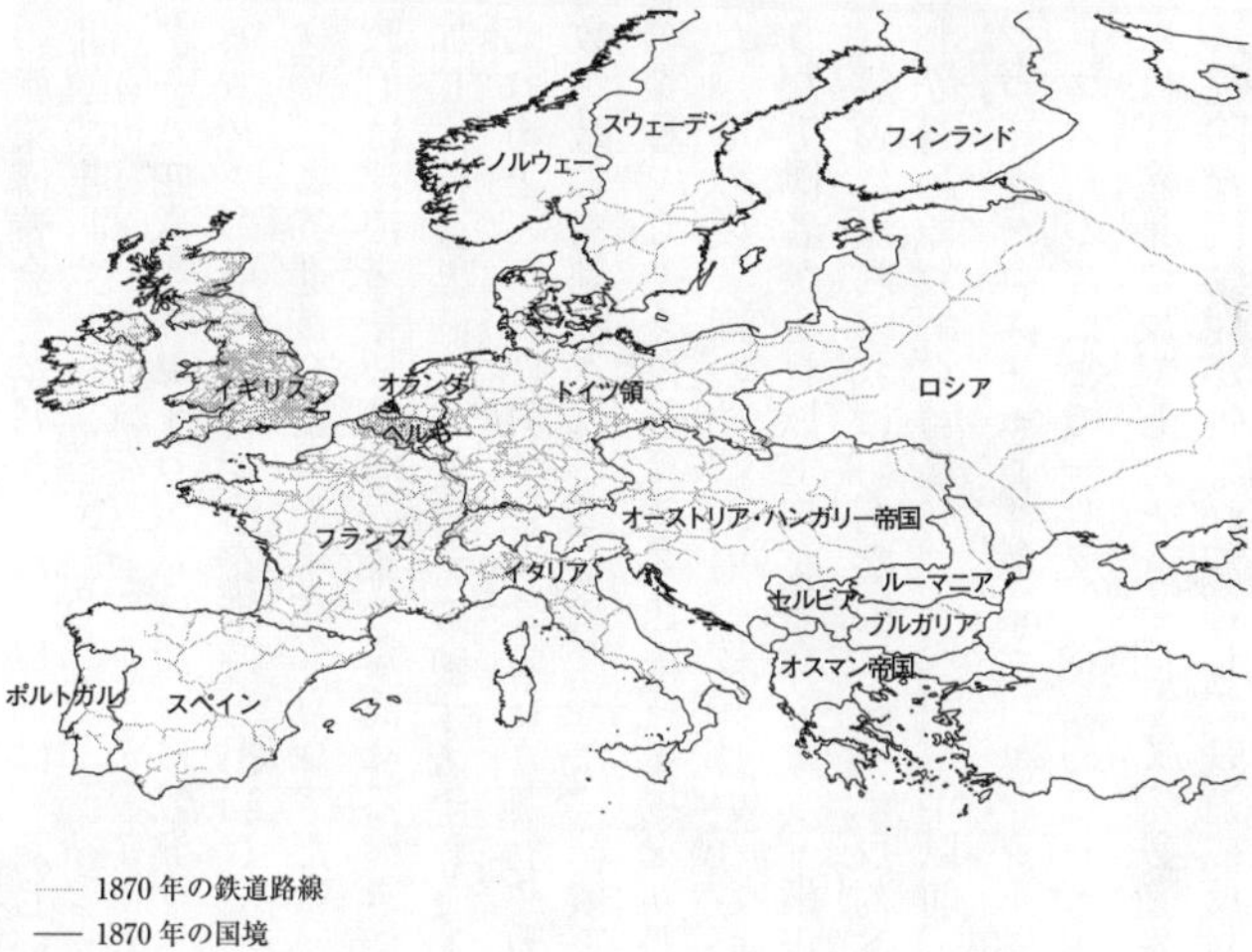

地図13　1870年のヨーロッパの鉄道網

国家も製造業者も、臣民に注意しなければならない。注意を怠れば、工場でさえ恵みではなく災いになってしまうだろう。これが、毎年増えている労働者に関する気がかりな点だ。彼らに必要なのは、道徳心を維持させるための熱意ある親のような監督だ。さもないと、この一団はしだいに堕落し、最後は主人に危害を及ぼす愚劣な階級に成り下がるだろう。

フランツ一世同様ニコライも、近代的な産業経済の解き放つ創造的破壊によって、ロシアの政治の現状が損なわれることを恐れていた。ニコライに促され、カンクリンは産業の潜在力を抑えるための具体策を取った。いくつかの産業博覧会を禁じたのだ。以前は、新しい技術を展示し、技術導入を促進する博覧会が定期的に開催されていたのだ。

一八四八年、ヨーロッパは次々に勃発する革命に揺れていた。こうした状況に対応すべくモスクワの軍政長官で治安維持を担当していたA・A・ザクレフスキーはニコライに書簡を送ってこう進言した。「現在、ロシアだけが享受しております平穏と繁栄を維持するには、政府は浮浪者や放蕩者の集いを認めるべきではありません。彼らはどんな運動にもすぐに参加し、社会と個人の安寧を破壊するでしょう」。この進言がニコライ配下の大臣たちに伝えられると、一八四九年に新たな法が施行され、モスクワのすべての地区で新設される工場の数が厳しく制限されることになった。紡績工場と製鉄所の新設は全面的に禁じられた。ほかの業種、たとえば製織や染色も、工場を新設するには軍政長官に陳情しなければならなかった。その後、綿の紡績工場の稼働はいっさい禁止された。この法は、都市で反乱を起こしそうな労働者がそれ以上集まらないよう、歯止めをかけるのが目的だった。

鉄道に反対すれば、必然的に産業に反対することになる。これもオーストリア・ハンガリー帝国とまったく同じだ。一八四二年以前、ロシアには鉄道が一本しか通っていなかった。ツァールスコエ・セロー鉄道が、サンクトペテルブルクからツァールスコエ・セローとパヴロフスクの宮殿まで一七マイル（約二七・四キロメートル）を結んでいたのだ。カンクリンには、産業に反対したときと同じく、鉄道を推進する理由がまったくなかった。彼は社会的に危険な流動性が生まれるとして鉄道に反対した。「鉄道は必ずしも自然な必要性の産物ではない。むしろ人工的な必要性と奢侈の対象だ。ある場所から別の場所へ不要な移動を促す。これはもっぱらこの時代の特徴である」

カンクリンは数々の鉄道建設の企てを却下した。そのため、モスクワとサンクトペテルブルクを結ぶ線が建設されたのは、一八五一年になってようやくのことだった。カンクリンの方針はクラインミヒェル伯に引き継がれた。「輸送機関と公共施設管理局」の責任者に任命された人物だ。この部署が鉄道建設を決定する中心組織になると、クラインミヒェルは建設をやめさせるプラットホームとして利用した。一八四九年以降、彼は鉄道敷設に関する新聞記事を検閲することに権力さえも利用した。

地図13（三六七ページ）はこうした論理の帰結を示したものだ。一八七〇年の時点で、イギリスをはじめとするヨーロッパ北西部のほとんどの国には鉄道が縦横に走っていたのに対し、ロシアの広大な領土にはほとんど走っていなかった。鉄道に反対する政策がようやくひっくり返ったのは、一八五三年から一八五六年にかけてのクリミア戦争で、イギリス、フランス、オスマン帝国の連合軍と戦ってロシアが完敗してからだった。輸送網が他国と比べて遅れているのは、ロシアの安全保障にとって深刻な足かせになることがやっとわかったのだ。オーストリア・ハンガリー帝国でも、オーストリアの外側と帝国西部では鉄道がほとんど発達していなかったが、一八四八年の三月革命でこれらの領土に変化が起こった。なかでも大きな変化は農奴制の廃止だった。

海上交易禁止

絶対主義はヨーロッパの大半ばかりかアジアにも及び、産業革命によってもたらされた決定的な岐路に際しても、同じように工業化を阻んだ。中国の明と清、そしてオスマン帝国の絶対主義がいい例だ。宋（九六〇―一二七九年）の時代の中国は、多くの技術革新で世界を牽引した。時計、羅針盤、火薬、紙と紙幣、磁器、製鉄用の溶鉱炉などを発明したのはヨーロッパより早かった。また、ヨーロッパ諸国とほぼ同時期に、紡ぎ車と動力としての水力の利用法を独自に開発していた。その結果、一五〇〇年当時の中国の生活水準はヨーロッパに引けをとらなかったものと思われる。何世紀にもわたって、中国は実力主義で選抜された官僚によって運営される中央集権国家でもあった。

しかしながら、中国は絶対主義の国であり、宋の成長は収奪的制度によるものだった。皇帝以外には集団を代表する政治組織は存在せず、イングランドのパーラメントやスペインのコルテスに当たるものが社会にまったくなかったのだ。中国では商人はいつも身分が不安定で、宋の偉大な発明も市場のインセンティヴによって促進されたわけではなく、政府の保護、ときには命令によって世に送り出された。商業化された発明品はほとんどなかった。宋に続く明や清の時代には、国家の締めつけがさらに厳しくなった。こうしたあらゆる事態の根底にあったのは、おなじみの収奪的制度の論理だ。収奪的制度を統括する支配者の大半と同じく、中国の専制君主は変化に反対し、安定を求めていた。とどのつまりは創造的破壊を恐れていたのである。

　これは国際貿易の歴史に如実に表れている。アメリカ大陸の発見および国際貿易の運営法が、近代ヨーロッパ初期の政治闘争と制度変革において重要な役割を演じたのは、すでに見たとおりだ。中国では、一般的に民間の商人が国内の商取引を行なっていたが、外国との交易は国の独占だった。一三六八年に明が国を統一すると、初代皇帝の洪武帝《こうぶてい》は三〇年にわたって君臨した。洪武帝は外国との交易が政治的にも社会的にも安定を損なうと懸念し、政府が運営し、朝貢があるときのみ外国との交易を許可した。商業活動は認めなかった。朝貢使節団なのに商業活動を行なおうとしたとして大勢の人間を処刑さえした。一三七七年から一三九七年にかけては、外洋を航行する朝貢使節団が禁止された。洪武帝は民間の商人が外国人と取引することを認めず、中国人が外国に渡ることも禁じた。

　一四〇二年に即位した永楽帝《えいらくてい》は、政府が主体となる交易を大々的に復活させて、中国史上よく知られた一つの時代をスタートさせた。永楽帝の支援を受けた提督の鄭和《ていわ》は、東南アジア、南アジア、アラビア、アフリカまで大艦隊を率いて遠征を六度実施した。中国は、長年の交易関係からこれらの場所について知っていたが、これほど大規模な遠征は初めてだった。最初の艦隊は二万七八〇〇人の乗組員と、宝船《ほうせん》六二隻、小型船一九〇隻から成り、小型船のなかには飲み水を運ぶ船、食糧を運ぶ船、兵士を運ぶ船があった。ところが、一四二二年の六度目の航海後、永楽帝はいったん遠征を中止した。後継者である洪熙帝《こうきてい》（在位一四二四—一四二五年）の時代も遠征は行なわれなかった。洪熙帝は早世し、宣徳帝《せんとくてい》が即位した。宣徳帝は一四三三年に鄭和に最後の航海を許可したものの、その後は外国との交易をいっさい禁止した。一四三六年には、遠洋航海船の建造さえ違法となった。海外交易禁止令は一五六七年まで解かれなかった。

こうした一連の出来事は、社会を不安定にさせかねない多くの経済活動を禁じた収奪的制度の氷山の一角にすぎないが、中国の経済発展に根本的な影響を及ぼすこととなった。国際貿易とアメリカ大陸の発見がイングランドの制度を根底から変えつつあったまさにその時期に、中国はこの決定的な岐路に背を向け、内向きになっていた。この内向きの姿勢は一五六七年まで変わらなかった。明は一六四四年にアジア内陸部の満州族である女真族によって滅ぼされた。彼らは清を興した。その後、政治的にきわめて不安定な時期が続いた。清は財産と資産を大量に没収した。一六九〇年代に、引退した学者で商人になりそこねた唐甄《とうけん》がこう書いている。

清が成立してから五〇年以上経つが、国は日に日に貧しくなっていく。農民は貧困にあえいでおり、職人も貧困にあえいでおり、商人も貧困にあえいでおり、役人も貧困にあえいでいる。穀物は安価だが満腹になるだけの量がない。衣服も安価だが体全体を覆うことは難しい。船いっぱいの商品が市場から市場へと運ばれるが、売ったところで赤字になるだけだ。職を去る役人は、家計を支える手だてがないと知る。実のところ、四つの職業に就く人間がみな貧困にあえいでいる。

一六六一年、康熙《こうき》帝《てい》はヴェトナムから浙江《せっこう》省沿岸部――基本的には南部沿岸全域で、かつて中国で最も商業が盛んだった地域――の全住民に、一七マイル（約二七・四キロメートル）内陸に移るよう命じた。この措置を順守させるために沿岸部に兵士を巡回させ、一六九三年まで、この沿岸部での荷物の積み降ろしを全面的に禁じた。この禁止令は一八世紀になっても定期的に出され、海外交易の芽を効果的に摘み取った。なかには交易を発展させた者もいた。だが、皇帝の気がいつなんどき変わって交易を禁じられるかわからず、船、設備、交易関係に投資したところで無駄どころかもっとひどいことになるかもしれないというのに、わざわざ投資しようという者はほとんどいなかった。

明と清が外国との交易に反対する理由はもうおわかりだろう。創造的破壊への恐怖だ。統治者のいちばんの目的は政治の安定だった。イングランドの商人が大西洋の両岸で勢力を拡大していたように、外国と取引すれば、商人が豊かになって大胆になり、政治の安定が損なわれるおそれがあった。こう思っていたのは明と清の皇帝だけでなく、宋の皇帝も同じだった。宋の皇帝は、技術革新を支援し、より広い交易の自由を認めてはいたが、それも自分の目の届くところまでという条件つきだった。明と清の時代になると事態は悪化し、経済活動に対する国家の締めつけが一段と厳しくなり、海外交易は禁止された。たしかに、明・清時代の中国には国内市場が存在し、国内の経済活動への課税率はずいぶん低かった。しかし、それもイノヴェーションを支えるところまではいかず、実際には商業の発展と産業の繁栄が政治の安定の犠牲になった。こうした絶対主義による経済の支配が行きつく先は見えている。ほかの国の工業化が進む一方で、中国経済は一九世紀から二〇世紀初めまで停滞していた。一九四九年に毛沢東が共産党政権を樹立したときには、中国は世界の最貧国の一つになっていた。

プレスター・ジョンの絶対主義

一連の政治制度とそれに端を発する経済的帰結としての絶対主義は、ヨーロッパとアジアにしか存在しなかったわけではない。第二章で見たアフリカ・コンゴ王国の例もある。もっと長く続いたアフリカの絶対主義としては、現在のエチオピアであるアビシニアがある。その発祥については第六章で触れたとおり、アクスム王国の衰退後に封建制が台頭したのだった。アビシニアの絶対主義がヨーロッパ諸国よりも長く存続したのは、非常に難しい問題と決定的な岐路に直面したためだった。

アクスムのエザナ国王がキリスト教に改宗してからというもの、エチオピアはキリスト教国であり、一四世紀には国王プレスター・ジョン神話の舞台となっていた。プレスター・ジョンはキリスト教徒の国王なのだが、中東でイスラム教が台頭したため、ヨーロッパとの関係を絶たれてしまったというのだ。当初その王国はインドにあると思われていた。しかし、ヨーロッパでインドの知識が増すと、それは事実でないとわかった。エチオピアの王がキリスト教徒であることから、自然と神話の対象となった。実際には、エチオピアの王はイスラム教徒の侵略を防ぐために、ヨーロッパ諸国の王と手を組もうと懸命だった。遅くとも一三〇〇年以降はヨーロッパに外交使節を送っていたし、ポルトガルの国王には派兵を嘆願したほどだった。

これらの兵士のほか、外交官、イエズス会士、プレスター・ジョンに会いたいと願う旅行者などが、エチオピアに関する多くの記録を残した。経済的観点から実に面白い話を残したのは、ポルトガルの外交使節団に同行した司祭、フランシスコ・アルヴァレスだ。エチオピアには一五二〇年から一五二七年まで滞在した。そのほか、イエズス会士で一六二四年以降エチオピアで暮らしたマノエル・ド・アルメイダ、一七六八年から一七七三年までエチオピアに滞在した旅行者のジョン・ブルースが残した記録もある。彼らが書いたものは、当時のエチオピアの政治・経済制度について豊富な情報を提供してくれる。それによると、エチオピアが絶対主義の典型例だったことに疑問の余地はない。多元的な制度はいっさいなく、皇帝の権力への抑止力や制約もなかった。皇帝がみずからの支配権を主張する根拠は、ソロモン王とシバの女王の子孫だという言い伝えだった。

絶対主義がもたらしたものは、皇帝の政治戦略によって左右される、ひどく不安定な財産権だった。たとえば、ブルースはこう述べている。

土地はすべて王のものだ。王は気嫌が良いときに気に入った相手に土地を与え、気分しだいでそれを取り上げる。王が死ぬと、王国の土地全体が王のものとなる。それだけではない。現在の持ち主が死ぬと、どれほど長いこと大切にされていようと、その所有地は王に返還され、長男に引き継がれることはない。

アルヴァレスは、「偉大な人物が民衆をきちんと処遇していれば、果実も耕作地も」もっと多いだろうと書き残している。社会の仕組みを説明したアルメイダの記述も一貫している。

国民が所有する土地を二、三年ごとに皇帝が交換したり、改変したり、取り上げたりするのは、よくあることだ。ときには毎年、もしくは一年のうちに何度もということもある。したがって実際そうなっても誰も驚かない。ある者が土地を耕し、別の者が種をまき、また別の者が収穫するのも珍しいことではない。だから、土地の面倒を最後まで見ようという者はいない。木を植えようとする者すらいない。木を植えたところで、果実を収穫できることはめったにないとわかっているからだ。一方、王にしてみれば、国民が自分に全面的に依存しているのは便利だった。

この描写はエチオピアの政治経済の構造とヨーロッパの絶対王政国家の政治経済の構造の主要な類似点を示している。とはいえ、この描写からは、エチオピアの絶対主義のほうがより苛酷で、経済制度はより収奪的だということも明らかだ。さらに、第六章で強調したように、エチオピアはイングランドで絶対主義の崩壊を促したのと同じ決定的な岐路に立たされなかった。エチオピアは近代社会を形成した多くのプロセスとは無縁だった。そうでなかったとしても、その国の絶対主義の熾烈さは、絶対主義をさらに強化したことだろう。たとえばエチオピアの国際貿易は、スペイン同様、儲けが大きい奴隷交易を含めて皇帝が支配していたのだ。また、エチオピアは完全に孤立していたわけではない。ヨーロッパ諸国はプレスター・ジョンを探したし、エチオピアは周りのイスラム教国と戦わなければならなかった。それでも、歴史家のエドワード・ギボンの次の記述には、いくぶんかの正確さがある。「四方八方を宗教上の敵に囲まれながらも、エチオピアはほぼ一〇〇〇年のあいだ眠りつづけた。自分たちのことを忘れている世界を忘れて」

ヨーロッパ諸国によるアフリカの植民地化は一九世紀に始まったが、エチオピアはカッサ・ハイルの統治する独立国だった。カッサは一八五五年に皇帝テオドロス二世となり、国家の近代化に着手した。より中央集権的な官僚社会と司法制度を整え、国を支配し、さらにはヨーロッパ諸国と戦えるだけの力を持つ軍隊を創設した。総督を各地方に配し、税金を徴収させて自分のところに送らせた。ヨーロッパ列強との交渉は困難を極め、彼は怒りのあまり、イングランド人の領事を拘留した。一八六八年、イングランドは軍隊を派遣してエチオピアの首都を略奪し、テオドロスは自殺した。

それでも、テオドロスが再建した国家は、一九世紀には植民地化を狙うイタリアに抵抗して見事勝利を収めた。一八八九年、メネリク二世が即位した。彼はすぐに、エチオピアに植民地を築こうというイタリアの利権に直面することとなった。一八八五年、ドイツ宰相のビスマルクはベルリンで会議を開いた。この会議で、ヨーロッパ列強が「アフリカ分割」を企て、アフリカをさまざまな利益圏ごとに分割することを決定したのだ。イタリアはエチオピア沿岸部のエリトリアとソマリアの植民地の権利を確保した。エチオピアはこの会議に代表団を派遣しなかったが、なんとか無傷のまま切り抜けた。しかしイタリアはまだ下心を捨てておらず、一八九六年にエリトリアから軍を南下させた。メネリクの対応は中世ヨーロッパの王と似ていた。貴族に兵士を動員させ、軍隊を編成したのだ。この方法ではそう長くは戦えないが、大軍による短期決戦には向いていた。こうした短期間でも、イタリアを負かすには十分だった。一八九六年、アドワの戦いで、兵士一万五〇〇〇人のイタリア軍が、兵士一〇万人のメネリクの軍に敗北を喫した。これはヨーロッパの大国が植民地ではないアフリカの国に負けた例としては最も打撃が大きく、このおかげでさらに四〇年間エチオピアは独立を保つことができた。

エチオピア最後の皇帝であるラス・タファリがハイレ・セラシエとして即位したのは、一九三〇年のことだった。ハイレ・セラシエは一九三五年に始まった第二次イタリア侵攻時まで在位し、亡命先であるイギリスの支援を受けて一九四一年に帰国したが、一九七四年の臨時軍事評議会によるクーデターでふたたび退位した。臨時軍事評議会はマルクス主義者の軍人の一団で、その後さらに国を貧しくし、荒廃させた。グルト（二九二ページ）のような絶対主義のエチオピア帝国の基本となる収奪的な経済制度と、アクスム王国の衰退後にできあがった封建制は、一九七四年の革命で廃止されるまで存続した。

現在、エチオピアは世界の最貧国に数えられている。一般的なエチオピア人の収入は一般的なイギリス人の約四〇分の一だ。国民の大部分は田舎に住み、食べていくだけしか作物をつくらない。きれいな水も、電気もなく、きちんとした教育も医療も受けられない。平均寿命は約五五歳、成人で読み書きできるのはたった三分の一だ。イギリスとエチオピアを比較すると、そのまま世界の格差の好例となる。エチオピアが現在このような状態になってしまったのは、イギリスと異なり、絶対主義がごく最近まで存続していたからだ。絶対主義には収奪的な経済制度がつきものであり、それによって皇帝と貴族が大いに潤った一方で、多数のエチオピア人が貧困に苦しんだ。しかし、絶対主義時代の出来事のうちで最も長く悪影響を及ぼしているのは、エチオピアが一九世紀から二〇世紀初頭にかけて工業化の波に乗りそこねたことだろう。そのせいで、現在の国民が絶望的な貧困にあえいでいるのだ。

サマーレの子孫

世界中の絶対主義的な政治制度が、経済を構築するときには間接的に、もしくはオーストリア・ハンガリー帝国やロシアのケースのように直接的に、工業化を阻んできた。しかし、絶対主義だけが包括的な経済制度の誕生の障壁ではなかった。一九世紀初め、世界の多くの地域、とくにアフリカには、最低限の法と秩序すら課せる国家がなかった。それは近代的な経済が成立するための必要条件だ。政治的中央集権化のプロセスに着手して、絶対主義を確固たるものにしたロシアのピョートル大帝のような人物がいなかった。ましてや、議会をはじめとする権力への制約を完全には損なうことなく――もっと適切な言い方をすれば、完全に損なうことができず――イングランドの中央集権化を推し進めたテューダー家のような存在などなかった。ある程度の政治的中央集権制がなければ、たとえこうしたアフリカ国家のエリートが諸手を挙げて工業化に賛成したところで、できることはほとんどなかっただろう。「アフリカの角《つの》」に位置するソマリアを見れば、政治的中央集権制がないと、どれほどひどいことになるかがわかる。ソマリアは歴史的に六つの氏族によって支配されてきた。そのうちの四大氏族は、ディル、ダロッド、イサック、ハウィエだ。系譜をたどると、これらはみなサマーレという謎の祖先に行きつく。この四大氏族はソマリア北部が発祥の地で、徐々に南へ東へと広がっていき、現在でも主に遊牧民として、山羊、羊、ラクダとともに移動しながら暮らしている。南には残り二つの氏族、ディジル、ラハンウェインが暮らしている。彼らは定住して農業を営んでいる。六つの氏族の領土は地図12（二九〇ページ）に示してある。

ソマリ族はまず自分の属する氏族に一体感を抱くが、氏族はとても大規模で、いくつもの支族から成っている。それらのなかでもリーダー格は、より大きな氏族のどれかに血統をさかのぼる支族だ。さらに重要なのが、支族から分かれた「ディヤ集団」である。これはディヤ（血の代償）を支払ったり集めたりする近縁の者で構成されている。ディヤとはメンバーが殺されたときの補償となるものだ。ソマリ族の支族とディヤ集団は、歴史的に、自由にできる希少資源、とくに水源と家畜の放牧地をめぐって絶え間なく争ってきた。また、近隣の支族やディヤ集団の家畜への襲撃がやむこともなかった。支族には支族長と呼ばれる指導者や長老がいるが、彼らに実質的な権力はない。政治権力は分散しており、ソマリ族の成人男子は誰もが支族や集団を左右する決定に発言権を持っている。成人男子全員で構成される非公式な会合によって、それが実現される。成文法もなく、警察も、これといった法制度もない。シャリーア（イスラム法）が、非公式な法の枠組みとして用いられるだけだ。ディヤ集団のためのこうした非公式な法は、自分たちとやりとりする他者に要求する責務、権利、義務などを明確に定めたヒールと呼ばれる慣習法にまとめられている。ヨーロッパの植民地となり、これらのヒールが文字に書き起こされるようになった。たとえば、ハッサン・ウガース一族は、約一五〇〇人が所属するディヤ集団を形成しており、イギリス領ソマリランドのディル氏族の下部集団だった。一九五〇年三月八日、そのヒールがイギリス人の地区行政長官によって記録された。最初の三項はこうだ。

一、ハッサン・ウガースの人間が外部の人間によって殺された場合、血の代償（ラクダ一〇〇頭）のラクダ二〇頭を最近親者が受け取り、残りの八〇頭はハッサン・ウガースの人間全員に分配される。

二、ハッサン・ウガースの人間が外部の人間によって負傷させられた場合、その損害はラクダ三三と三分の一頭分と評価され、一〇頭は負傷者が受け取り、残りは彼のジフォ集団（ディヤ集団の下部組織）が受け取る。
三、ハッサン・ウガース内の殺人はラクダ三三と三分の一頭分の補償の対象となり、被害者の最近親者のみが受け取る。犯人が補償の全部、もしくは一部を支払えない場合は、犯人の血縁者が支援する。

殺人と傷害のヒールがことさら重視されているのは、ディヤ集団や支族のあいだに、ほぼ恒常的に戦いが起こっていることの表れだ。中心にあるのは血の代償と血の復讐だった。特定の人間に対する犯罪は、ディヤ集団全体に対する犯罪であり、必然的に集団補償である血の代償が伴う。万が一この血の代償が支払われなかった場合は、加害者側のディヤ集団が被害者側の集団報復に見舞われるおそれがあった。近代的な輸送手段がソマリアでも普及すると、自動車事故で死傷した場合にも血の代償が適用されるようになった。ハッサン・ウガースのヒールは殺人だけに言及しているわけではない。第六項は「ハッサン・ウガースのある人間が、別のハッサン・ウガースの人間を会合で侮辱した場合、侮辱した側は侮辱された側に一五〇シリング支払う」となっている。

一九五五年初め、二つの支族、ハバー・トルジャロとハバー・ユーニスが、ドンベレリーという地域のたがいに近いところで家畜に草を食ませていた。ユーニス側の男性が、ラクダの放牧をめぐってトルジャロ側の人間と口論になり、負傷した。ユーニスはすぐに報復に出てトルジャロを攻撃し、一人を殺した。この殺人を償うため、血の代償の掟にのっとり、ユーニスはトルジャロに補償を申し出、受け入れられた。血の代償は、例によってラクダの形で個人に引き渡されることになっていた。引き渡し式の際、トルジャロのあるメンバーがユーニスのあるメンバーを殺した。彼を加害者のディヤ集団の一員だと勘違いしたのだ。これがきっかけで全面戦争となり、四八時間でユーニスは一三人、トルジャロは二六人の死者を出した。戦いがその後一年間続いたあと、ついに双方の長老が、イギリス人の地区行政長官によって引き合わされ、両者が納得いく取引（血の代償の交換）で合意し、血の代償はそれから三年にわたって支払われた。

暴力と報復の影におびえながら、血の代償が支払われた。血の代償が支払われても、紛争はやまなかった。しばしばいったん収まっては再燃したのだ。

政治権力はソマリア社会に広く分散しており、多元的といってもよいくらいだった。しかし秩序を守らせる中央集権国家の権威がなければ、ましてや財産権がなければ、包括的制度は生まれない。誰も相手の権威を敬わなかったし、最後に登場したイギリス植民地国家を含め、誰も秩序を課すことができなかった。政治的中央集権制が存在しなかったため、ソマリアは産業革命の恩恵を受けられなかった。このような環境では、イギリス発の新しい技術に投資したり、それを取り入れたりすることも、もっと言えばそのために必要な組織を創設することも想像できなかっただろう。

ソマリアの複雑な政治は、経済成長に対してさらに微妙な影響を及ぼした。アフリカの歴史における技術上の大きな謎については前に述べた。一九世紀後半に植民地支配が広がる前、アフリカ社会には車輪つきの乗物も鋤を使った農業もなく、文字を持つ国もほとんどなかった。先に述べたように、エチオピアは例外だった。ソマリ族も手書き文字を持っていたものの、エチオピアとは異なり、それを使わなかった。アフリカの歴史におけるこうした事例はすでに挙げた。アフリカ社会では車輪も鋤も使われなかったかもしれないが、その存在は間違いなく知られていたのだ。コンゴ王国の場合、基本的に、人々がこれらの技術を取り入れるインセンティヴを、経済制度がまったく生み出さなかったことがその原因だった。同じ問題が文字の使用をめぐっても発生した可能性はあるだろうか。

これについては、ソマリアの北西にあたるスーダン南部のヌバ丘陵にあったタカリ王国の例から、何かしらわかるかもしれない。タカリ王国は一八世紀末に、イスマイルという男の率いる戦士団によって建国され、一八八四年に大英帝国に併合されるまで独立を維持していた。タカリの王と国民は、アラビア文字を知ってはいたが、使うことはなかった。例外は王が他国あての手紙や外交文書を書くときくらいだった。最初はその状況が実に不可解に思える。これまで、メソポタミア文字は、情報を記録し、民衆を支配し、税を課すために国によってつくられたという説明がなされてきた。タカリ王国はこうしたことに関心がなかったのだろうか。

一九七〇年代後半、歴史家のジャネット・イーウォルドがこの問いに取り組んだ。彼女はタカリ王国の歴史を再構築しようとした。その物語の一部はこうだ。国民が文字の使用に抵抗したのは、文字を使うと国家が財産権を主張して、貴重な土地などの資源が支配されるのではないかと恐れたためだというのである。国民はまた、さらに体系的な課税がなされるのではないかとも恐れた。イスマイルが創始した王朝は大国にはならなかった。なりたかったとしても、国民の反対意見を押し切って国家の意思を押しつけるほど強くはなかった。しかし、もっと微妙な別の要因も働いていた。多くのエリートも政治的中央集権化に反対し、国民とのやりとりを文字ではなく口頭で行なうことを好んだのである。そうすれば裁量の自由が最大限になるからだ。文字で書かれた法や命令は取り消しも否定もできず、なかなか変えられない。それらによって基準が定められたところで、のちに支配層のエリートはそれを覆したくなるかもしれない。したがって、タカリ王国では支配層も被支配層も、文字を導入しても自分たちの利益になるとは思わなかったのだ。被支配層は、支配層が文字をどう使うのか危惧したし、支配層自身もまた、文字がないことがきわめて不安定な権力の味方になると思っていた。文字の導入をずっと阻んでいたのは、タカリの政治だった。タカリ王国に比べると、ソマリ族にはそれほどはっきりと定義されたエリートはいなかったが、同じ力が文字の使用やほかの基本的な技術の採用の障壁となっていたことは、想像に難くない。

　ソマリアの例は、政治の中央集権制が欠けていると、経済成長にどんな影響が及ぶかを示している。歴史的な文献を見ても、ソマリアで中央集権化の試みがあったという記録は残っていない。とはいえ、中央集権化の試みがきわめて困難だったであろう理由は明白だ。政治の中央集権化を図ると、必然的にある支族がほかの支族の支配下に置かれることになる。しかし彼らはそのような支配も、支配に伴ったであろう権力の譲渡も拒否した。社会における軍事力が均衡していたため、中央集権的な制度を創設するのが難しかったこともあるだろう。実際、どの集団や支族であれ、中央集権化を進めようとしたら、頑強な抵抗に遭うだけでなく、それまで保持していた権力も特権も失うはめになったのではないだろうか。政治的中央集権制がなく、最も根本的な財産権さえ保障されていなかったために、ソマリ族の社会は生産性を向上させる技術に投資するインセンティヴを生み出すことがなかった。一九世紀から二〇世紀初めにかけて世界のほかの地域で工業化のプロセスが進行中だったとき、ソマリ族はたがいに反目しあい、生きていくのに必死だったため、経済的後進性が深く根づいてしまったのだ。

持続する後進性

一九世紀以降、産業革命は、変化を生み出す決定的な岐路を世界全体にもたらした。国民に対して新しい技術に投資するのを認めただけでなく、投資するインセンティヴを与えた社会は急速に発展した。しかし、世界中の多くの国がそうできなかった。というよりも、あえてそうしなかったのだ。収奪的な政治・経済制度が確立された国家では、そうしたインセンティヴは生まれなかったのだ。スペインとエチオピアが、専制君主が支配する政治制度と、その結果生じた収奪的な経済制度のせいで、一九世紀が始まるずいぶん前に経済的なインセンティヴがついえてしまった例を提供してくれる。結末はほかの絶対主義国家でも似たようなものだった。オーストリア・ハンガリー帝国しかり、ロシアしかり、オスマン帝国しかり、中国しかり。ただ、これらの国では、支配者が創造的破壊を恐れ、経済成長をあえて促さなかっただけでなく、産業の普及や、工業化をもたらす新技術の導入を阻止する措置を堂々と取ったのだ。

絶対主義だけが収奪的政治制度の唯一の形態ではないし、工業化を阻む唯一の要因でもない。包括的な政治・経済制度は、一定の政治的中央集権制を必要とする。国家が法と秩序を課し、財産権を堅持し、必要とあらば公共サービスに投資して経済活動を促進できるようにするためだ。しかし、こんにちでも、アフガニスタン、ハイチ、ネパール、ソマリアをはじめとする多くの国が、最も基本的な秩序すら維持できず、経済的なインセンティヴはほぼ破壊された状態だ。ソマリアの例を見れば、これらの社会を工業化のプロセスが素通りしてしまった様子がわかる。政治的中央集権化は、絶対主義国家が変化に抵抗するのと同じ理由で抵抗に遭う。変化によって、現に権勢をふるっている人間から新たな個人や集団へと政治権力が再配置されてしまうのではないかという、もっともな恐怖がそれだ。こうして、絶対主義は多元主義と経済変革へ向かう動きを阻む。非中央集権国家を支配する昔からのエリートや氏族も同様だ。その結果、一八世紀と一九世紀にこうした中央集権制が依然として欠如していた社会は、産業が花開いた時代に大きく出遅れた。

絶対主義や非中央集権国家など、さまざまな収奪的制度が産業の普及の恩恵に与《あずか》りそこねた一方で、産業革命という決定的な岐路は、世界のほかの地域に大きく異なる影響を及ぼした。下巻第一〇章で見ていくように、合衆国やオーストラリアといった、すでに包括的な政治・経済制度に向けて動いていた社会や、フランスや日本といった、絶対主義が根幹から揺らいだ社会は、このような新しい経済の好機をつかみ、急速な経済成長のプロセスをスタートさせた。こうして、決定的な岐路と既存の制度の違いとの相互作用を通じて、制度的・経済的な乖離がさらに大きくなるというお定まりのパターンが一九世紀にふたたび現れ、今度はさらに大きな衝撃を、またいっそう根源的な影響を、諸国の繁栄と貧困に対して与えたのである。

（以下下巻）

索　引

※「–」は必ずしも語句としては登場しない場合もあるが、該当項目の話題が続いていることを示す。
※イタリック体は地図のページを示す。
（編集部）

■い

■う

■き

■く

■ぬ

■ね

■の

■は

■ひ

■ふ

■わ

■ん

文献の解説と出典

序　文

ムハンマド・エルバラダイの見解は〈twitter.com/#!/ElBaradei.〉にある。

モサーブ・エル・シャミ（Mosaab El Shami）とノハ・ハメド（Noha Hamed）の引用は、2/6/2011付 Yahoo! news 、〈news.Yahoo.com/s/yblog_exclusive/20110206/ts_yblog_exclusive/egyptian-voices-from-tahrir-square〉から。

ワエル・ハリルのブログに掲載された12の即時的要求については、〈alethonews.wordpress.com/2011/02/27/egypt-reviewing-the-demands/〉参照。

レダ・メトワリー（Reda Metwaly）の引用は、2/1/2011付アルジャジーラの〈english.aljazeera.net/news/middleeast/2011/02/2011212597913527.html〉から。

第一章　こんなに近いのに、こんなに違う

スペイン人によるラプラタ川の探査についてのすぐれた考察は、David Rock（1992）第1章を参照。グアラニー族の発見と植民地化は、Barbara Ganson（2003）を参照。de Sahagún からの引用は、Bernardino de Sahagún（1975）、pp. 47-49 からのもの。Gibson（1963）はスペインのメキシコ征服とスペイン人が構築した制度の基本資料。de las Casas からの引用は、de las Casas（1992）の pp. 39、117-18、107の記述。

ペルーにおけるピサロについては、Hemming（1983）を参照。第1 - 6章はカハマルカでの面談と南への行軍、インカの首都クスコの征服について記述している。トレドについては Hemming（1983）、第20章を参照。Bakewell（1984）はポトシ銀山での「ミタ」制度の役割を概観している。Dell（2010）は、「ミタ」制度が長期にわたりどのように影響を与えつづけたかについて、統計的資料で明らかにしている。

Arthur Young の言葉は Sheridan（1973）、p. 8の転載。ジェームズタウンの初期の歴史を述べている良書はいろいろある：たとえば、Price（2003）や Kupperman（2007）。われわれの考察は Morgan（1975）および

Galenson（1996）を参照している。Anas Todkill の発言は Todkill（1885）、p. 38 から。John Smith からのいくつもの引用は、Price（2003）の p. 77（「食料……」）、p. 93（「もし王が……」）、p. 96（「送るとき……」）から。メリーランド勅許、カロライナ基本憲法、その他の植民地憲法はイェール大学アヴァロン・プロジェクトによりインターネット〈avalon.law.yale.edu/17th_century〉で読むことができる。

Bakewell（2009）第 14 章は、メキシコの独立とその憲法を論じている。独立後の政治的不安定と大統領については Stevens（1991）および Knight（2011）を参照。Coatsworth（1978）は独立後のメキシコ経済の凋落についてのセミナー資料。Haber（2010）はメキシコと合衆国における銀行業務の発展を比較している。Sokoloff（1988）と Sokoloff、Khan（1990）は合衆国において特許を申請したイノヴェーターたちの社会的背景についての資料を提供している。トマス・エディソンの経歴については Israel（2006）を参照。Haber、Maurer、Razo（2003）は、われわれの議論に沿って、ポルフィリオ・ディアス政権の政治経済の一つの解釈を明確に提示してくれている。Haber、Klein、Maurer、Middlebrook（2008）は、メキシコの政治経済についてのこの解釈を 20 世紀まで拡張している。北米とラテンアメリカにおける差別的未開辺境地割り当てについては、Nugent、Robinson（2010）および García-Jimeno、Robinson（2011）を参照。Hu-DeHart（1984）は第 6 章でヤキ族の追放について論じている。Carlos Slim の莫大な資産とそれがいかにしてつくられたかについては、Relea（2007）および Martinez（2002）を参照。

南北米における相対的経済発展についてのわれわれの解釈は、これまでの Simon Johnson との共同調査、とくに Acemoglu、Johnson、Robinson（2001、2002）に基づいている。そして、Coatsworth（1978、2008）、Engerman、Sokoloff（1977）も参考にしている。

第二章　役に立たない理論

Jared Diamond の世界の不平等についての見解は、Diamond の *Guns, Germs and Steel*（1997）［『銃・病原菌・鉄』（倉骨彰訳、草思社、2000）］で述べられている。Sachs（2006）は、Sachs 自身の地理的決定論を展開している。文化についての多様な解釈はさまざまな学術文献のあちこちで展開されているが、これまで一つにまとめられたことはなかった。Weber（2002）は、宗教改革がヨーロッパで産業革命が起こった理由を説明していると述べ

た。Landes（1999）は、北ヨーロッパの人々が文化に対する〈勤勉、節約、革新的〉という一連の独特の態度を発展させたと述べた。Harrison と Huntington の編書（2000）は、相対的経済発展に対する文化の重要性に関する説得力ある発言だ。イギリス文化にある種の優越性がある、あるいは、イギリス諸制度に一連の優越性があるという考えは広がっていて、合衆国の例外性（Fisher、1989）と相対的経済発展の類型一般を説明するために使われている（La Porta、Lopez-de-Silanes、Shleifer, 2008）。Banfield（1958）の研究および Putnam、Leonardi、Nanetti（1994）は、文化の一つの側面、つまり、彼らが言うところの「社会資本」が、どのように南部イタリアを貧しくするのかについての文化面からの有力な解釈だ。経済学者の文化の概念の使い方に関する調査は、Guiso、Sapienza、Zingales（2006）を参照。Tabellini（2010）は、西欧での人々の相互信頼の程度と一人当たり年間所得水準の相関関係を分析している。Nunn、Wantchekon（2010）は、アフリカにおける相互信頼性と社会資本の欠如が奴隷貿易の歴史的な強度とどのように相関しているかを示している。

それに関連するコンゴの歴史は Hilton（1985）と Thornton（1983）が提供している。アフリカの技術の歴史的後進性については、Goody（1971）、Law（1980）、Austen、Headrick（1983）の研究を参照。

Robbins の経済学の定義は Robbins（1935）、p. 16 による。

Abba Lerner の言葉は Lerner（1972）、p. 259 から。無知が他との相対的発展を説明するという考えは、経済発展と政治改革の経済分析のほとんどに潜在している。たとえば、Williamson（1990）；Perkins、Radelet、Lindauer（2006）；Aghion、Howitt（2009）。この見解の最近の強力な解釈は Banerjee、Duflo（2011）により展開されている。

Acemoglu、Johnson、Robinson（2001、2002）は制度、地形、文化の相対的役割についての統計分析を提示していて、こんにちの一人当たり所得の違いを解釈するうえで、制度が他の二つより重要であることを示している。

第三章　繁栄と貧困の形成過程

Hwang Pyŏng-Wŏn と兄弟の再会場面は、Foley（2003）、pp. 197-203 に書かれた James A. Foley の Hwang へのインタビューから再構成されている。

収奪的制度という概念は Acemoglu、Johnson、Robinson（2001）により考え出された。包括的制度という用語は Tim Besley が示唆してくれた。経済的敗者と政治的敗者という言葉の差異は、Acemoglu、Robinson（2000b）

から取られている。バルバドスについてのデータは、Dunn（1969）による。ソヴィエト経済の扱いは、Nove（1992）、Davies（1998）によっている。Allen（2003）はソヴィエト経済史について別のより積極的な解釈を提供している。

社会科学文献には、われわれの理論と主張に関連した大量の研究がある。これらの文献とそれへのわれわれの貢献を概観するためにはAcemoglu、Johnson、Robinson（2005b）を参照のこと。相対的発展の制度面からの展望は多数の重要な成果を生み出している。とくにNorthの業績が顕著だ。North、Thomas（1973）、North（1982）、North、Weingast（1989）、North、Wallis、Weingast（2009）を参照。Olson（1984）も経済成長の政治経済面からの解釈を提示し、強い影響を与えた。Mokyr（1990）は、経済的敗者を世界史における相対的技術革新に関連づけている基本文献だ。経済的敗者の考え方は、効率的な制度的、政治的成果が生じない理由の説明として、社会科学において非常に広がっている。Robinson（1998）、Acemoglu、Robinson（2000b, 2006b）に基づいて、われわれは、包括的制度の出現に対する最も大きな障壁は、エリートたちの政治権力喪失への恐怖であるという考え方を強調するので、経済的敗者の考え方とは異なる。Jones（2003）は同様な観点を重視する内容豊かな比較史を提供している。また、Engerman、Sokoloff（1997）も、南北アメリカについて、こうした見方を重視する重要な研究だ。アフリカの低開発についての独創性に富む政治・経済的解釈は、Bates（1981, 1983, 1989）が発展させ、われわれの研究はその成果から強い影響を受けた。Dalton（1965）とKillick（1978）のすぐれた研究は、アフリカ開発における政治の役割、とくに、政治権力を失う懸念の経済政策に対する影響を強調している。政治的敗者という概念は、かつては、たとえばBesley、Coate（1998）、Bourguignon、Verdier（2000）のような他の政治経済学の理論研究に内在していた。発展における政治の中央集権化と国家機関の役割は、Max Weberの考察に追随する歴史社会学者たちにより、非常に強調されてきた。著名なものは、Mann（1986、1993）、Migdal（1988）、Evans（1995）などだ。アフリカでは、国家と発展のあいだのつながりが、Herbst（2000）やBates（2001）により力説されている。経済学者たちも、最近、この分野に貢献しはじめている。例をあげれば、Acemoglu（2005）やBesley、Persson（2011）だ。最終的に、Johnson（1982）、Haggard（1990）、Wade（1990）、Amsden（1992）は、東アジア諸国を経済的に非常に成功させた東アジア特有の政治経済がどのようなものだったかを重視した。Finley（1965）は、奴隷制は伝統世界の技術的ダイナミズムの欠如に原因がある

という独創的な主張をした。

収奪的制度のもとでも成長は可能だが、燃料切れを起こしやすいとの考えは、Acemoglu（2008）が力説している。

第四章　小さな相違と決定的な岐路——歴史の重み

Benedictow（2004）は、黒死病（ペスト）について、犠牲者数に異論はあるものの、信頼性の高い概観を示している。ボッカッチョやシュルーズベリーのラルフからの引用はHorrox（1994）を再構成している。Hatcher（2008）は、イングランドにおけるペストの予想と到達の説得力ある説明を提示している。労働者規制法のテキストはアヴァロン・プロジェクトの〈avalon.law.yale.edu/medieval/statlab.asp〉で読むことができる。

東欧と西欧の分岐への黒死病の影響に関する基礎的研究は、North、Thomas（1973）、Brenner（1976）で、とくに、当初の政治権力の配分がペストがもたらす帰結に影響したとのBrennerの分析は、われわれの考えに大きな影響を与えた。東欧の第二次農奴制についてはDuPlessis（1997）参照。Conning（2010）、Acemoglu、Wolitzky（2011）はBrennerのテーマの定式化を発展させた。ジェームズ・ワットの言葉はRobinson（1964）、pp. 223-24からの引用。

われわれは、Acemoglu、Johnson、Robinson（2005a）で、大西洋交易と初期の制度的相違の相互作用が、イギリス諸制度の分岐と産業革命に最終的につながったとの考えを最初に提示した。寡頭制の鉄則の概念はMichels（1962）による。決定的な岐路の考えはLipset、Rokkan（1967）が最初に発展させた。

オスマン帝国の長期的発展における諸制度の役割についての基礎的研究は、Owen（1981）、Owen、Pamuk（1999）、Pamuk（2006）である。

第五章　「私は未来を見た。うまくいっている未来を」——収奪的制度のもとでの成長

ステフェンズのロシアにおける任務とバルークへの言葉についてはSteffens（1931）第18章、pp. 790-802を参照。1930年代に飢餓に陥った人々の数について、われわれはDavies、Wheatcroft（2004）の数字を使っている。1937年の人口調査の数字についてはWheatcroft、Davies（1994a、1994b）を参照。ソヴィエト経済におけるイノヴェーションの性質はBerliner

（1976）により研究された。スターリン主義、とくに、経済計画が、実際にどのように機能したかについてのわれわれの考察は、Gregory、Harrison（2005）に基づいている。アメリカの経済学教科書執筆者たちが、ソ連の経済成長をどのように誤解しつづけたかについてはLevy、Peart（2009）を参照。

レレ族とブション グ族についての扱いと解釈は、Douglas（1962、1963）とVansina（1978）に基づく。

「長い夏」の考えについてはFagan（2003）を参照。われわれが述べたナトゥフ人と考古学遺跡の手に入りやすい紹介は、Mithen（2006）とBarker（2006）のなかに見つけられる。Moore、Hillman、Legge（2000）はアブ・フレイラ遺跡についての独創的研究で、定住生活と制度的イノヴェーションが農耕に先立ちどのように現われたかを記録している。定住生活が農耕に先行した証拠の概観のためにはSmith（1998）、ナトゥフ人の場合についてはBar-Yosef、Belfer-Cohen（1992）を参照。新石器革命へのわれわれのアプローチはSahlins（1972）に刺激されていて、Sahlinsはイル・ヨロント族についての逸話も記している。

われわれのマヤの歴史についての考察はMartin、Grube（2000）とWebster（2002）を参考にしている。コパンの人口回復史はWebster、Freter、Gonlin（2000）を参照している。日付のある遺構の数はSidrys、Berger（1979）による。

第六章　乖　離

ヴェネツィアの事例の考察はPuga、Trefler（2010）とLane（1973）の第8、9章を参照している。

ローマについての資料はどの標準的歴史書にも含まれている。ローマの経済制度についてのわれわれの解釈はFinlay（1999）、Bang（2008）に従っている。ローマ衰亡の理由についてのわれわれの考えは、Ward-Perkins（2006）、Goldsworthy（2009）に従っている。後期ローマ帝国の制度変革についてはJones（1964）を参照。ティベリウスとハドリアヌスの逸話の出典はFinley（1999）。

難破船からの証拠はHopkins（1980）が最初に使った。これの概観とグリーンランド・氷床コア・プロジェクトについては、De Callataÿ（2005）、Jongman（2007）を参照。

ヴィンドランダ・タブレット（木簡）は〈vindolanda.csad.ox.ac.uk/.〉で

見ることができる。われわれの使った引用文はTVII Pub. no.: 343。

ローマン・ブリテンの衰亡につながった要因の考察は、Cleary（1989）第4章、Faulkner（2000）第7章、Dark（1994）第2章を参照している。

アクスムについてはMunro-Hay（1991）を参照。ヨーロッパ封建制とその起源についての独創的な研究はBloch（1961）のもの。エチオピアの封建制についてはCrummey（2000）を参照。Phillipson（1998）はアクスムの崩壊とローマ帝国の崩壊の比較を行なった。

第七章　転換点

リーの靴下編み機とエリザベス1世への拝謁の物語は〈calverton.homestead.com/willlee.html〉で読むことができる。

Allen（2009b）は最高価格についてのディオクレティアヌスの布告に使われた実際賃金のデータを示している。

産業革命の原因についてのわれわれの主張は、North、Thomas（1973）、North、Weingast（1989）、Brenner（1993）、Pincus（2009）、Pincus、Robinson（2010）に強く影響されている。こうした碩学たちも、同じように、イギリスの制度改革と資本主義の出現について、それ以前のマルクス主義的解釈の影響を受けている。それについては、Dobb（1963）、Hill（1961、1980）を参照のこと。また、ヘンリー8世の国家構築計画がイギリスの社会構造をどのように変えたかについてのTawney論文（1941）も参照。

マグナ・カルタの原本はアヴァロン・プロジェクト〈avalon.law.yale.edu/medieval/magframe.asp〉で読むことができる。

Elton（1953）はヘンリー8世治下の国家機関発達についての独創的な研究で、Neale（1971）はこれを議会の発達に関連づけている。

ワット・タイラーの乱（Peasants' Revolt）については、Hilton（2003）参照。専売制についてのHillの引用はHill（1961）、p. 25から。チャールズ1世の「国王親政」時代についてはSharp（1992）にしたがっている。どのグループや地域が、どのように親・議会、反・議会であったかに関する証拠は、Brunton、Pennington（1954）、Hill（1961）、Stone（2001）による。Pincus（2009）は名誉革命の基本的研究で、政策や経済制度の個々の変革、たとえば、炉税撤廃やイングランド銀行の創設を論じている。また、Pincus、Robinson（2010）も参照のこと。Pettigrew（2007、2009）は王立アフリカ会社を含む独占制への攻撃を論じていて、請願についてのわれわれのデータはPettigrewの論文から取っている。Knights（2010）は請願の政治的重要

性を強調している。ホアズ銀行についての情報はTemin、Voth（2008）による。

カウパースウェイト監督官と物品税に関わる官僚組織についての情報はBrewer（1988）による。

産業革命経済史の概観は、Mantoux（1961）、Daunton（1995）、Allen（2009a）、Mokyr（1990、2009）に基づいていて、われわれが考察している有名な発明家や発明品の詳細はそこから得ている。ボールドウィン家の物語はBogart、Richardson（2009、2011）により、彼らは名誉革命、財産権の承認、道路、運河の建設のあいだの関係を重視している。キャラコ禁止法、マンチェスター法については、O'Brien、Griffiths、Hunt（1991）を参照。法律の引用はそこから取られている。産業における新参者の支配についてはDaunton（1995）第7章およびCrouzet（1985）を参照。

主要な制度変革がまずイングランドで起こった理由についてのわれわれの説明は、Acemoglu、Johnson、Robinson（2005a）およびBrenner（1976）に基づく。独立商人の数と彼らの政治的選好のデータは、Zahedieh（2010）による。

第八章　縄張りを守れ——発展の障壁

オスマン帝国の印刷機に対する妨害についてはSavage-Smith（2003）、pp. 656-69を参照。歴史上の識字率比較はEasterlin（1981）による。

スペインの政治組織についての考察はThompson（1994a、1994b）を参照している。この間のスペインの経済的衰退の証拠はNoga、Prados de la Escosura（2007）を参照。

オーストリア・ハンガリー帝国における経済発展の障害に関する考察は、Blum（1943）、Freudenberger（1967）およびGross（1973）を参照している。マリア・テレジアの言葉はFreudenberger、p. 495による。その他のハルティヒ伯爵とフランツ1世の言葉はすべてBlumから引用した。フランツ1世のチロル使節団への回答はJászi（1929）、pp. 80-81からの引用。フリードリヒ・フォン・ゲンツのロバート・オーウェンへのコメントもJászi（1929）、p. 80からの引用。オーストリアでのロートシルトの経験はCorti（1928）第2章で考察されている。

ロシアについてのわれわれの分析はGerschenkron（1970）を参照している。クロポトキンの言葉はクロポトキンの自著*Memoirs of a Revolutionary*［『ある革命家の手記（上・下）』高杉一郎訳、岩波文庫、1979年など］

（New York: Cosimo、2009年版）、p.60からの引用。ニコラスとミハイルの会話はSaunders（1992）、p.117からの引用。カンクリンの鉄道についての言葉はOwen（1991）、pp. 15-16にある。

製造業者へのニコラスの演説はPintner（1967）、p. 100に再現されている。

A. A. Zakrevskiiからの引用はPintner（1967）、p. 235による。

鄭和提督についてはDreyer（2007）を参照。近代中国初期の歴史はMyers、Wang（2002）を参照。T'ang Chenの言葉はMyers、Wang、pp. 564-65参照。

関連したエチオピア史概観はZewde（2002）を参照。歴史的にエチオピアがどのように収奪的であったかのデータはPankhurst（1961）による。ここで引用した他のものも同じ。

ソマリの諸制度と歴史についての記述はLewis（1961、2002）を参照している。ハッサン・ウガースの「ヒール体制」はLewis（1961）、p. 177に記載されている。確執についての記述はLewis（1961）第8章から取ったもので、Lewisは他の多くの事例も記述している。タカリ王国と関連した記述はEwald（1988）参照。

地図の出典

地図１　インカ帝国と道路網：John V. Murra（1984）"Andean Societies before 1532"（Leslie Bethell編 *The Cambridge History of Latin America*, vol. 1: New York: Cambridge University Press）所収。「ミタ」制度による労働力供出割り当て区域の地図はMelissa Dell（2010）"The Persistent Effects of Peru's Mining 〈*Mita*〉"（*Econometrica* 78:6, 1863-1903所収）から引用。

地図２　Miriam Bruhn、Francisco Gallego（2010）"The Good, the Bad, and the Ugly: Do They Matter for Economic Development? "（近刊予定の *Review of Economics and Statistics* に所収）のデータに基づき作成。

地図３　World Development Indicators（2008）、the World Bankのデータに基づき作成。

地図４　野生豚の分布はW. L. R. Oliver; I. L. Brisbin, Jr.; and S. Takahashi（1993）"The Eurasian Wild Pig（*Sus scrofa*）"（W. L. R. Oliver編 *Pigs, Peccaries, and Hippos: Status Survey and Action Plan* (Gland, Switzerland:

IUCN), pp. 112-21 所収）から作成。野生牛の分布は Cis van Vuure（2005）のオーロックス（野生牛）の分布図（*Retracting the Aurochs*, p. 41: Sofia, Pensoft Publisher）から作成。

地図５　Daniel Zohary and Maria Hopf（2001）*The Domestication of Plants in the Old World*, 3rd. edition（New York: Oxford University Press）から作成。小麦（図４, p. 56)、大麦（図5, p. 55)。稲の分布は Te-Tzu Chang（1976）"The Origin, Evolution, Cultivation, Dissemination, and Diversification of Asian and African Rices"（*Euphytica* 25, 425-41, 図２, p. 433）から作成。

地図６　クバ王国は Jan Vansina（1978）*The Children of Woot*（Madison: University Wisconsin Press）の図２、p. 8。コンゴは Jan Vansina（1995）"Equatorial Africa Before the Nineteenth Century"（Philip Curtin, Steven Feierman, Leonard Thompson, and Jan Vansina *African History: From Earliest Times to Independence*（New York: Longman）図 8.4, p. 228）から作成。

地図７　DMSP-OLS（米軍軍事気象衛星可視域センサー：Defense Meteorological Satellite Program's Operational Linescan System）のデータを使って作成。このセンサーは、地球上各地の夜景（現地時間 20:00 から 21:30）を、高度 830km からとらえ、送信してくる（http://www.ngdc.noaa.gov/dmsp/sensors/ols.html）〔リンク切れ〕。

地図８　Jerome Blum（1998）*The End of the Old Order in Rural Europe*（Princeton: Princeton University Press）のデータで作成。

地図９　Colin Martin and Geoffrey Parker（1988）*The Spanish Armada*（London: Hamilton）pp. i - ii, 243 から作成。

地図 10　Simon Martin and Nikolai Gribe（2000）*Chronicle of the Maya Kings and Queens: Deciphering the Dynasties of the Ancient Maya*（London: Thames and Hudson）p. 21（『古代マヤ王歴代誌』中村誠一監修、長谷川悦夫ほか訳、創元社、2002 年）から作成。

地図 11　Mark A. Kishlansky, Patrick Geary, and Patricia O'Brien（1991）

Civilization in the West（New York: HarperCollins Publishers）p. 151 から作成。

地図 12　ソマリ族の氏族の活動範囲は Ioan M. Lewis（2002）*A Modern History of Somalia*（Oxford: James Currey）の "Somali ethnic and clan-family distribution 2002" 図から作成。アクスムの版図は Kevin Shillington（1995）*History of Africa*, 2nd edition（New York: St. Martin's Press）図 5.4, p. 69 から作成。

地図 13　J. R. Walton（1998）"Changing Patterns of Trade and Interaction Since 1500"（R. A. Butlin and R. A. Dodgshon 編 *An Historical Geography of Europe*（Oxford: Oxford University Press））図 15.2, p. 326 から作成。

本書は二〇一三年六月に早川書房より単行本として刊行された作品を文庫化したものです。

それをお金で買いますか
――市場主義の限界

マイケル・サンデル

What Money Can't Buy

鬼澤 忍訳

ハヤカワ文庫NF

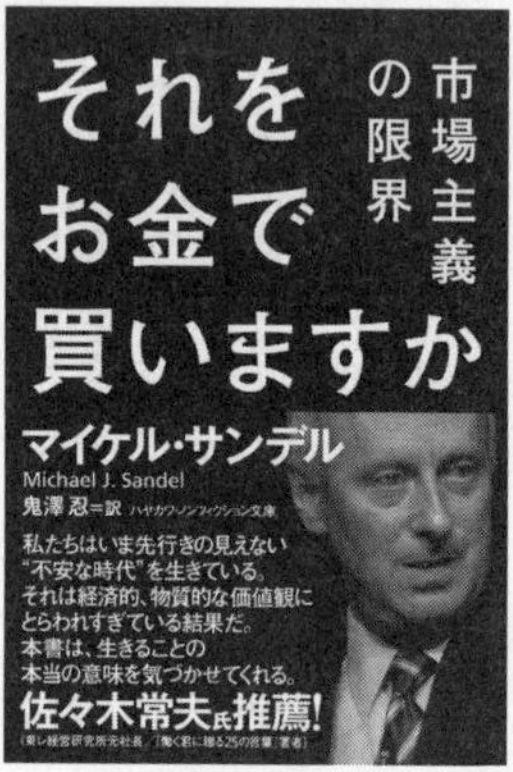
市場主義の限界
それをお金で買いますか
マイケル・サンデル
Michael J. Sandel
鬼澤 忍＝訳 ハヤカワ・ノンフィクション文庫
私たちはいま先行きの見えない
“不安な時代”を生きている。
それは経済的、物質的な価値観に
とらわれすぎている結果だ。
本書は、生きることの
本当の意味を気づかせてくれる。
佐々木常夫氏推薦!

『これからの「正義」の話をしよう』の
ハーバード大学人気教授の哲学書

私たちは、あらゆるものがカネで取引される時代に生きている。民間会社が戦争を請け負い、臓器が売買され、公共施設の命名権がオークションにかけられる。こうした取引ははたして「正義」なのか？　社会にはびこる市場主義をめぐる命題にサンデル教授が挑む！

マネーの進化史

The Ascent of Money

ニーアル・ファーガソン
仙名 紀訳

ハヤカワ文庫ＮＦ

『劣化国家』著者の意欲作

人間は、なぜバブルとその崩壊を繰り返すのか——同じ過ちを犯さないため、歴史から学ぶことが求められている。本書は、貨幣の誕生から銀行制度の発達、保険の発明、ヘッジファンドの興隆、リーマン・ショックまで、マネーの進化をつぶさに追う。ハーヴァード大学教授による世界的ベストセラー。解説／野口悠紀雄

ハーバード式
「超」効率
仕事術
ロバート・C・ポーゼン 関美和 訳
Extreme Productivity
Boost Your Results, Reduce Your Hours
Robert C. Pozen
早川書房

さっさと不況を終わらせろ

End This Depression Now!

ポール・クルーグマン
山形浩生訳

ハヤカワ文庫ＮＦ

ノーベル経済学賞受賞の経済学者が消費税10%を先送りにさせた!?

リーマンショック以来、米国をはじめ世界経済は低迷したままだ。ＥＵでは経済破綻に直面する国も出現し、日本ではデフレと低成長、そして赤字国債の増大が続く。財政難に陥った国家は緊縮財政や増税を試みるが、ところがそれは「大まちがい！」と著者は断言する。

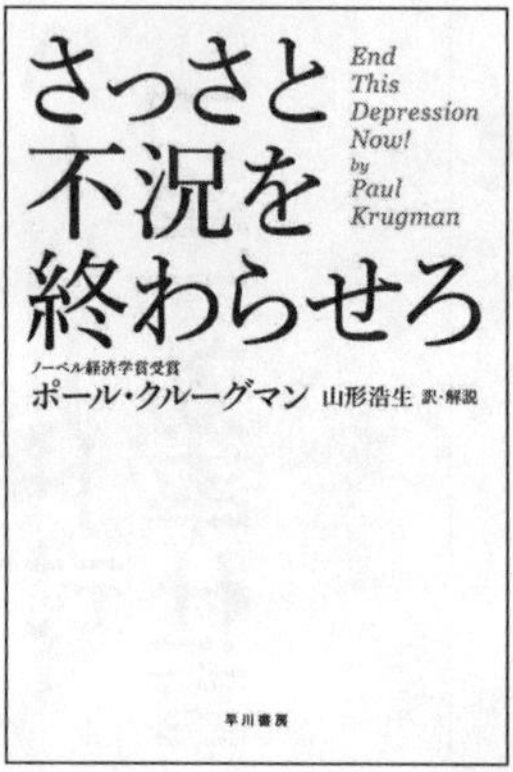

続・100年予測

The Next Decade

ジョージ・フリードマン
櫻井祐子訳

ハヤカワ文庫ＮＦ

中原圭介氏（経営コンサルタント／『２０２５年の世界予測』著者）**推薦！**
『100年予測』の著者が描くリアルな近未来

「影のＣＩＡ」の異名をもつ情報機関ストラトフォーを率いる著者の『100年予測』は、クリミア危機を的中させ話題沸騰！　続篇の本書では２０１０年代を軸に、より具体的な未来を描く。３・11後の日本に寄せた特別エッセイ収録。『激動予測』改題。解説／池内恵

訳者略歴　1963年生　成城大学経済学部経営学科卒，埼玉大学大学院文化科学研究科修士課程修了　翻訳家　訳書『これからの「正義」の話をしよう』『それをお金で買いますか』サンデル（以上早川書房刊），『ルシファー・エフェクト』ジンバルドー（共訳）他多数

HM=Hayakawa Mystery
SF=Science Fiction
JA=Japanese Author
NV=Novel
NF=Nonfiction
FT=Fantasy

国家《こっか》はなぜ衰退《すいたい》するのか

〔上〕

権力・繁栄・貧困の起源

〈NF464〉

二〇一六年五月二十五日　発行
二〇二五年二月　十五日　十一刷
（定価はカバーに表示してあります）

著者　ダロン・アセモグル
　　　ジェイムズ・A・ロビンソン
訳者　鬼《おに》澤《ざわ》　忍《しのぶ》
発行者　早川　浩
発行所　株式会社　早川書房

郵便番号　一〇一 - 〇〇四六
東京都千代田区神田多町二ノ二
電話　〇三 - 三二五二 - 三一一一
振替　〇〇一六〇 - 三 - 四七七九九
https://www.hayakawa-online.co.jp

印刷・三松堂株式会社　製本・株式会社明光社
Printed and bound in Japan
ISBN978-4-15-050464-9 C0120

本書は活字が大きく読みやすい〈トールサイズ〉です。